现代足球运动裁判基础知识与实践教程

刘红兵　李俊　金晶　主编

东南大学出版社
·南京·

内 容 提 要

本书介绍现代足球运动发展史、国际性足球组织的建立、发展及机构设置；从足球比赛中裁判工作的实际需求出发，提供足球裁判基础知识、实操技能以及裁判员业务能力培养的教学内容；介绍国内外重要赛事以及参与裁判工作的人员信息；附录中给出了现代足球运动常用的英汉足球基本术语。

本书具有较强的系统性、规范性、实用性以及可操作性。

本书可作为足球教学的专业性教材，可作为足球裁判员培训和指导足球比赛的工具用书，也可以作为足球爱好者自我学习裁判基础知识的普及性读物。

图书在版编目(CIP)数据

现代足球运动裁判基础知识与实践教程/刘红兵，李俊，金晶主编. — 南京：东南大学出版社，2023.1(2024.1 重印)
ISBN 978-7-5766-0459-7

Ⅰ.①现… Ⅱ.①刘… ②李… ③金… Ⅲ.①足球运动—裁判法—教材 Ⅳ.①G843.4

中国版本图书馆 CIP 数据核字(2022)第 231624 号

责任编辑：张绍来　责任校对：张万莹　封面设计：顾晓阳　责任印制：周荣虎

现代足球运动裁判基础知识与实践教程

主　　编：	刘红兵　李　俊　金　晶
出版发行：	东南大学出版社
社　　址：	南京四牌楼 2 号　邮编：210096　电话：025-83793330
网　　址：	http://www.seupress.com
电子邮件：	press@seupress.com
经　　销：	全国各地新华书店
印　　刷：	广东虎彩云印刷有限公司
开　　本：	787 mm×1092 mm　1/16
印　　张：	19
字　　数：	480 千字
版　　次：	2023 年 1 月第 1 版
印　　次：	2024 年 1 月第 2 次印刷
书　　号：	ISBN 978-7-5766-0459-7
定　　价：	75.00 元

本社图书若有印装质量问题，请直接与营销部调换。电话(传真)：025-83791830

编委会

主　编：刘红兵　南京体育学院运动训练学院（足球学院）
　　　　　李　俊　南京大学体育部
　　　　　金　晶　南京林业大学体育教育部

副主编：芮天奇　江苏省足球运动协会技术部
　　　　　孟　宁　南京体育学院运动训练学院（足球学院）
　　　　　梁建平　扬州市体育运动学校
　　　　　施　翔　苏州科技大学体育部
　　　　　任　翔　中国石油体协
　　　　　周广亚　江苏省徐州市足球运动协会
　　　　　陈烨青　南京交通职业技术学院体育部
　　　　　徐江敏　淮阴工学院体育教学部
　　　　　杨　靖　常州工学院体育部

参　编：夏　军　南京大学体育部
　　　　　杜　柏　南京师范大学附属中学江宁分校
　　　　　赵裕虎　常州大学体育学院
　　　　　关长亮　河海大学体育学院
　　　　　杭小川　南京医科大学体育部
　　　　　黄　维　南京体育学院研究生部

编　委：杨文科　张　振　张兆国　孙　瑞　刘成杰　邹富轩　陈　策

前言 PREFACE

足球是世界第一运动,深受普通大众特别是青少年的喜爱,有着广泛的群众基础和巨大的社会影响力。在党中央亲切关怀下,2009年4月,国家体育总局和教育部联合下发了《关于开展全国青少年校园足球活动的通知》,这标志着全国青少年校园足球活动的正式启动,校园足球特色学校覆盖了小学、初中、高中、大学等各级各类学校。

裁判工作是足球比赛顺利进行的重要保证。随着足球活动人数和各级各类赛事的不断增加,足球比赛裁判短缺问题越趋突显,培养年轻化、知识化及实践化高水平裁判员的问题成为体育院校的重要任务,但是目前,裁判员培养教材少,现有的培养模式及师资已满足不了社会的需求。

为贯彻落实《中国足球改革发展总体方案》精神,改进足球专业人才培养发展方式,多渠道拓展人才培养空间,加大人才培养力度,从根本上改进足球专业人才教育培训过程中存在的弊端和窘况,针对目前国内裁判员培养过程中存在的实际问题,从裁判培训基础工程体系建设入手,编者组织业内专家和学者对《中国足球协会裁判员培训大纲》进行研讨。按照大纲对裁判分级、分类、授课内容、学时分配以及具体的目标和任务的要求,规范培训授课过程,补充完善培训内容。在尊重和借鉴足球竞赛规则的基础上,对规则条款中的要求进一步统一化、精准化及易行化;将足球裁判前辈们的经验加以总结和提炼,有利于读者提高裁判业务水平。

本教材有着迫切的现实需求,详细介绍了现代足球运动起源,足球竞赛规则出现、修改演进过程,全球性组织机构、人物及职能,重要赛事以及足球裁判专业知识及术语、判罚规则等内容。本教材在全新比赛规则框架内,从足球裁判培养的实际需要出发,阐述足球裁判的基础知识和实操技能,具有较强的系统性、规范性、实用性以及可操作性。

由衷感谢南京体育学院运动训练学院(足球学院)领导的大力支持。本教材方案设计、内容安排及组织编写过程中,参与编写的人员付出了大量的精力和智慧,江苏省足协也给予积极配合与帮助,在此一并表示感谢!

教材编写过程中难免出现错误,请读者批评指正,我们将逐步发现这些不足并及时予以订正。

参编人员大多从事足球裁判的教学和培养工作。体育和师范院校的体育专业学生是足球裁判员的最好后备军,他们不仅有专业体育理论基础、足球知识和良好的身体素质,而且在校学习时间长,符合培养高水平足球裁判的基本条件。

希望这本书能为体育院校和其他院校体育专业学生以及喜爱足球裁判事业的人员学习足球裁判业务提供帮助,更希望有更多的年轻朋友加入足球裁判大家庭中来,共同为我国的校园足球、社会足球乃至竞技足球作出自己的贡献。

刘红兵
2022.12

1 现代足球运动概述 　001

1.1 现代足球运动的产生与发展 …………………………………… 001
1.2 我国现代足球运动的发展 ……………………………………… 002
1.3 现代足球运动的发展趋势 ……………………………………… 004
1.4 国际足球协会理事会（IFAB） ………………………………… 005
1.5 国际足球联合会（FIFA） ……………………………………… 007
1.6 国际足球协会理事会与国际足球联合会的关系 ……………… 013
1.7 亚洲足球联合会（AFC） ……………………………………… 013
1.8 中国足球协会（CFA） ………………………………………… 015

2 足球竞赛规则的产生与演进 　017

2.1 现代足球竞赛规则的产生 ……………………………………… 017
2.2 足球竞赛规则的修改与演进 …………………………………… 018
2.3 足球竞赛规则演进的宗旨 ……………………………………… 044
2.4 促进足球竞赛规则演进的主要因素 …………………………… 044
2.5 足球比赛场地标识及其作用 …………………………………… 045

3 国内外足球赛事及我国部分裁判员情况介绍 　048

3.1 国际主要足球赛事简介 ………………………………………… 048
3.2 历届世界杯赛事 ………………………………………………… 050
3.3 各大洲国家足球联赛 …………………………………………… 052
3.4 国内足球赛事 …………………………………………………… 055
3.5 中国部分裁判员情况介绍 ……………………………………… 057

4 足球裁判业务知识 　061

4.1 国际足联公平比赛十项准则 …………………………………… 061

4.2	裁判员应具备的职业道德与基本素质	063
4.3	裁判员的职责与工作要求	065
4.4	比赛官员行为规范及管理规定	067
4.5	裁判组准备会探讨主题	072
4.6	裁判员对比赛监控能力的培养	074
4.7	常见犯规的准确判罚	086

5 裁判实践能力 — 101

5.1	裁判员比赛前期准备	101
5.2	抵达赛场后的检查工作	104
5.3	比赛前的准备	105
5.4	主裁判的哨音与手势	112
5.5	赛事记录	119
5.6	主裁判场上移动与选位	123
5.7	主裁判定位球时的基本选位	131
5.8	助理裁判员的手旗使用规范	139
5.9	助理裁判员场上移动与选位	142
5.10	第四官员的职责与工作方法	150
5.11	裁判组赛后总结	157

6 裁判实操技能实训教程 — 159

6.1	主裁判实操技能实训	159
6.2	助理裁判员实操技能实训	169
6.3	第四官员实操技能实训	172
6.4	裁判员实操技能实训教学方法	173

7 足球比赛的组织与编排 — 176

7.1	比赛筹备工作	176
7.2	制定比赛规程	179
7.3	比赛组织方法	184
7.4	比赛赛序编排	185
7.5	比赛期间及比赛结束相关工作	190
7.6	裁判队伍管理	190

8 足球比赛工作用表　　　　　　　　　　　　　　　　　　　　199

8.1 赛事用表 …………………………………………………… 199

8.2 赛区考核评价用表 …………………………………………… 209

8.3 赛区管理信息用表 …………………………………………… 214

9 足球裁判员的培训、考核与晋升　　　　　　　　　　　　　　　216

9.1 中国足球协会一级裁判培训大纲（试行） ………………… 216

9.2 中国足球协会二级裁判培训大纲（试行） ………………… 221

9.3 中国足球协会三级裁判培训大纲（试行） ………………… 226

9.4 我国裁判员技术等级的申报与审批办法 …………………… 230

9.5 足球裁判员体能测试办法 …………………………………… 233

参考文献　　　　　　　　　　　　　　　　　　　　　　　　　242

附录1　英汉足球基本术语　　　　　　　　　　　　　　　　　243

附录2　汉英足球分类基本术语　　　　　　　　　　　　　　　272

1 现代足球运动概述

1.1 现代足球运动的产生与发展

1.1.1 现代足球运动的起源

现代足球运动的起源在西方有众多说法,有消灾祛病起源说、游戏起源说、战争起源说等。

(1) 消灾祛病起源说　为了消灾祛病,中世纪欧洲一些村庄的农民,在冬春季节把本村的"病邪"填入皮包袱内,抛往邻村,借以移祸。但邻村人也竭尽全力将此包袱扔赶回原村。于是,在两村之间爆发了阻挡"病邪"包袱进村的战斗。后来,这种带有巫术迷信的活动方式逐渐抛弃了其迷信色彩,演化为田间进行的娱乐活动形式。每年秋收之后,各村农民在田间空地上踢球,只要把球踢到对方地界即可获胜。

(2) 游戏起源说　古希腊人和罗马人在中世纪以前就已经开始有足球游戏了,他们在一个长方形场地上,将球放在中间的白线上,用脚把球踢滚到对方场地的底线上,当时称这种游戏为"哈巴斯托姆"。

(3) 战争起源说　中世纪丹麦入侵大不列颠,战后英国人在清理战争废墟时发现一个丹麦入侵者的头骨,出于愤恨,他们便用脚去踢这个头骨,一群小孩见了便也来踢,不过他们发现头骨踢起来脚痛,于是用牛膀胱吹气来代替它,后来演变成现代足球运动。足球运动常简称足球。

我国的唐朝是"蹴鞠"游戏的昌盛时期,生产的"蹴鞠"产品经过阿拉伯人传到欧洲,发展成现代足球运动。所以说,足球的故乡是中国。国际足联原主席阿维兰热博士来中国时曾表示:足球起源于中国。

1.1.2 现代足球运动的发展

1848年,足球运动的第一个文字形式的规则《剑桥规则》诞生了。所谓的《剑桥规则》,即是在19世纪早期的英国伦敦,牛津大学和剑桥大学之间进行比赛时制定的一些规则。当时每队有11个人进行比赛。因为当时在学校里每间宿舍住有10个学生和一位教师,因此他们就每方11人进行宿舍与宿舍之间的比赛,11人足球比赛就是从那时开始的。

1863年10月26日,英格兰11家俱乐部代表在英国伦敦皇后大街的弗里马森旅馆(见图1.1)聚会,讨论并成立了英格兰足球总会,参会者共14人(见图1.2)。这是世界足球历史上成立的第一个足球协会,它的成立标志着现代足球的诞生。在此之后,人们把1863年10月26日称为"现代足球日"。会上还制定和通过了世界上第一部较为统一的足球竞赛规则,并以文字形式记载下来。比如当时有这样一条:当球从球门柱之间进入或在上面的空间越过,不论高度如何,只要不是被手扔、击、运进去的,都算赢一球。那时球员的位置与阵形也不同于今天:每队1名守门员、1名后卫、1名前卫和8名前锋。制定规则不久,阵形有所改变:1名守门员、2名后卫、3名前卫和5名前锋。所以上场比赛的队员就是11人了。英格兰足球协会的确立标志着足球运动的发展进入了一个崭新阶段,也带动了欧洲和拉美一些国家足球运动的蓬勃发展。

图1.1　弗里马森旅馆

图1.2　参会人员照片

从1900年的第2届奥运会开始,足球被列为奥运会表演赛项目,但它不允许职业运动员参加。1904年5月21日,英国、法国、荷兰、比利时、西班牙、瑞典和瑞士7个国家的足球协会在法国巴黎成立了国际足球联合会(简称国际足联),并推选法国人罗伯特·盖林为第一任国际足联主席。从1930年起,每4年举办一次世界足球锦标赛(又称世界杯足球赛),比赛取消了对职业运动员的限制。

1.2　我国现代足球运动的发展

在世界范围内,足球作为世界第一大运动,有着无与伦比的魅力和影响力,吸引全世界人民为之疯狂。但是世界足球的发展水平参差不齐,欧洲足球一骑绝尘;南美足球紧随其后;亚洲足球却逐年衰落,地位大不如前,我国足球就是其中的一个缩影。

1.2.1　上海成为中国近现代足球的发祥地

说到中国近现代足球,不能不提上海。作为近代中国最早开设租界的门户城市,上海西人聚居,教会组织众多,在社会生活各方面深受西方影响,因此成为近代中国引进西方事物,包括体育运动的主要窗口之一,仅仅晚于香港,曾有着"中国足球摇篮""远东足球重镇"之称。可以说,上海是中国近代足球的发祥地,也是中国现代足球发展的摇篮。

1848年,当足球运动第一个文字形式规则《剑桥规则》诞生时,被称为"十里洋场"的上海也受到教会学校影响,开启了中国近代竞技体育的新纪元。1867年11月,上海西人成立了一个足球总会,也叫足球俱乐部,并制定了一些足球规则。后来根据会员各自的单位逐渐分裂为不同的球队,例如海军足球俱乐部、警察足球俱乐部等。但上海足球俱乐部仍然承担着领导组织所有上海西人足球俱乐部的职责。19世纪末,足球被纳入洋务学堂和教会学校的教学内容。

1895年,圣约翰书院成立了上海第一支全都是中国面孔的足球队。虽然不敢说这是全中国第一支足球队,但也是中国近代早期的足球队之一,被称为"圣约翰辫子军"。此后不久,上海南洋公学也成立了自己的足球队。1902年,两所学校模仿牛津与剑桥之间的足球队比赛,开始举行足以载入中国历史史册的系列对抗赛。于是,足球就成了当时上海各个有名气的学府里流行的一项运动,连各大中学学府,如赫赫有名的徐汇公学也在这项"新运动"中成为"弄潮儿"。

1902年,上海足球联合会(简称西联会)成立,开始举办史考托杯赛。作为上海当年影响力最大的足球赛事,史考托杯参赛者不准有中国人的球队,也不许有中国面孔。为此,上海中国学生、百姓合力创办了华东校际足球联赛,共有8所学校的足球队参加。为了对抗"西联会",1924年,中华全国体育协进会(简称协进会)成立,推选张伯苓为董事长,王正廷任名誉会长。同年,中华足球联合会(简称中联会)在上海成立,这是近代中国足球运动发展的一个里程碑。此后,全国运动会以及全国分区足球赛的举行,标志着足球运动已经取得了广泛关注,并逐渐在全国范围内推广开展。

1.2.2 中国足球的发展方向

振兴和发展足球是全国人民的热切期盼,关系到群众身心健康和优秀文化培育,对于建设体育强国、促进经济社会发展、实现中华民族伟大复兴具有重要积极的意义。2015年3月16日,备受瞩目的《中国足球改革发展总体方案》(以下简称《方案》)正式对外公布。作为中国足球改革与发展的纲领性文件,方案共有50条改革措施,无论从内容还是规模来看,都可称之为新中国足球史上最重要的一次改革,也意味着中国足球改革进入"深水区",未来的改革之路也更加引人关注。2016年4月,《中国足球中长期发展规划(2016—2050年)》(以下简称《规划》)出台。规划分近期、中期和远期3个时间段,近期要实现保基本、强基层、打基础的发展目标;中期实现中国足球动力更足、活力更强、影响力更大,跻身世界强队的发展目标;远期则要实现足球一流强国的目标,中国足球实现全面发展。

我国足球运动的大致发展方向:一般情况下采取以下两种形式来培养运动员。一是积极开展并支持各种形式的足球比赛,严格规范运动员的培养机制,改变从体校到预备队再到运动队的传统选材机制,不拘一格筛选人才,尽可能地使运动员接受高等教育,提高球员的个人素质,使其建立正确的价值观和人生观。引入愿意参与建设中国足球的企业给予资金支持并管理,使之市场化。二是加强加快引进国内外先进的足球理念和管理模式,充分学习借鉴,并在其基础上进行适当改进和创新使之符合我国情况。这样做不仅缩短了学习国际先进水平的时间,而且较快地提高了国内足球水平。对待外援,我们要变换眼光,他们的目的是帮助提高中国足球水平,不是保级或争冠的重要砝码,正确合理地使用外援才能达到真正的目的。对于体制的改革也刻不容缓,最重要的是大众普及参与。

1.3 现代足球运动的发展趋势

1.3.1 攻守对抗日趋激烈

众所周知,足球运动的基本规律是集体的攻守对抗。根据足球运动的对抗激烈程度,大致可以分为三个阶段:①冲击阶段(1863—1930年)。②分工阶段(1931—1974年)。③全面化阶段(1975年至今)。随着技战术和身体素质训练水平的发展,特别是不同阵形的运用,攻守间的对抗较冲击阶段更为激烈。但由于队员场上分工,即各司其职,各负其责,尽管对抗的激烈程度大于冲击阶段,但也只是局限于局部位置上的对抗。全面化对抗目前还仅仅是开始阶段,而且发展也不平衡,但已显露出无限的生命力。由于技战术水平的提高和运动员体能的增强,不论采用何种阵形,攻守对抗已呈现全场、全面的对抗,较之冲击阶段在球起、落点处的对抗,以及分工阶段限于攻守位置上的对抗要激烈得多,而且会日趋激烈。目前足球运动的强对抗主要表现在下列一些方面:

(1) 控球队员与防守队员之间的对抗,即攻守双方在争取与限制掩护球、带球过人、传球、射门时的对抗。

(2) 攻守双方无球队员在争取和干扰对方接球、一次性传球、直接射门时的对抗。

(3) 攻守双方争取和阻挠二次进攻时的对抗,即射门不中,球从球门架上弹回或守门员脱手、击回以及射门被挡出来的球等,攻守双方争取控球权或直接处理球时的对抗。

(4) 攻守双方无球队员之间的对抗,即攻守双方在争取创造空当、利用空当和限制创造空当及抢占空当时的对抗等。

1.3.2 攻守日趋平衡

20世纪50年代前,足球比赛基本上以进攻为主,防守相对较弱,每场进球较多。60年代后,针对防守较弱的情况而加强了防守,以扼制进攻的势头。70年代后,攻守逐渐趋于平衡,每场进球基本上稳定在一定范围内。

1.3.3 整体攻守速度日益加快

对抗是足球运动的基本规律。如何利用这个规律和驾驭这个规律呢?无疑,快速是对付对抗日趋激烈的重要手段之一。因为这样可以在进攻中减少身体的直接接触,争取更多的自由时间而取得主动权;在防守中可以有效地限制对方,增加直接对抗或干扰的次数,限制对方自由权,使自己立于不败之地。

1.3.4　运动员的竞技能力得到全面而同步的发展

足球运动员的竞技能力一般由七大因素组成,即技术、战术、素质、形态、机能、心理和智力等。现今的足球运动员必须具备这些因素,而且不能偏废某一方面,应全面而同步的发展。

1.3.5　球星的作用与整体融为一体

足球运动造就了球星,而球星推动了足球运动的发展。因此,球星的作用不是在减弱,而是在加强。现今球星的特点,一是球星是建立在集体力量基础上的,与集体融为一体;二是球星的技术更为简练、实用。而过去那种为取悦观众的球星个人表演时代已经结束。

1.3.6　技术发展的主要趋势

（1）技术既全面又有特长。
（2）技术与速度融为一体。
（3）技术熟练且技巧性高。
（4）技术表现了高度的合理性、准确性、力量性和实用性。

1.3.7　战术发展的主要趋势

（1）严密的快速整体的攻守战术在兴起。
（2）攻守转换战术倍受重视,且快速。
（3）位置排列尚未消失,但阵形更加灵活。
（4）二、三线队员进攻战术发展迅速。
（5）定位球进攻战术日显威力。

1.4　国际足球协会理事会（IFAB）

1）成立

国际足球协会理事会（International Football Association Board,缩写 IFAB）(其徽标见图 1.3)成立于 1886 年,由英格兰、苏格兰、威尔士和北爱尔兰等 4 家英国足球协会和国际足球联合会组成,是讨论和决定修改足球竞赛规则的国际团体。

图 1.3　国际足球协会理事会徽标

宗旨：我们是足球竞赛规则的独立守护者。

2）发展历史

1863年，第一部"普遍"足球规则在英格兰制定。

1886年，国际足球协会理事会（IFAB）由4个英国足球协会（英格兰足球总会、苏格兰足球总会、威尔士足球总会和北爱尔兰足球协会）联合成立，是全球性的机构，全权负责制定和维护足球竞赛规则。

1913年，国际足联加入，完成了IFAB目前的董事会，并代表了当今全球207个国家足球协会。

2014年1月，IFAB正式注册为独立协会。

2016—2017年的足球竞赛规则修订是IFAB的一个真正的里程碑，对足球比赛有着深远的影响。近年来通过的修正案象征着迈向足球未来的大胆一步，促进公平、诚信、普遍性、包容性和技术的使用。

3）组织机构及职能

IFAB由4个英国足球协会（英格兰、苏格兰、威尔士和北爱尔兰）和国际足联组成，4个英国足球协会各有一票，而国际足联则覆盖其余207个国家足球协会，有4票。通过这种方式，所有5个机构都确保规则得到保留，尊重足球的传统及其国际现实。通过动议需要3/4的赞同票。

IFAB的足球咨询小组（FAP）和技术咨询小组（TAP）成员来自足球界的经验丰富的前球员和裁判，他们在决策过程中支持IFAB的技术小组委员会。规则的实际修改只能在年度大会（AGM）期间引入，由IFAB的主要代表组成的大会，通常每年2月或3月在英格兰、苏格兰、威尔士或北爱尔兰轮流举行，或者国际足联在世界杯期间决定的其他地点。

（1）理事会（Board of Directors，简称BoD）　理事会由4个英国足球协会的秘书长和国际足联秘书长组成，并构成国际足联的执行机构。理事会评估比赛规则的修订建议，并决定是否在年度代表大会上提出。此外，理事会可向年度代表大会提出建议，以接受、拒绝、讨论或测试潜在的规则变更。在咨询有关修订规则的范围内，理事会可授权进一步咨询IFAB的咨询小组。理事会有权就不属于大会职责或根据IFAB章程不保留给其他机构的所有事项做出决定。理事会任命IFAB秘书。

（2）足球咨询小组（Football Advisory Panel，简称FAP）　足球咨询小组和技术咨询小组（FAP和TAP）汇集了来自世界各地的足球专家。FAP由前足球运动员、前任和现任教练、国际职业足球运动员联合会（FIFPro）的代表以及来自联合会的技术总监和专家组成。FAP成员将他们的专业知识用于足球问题的讨论以及潜在规则变化的影响预判。

（3）技术咨询小组（Technical Advisory Panel，简称TAP）　TAP由来自所有联合会的主要裁判专家以及IFAB技术小组委员会（TSC）的成员组成。

（4）技术小组委员会（Technical Subcommittee，简称TSC）　TSC由IFAB 5名技术专家以及IFAB的技术总监组成，其中包括前知名国际裁判员。TSC评估和分析国家足球协会、联合会和IFAB其他机构提出的潜在规则变更和解释。TSC还参与监督理事会（BoD）批准的试验。

(5) 行政支持办公室(Executive Support Office,简称 ESO) ESO 是 IFAB 的行政部门。它支持 IFAB 的机构和代表处理所有行政事务,并负责办公室管理、通信、财务会计、网站内容以及实验和试验的组织方面事务。ESO 安排 IFAB 与其成员和其他利益相关者的所有会议。ESO 位于 IFAB 总部,由 IFAB 秘书领导,该秘书由理事会任命并直接向理事会报告。

4) 工作流程

(1) 向足球从业者进行咨询,了解新的需求。
(2) FAP 或 TAP 研究并提出建议。
(3) 在年度代表大会上与理事会进行修订提议。
(4) 年度代表大会最终决定并批准提案(见图 1.4)。

图 1.4　国际足球协会理事会工作流程

1.5　国际足球联合会(FIFA)

1) 成立

1904 年 5 月 21 日,国际足球联合会(简称国际足联,法文缩写为 FIFA,即 Fédération Internationale de Football Association)(徽标见图 1.5)在法国巴黎奥诺累街 229 号法国体育运动协会联盟驻地的后楼正式成立,参加本次会议的代表包括法国体育运动联合会、比利时体育运动联合会、丹麦足球协会、荷兰足球协会、西班牙马德里足球俱乐部、瑞典足球协会、瑞士足球协会等 7 个国家的代表在有关文件上签了字。1932 年,总部由法国巴黎移至瑞士的苏黎世。

1904 年 5 月 23 日,国际足联召开了第一届全体代表大会,法国的罗伯特·盖林被推选为第一任主席。此后,在盖林的领导下,国际足联做了大量艰苦的创建工作,建立工作机构,吸收新会员,扩大足联的影响,帮助一些国家创建足球协会。1905 年 4 月 14 日,英格兰足球总会宣布承认并要求加入国际足联,苏格兰、威尔士、爱尔兰亦相继效仿,这对刚诞生不久的国际足联来说,是一个重大胜利。在国际足联成立的最初30年间,国际足联设名誉秘书长,先后由比利时人路易·米赫格豪斯和荷兰人卡尔·希斯霍曼担任。

宗旨:促进国际足球运动的发展,发展各国足球协会之间的友好联系。

图1.5 国际足球联合会徽标

2)组织机构及职能

国际足联设有12个组织机构,其职能如下:

(1)国际足联代表大会 国际足联的最高权力机构是代表大会,每两年举行一次。每个正式会员协会有一票表决权,但准许派3名代表参加。只有代表大会有权修改章程和规则。通过一项章程修改议案必须获得投票数的3/4赞同,采用无记名投票方法。决议在代表大会通过3个月后生效。国际足联主席由代表大会选出,任期4年,可连选连任。代表大会闭幕期间,由21人组成的执行委员会(以下简称执委会)行使一切职权。国际足联的日常工作由执委会任命的秘书长及其领导下的秘书处负责处理。

(2)执行委员会 负责国际足联的行政管理,由国际足联领导成员和各大洲足联的代表组成,设主席1名,副主席8名和执行委员(简称执委)12名。主席由代表大会选出,副主席和执委由各洲足联根据以下名额分派:非洲、中北美洲和加勒比、南美洲、亚洲各选派1名副主席,2名委员;欧洲选派2名副主席,4名委员。根据1946年国际足联代表大会决议,英国4个足球协会和苏联足球协会各选派1名副主席。执委会选派下属工作委员会的主席和成员,指定世界杯足球赛举办国。不允许领取报酬的官员进入执委会。在主席离职情况下,其位置由资格最老的副主席担任,直到下届代表大会选出主席继任人为止。

(3)世界杯组织委员会 由1名主席和若干名委员组成。其中主席和至少2名成员是执委会成员,1名是举办国所在洲的足联代表,1名是举办国的足球协会代表。该工作委员会根据专门规定负责世界杯的组织,有权建议执委会修改专门规定。在组织委员会指定的小组委员会中,必须含有上届世界杯举办国的足球协会代表1名和下届举办国的足协代表1名。

(4)业余委员会 由1名主席和若干名委员组成。其主要任务是利用国际足联认为适宜的所有途径促进业余足球比赛的开展;组织奥运会足球赛,根据专门规定组织或批准其他业余比赛;其任务还包括尊重国际足联的业余主义和国际奥委会的规定,确定运动员参加国际足联的官方业余比赛(包括奥运会足球赛和国际足联的业余邀请赛)必须遵守的条约。

(5)裁判委员会 由1名主席和8名执委会选定的成员组成。主要任务是确定对比赛规则及其修改条文的官方解释,决定比赛规则的实施,建议执委会修改比赛规则,根据各国足协的推荐确定合格的国际比赛裁判员名单,尽可能确立世界统一使用的裁判规则实施方法。该工作委员会负责组织国际级裁判员学习班和各国负责裁判员管理人员的培训班,负责指定国际足联组织的比赛的国际级裁判员,统一裁判尺度,逐天通报比赛情况。

(6) 技术委员会　由1名主席和若干名委员组成。负责研究训练方法和培养足球教练员,解决理论和实践问题,评定足球教学新经验,宣传推广新的技术和战术。它和各国足协、洲足联保持密切合作,负责组织教练员、教师、领队、管理人员的培训班,以提高比赛水平、管理水平和训练水平。它还负责教练员和裁判员的教学及训练文件的制定,配合生产教学影片,检查体育设施建设、教学器材生产等有关的问题。

(7) 医务委员会　由1名主席和若干名委员组成。委员人数由执委会确定。他们应是拥有医师资格证的医生。该委员会是执委会有关医学、生理学和卫生保健方面的咨询机构;负责评定有关生理、医务监督、训练、教学、心理学和卫生保健等方面的科学研究;医务委员会对优秀运动员进行专门医务监督并建立档案,目的是提高他们的全面运动能力、身体素质能力和竞技能力;研究足球运动员的营养标准和制定卫生保健(包括酒精饮料、尼古丁和兴奋剂的饮用)方面的条例。

(8) 新闻和出版委员会　由1名主席、5名委员和国际足联公共关系负责人组成,主要任务是同各国家足协、报刊、电台、电视台、新闻图片社建立联系,以通报国际足联的活动;同委派在世界杯、奥运会和其他比赛中的新闻委员会合作,将合作细节记述在内部备忘录上。另外,它还负责《国际足联新闻》《国际足联杂志》、规则、教练员手册、技术报告等书籍、月报、通报的出版、发行,以及那些捐助国际足联筹建世界足球情报文献中心的各种著作的出版和发行。

(9) 纪律委员会　负责审查裁判员关于国际比赛方面的报告和确立应实行的惩罚,判断各国足球协会实施纪律措施的能力。

(10) 法律事务委员会　负责处理运动员和足球协会之间、协会与协会之间或其他活动中涉及的法律方面问题。

(11) 世界青年锦标赛委员会　由1名主席、两名执委会成员、6名洲足联代表、1名举办国代表和3名国际足联指定的委员组成。该工作委员会根据比赛要求负责组办世界青年锦标赛;在认为需要修改比赛规则时,可向执委会提出建议。该工作委员会还指定一个小组委员会,其中有1名是负责举办下届世界青年锦标赛的国家足协特派员。

(12) 秘书处　其任务在国际足联章程和规定中有明确条款。秘书长是新闻委员会和裁判委员会两个组织的领导人。秘书处下设3个部:技术部、财务部和促进部。技术部负责发展规划和培训班的组织工作,负责重大比赛的调研工作。财务部负责财会和办公室工作。促进部经营管理同经济伙伴的关系,特别是同比赛、发展规划有关的资助者的联系和交往。秘书处还编发国际足联新闻、国际足联杂志、规则、教练员手册、比赛技术报告等。国际足联的信函和所有决议都由秘书处用英文、法文、西班牙文和德文4种文字编写。它还负责会议、培训和讲学的组织。

3) 主要赛事

(1) 国际足联负责的几个主要比赛

① 国际足联世界杯足球赛(1930年开始,4年一届)。

② 国际足联 U-20 世界杯足球赛（原可口可乐杯赛,1977 年开始,两年一届）。

③ 国际足联 U-17 世界杯足球赛（1985 年开始,两年一届）。

④ 国际足联女足世界杯。

⑤ 国际足联 U-20 女足世界杯。

⑥ 国际足联 U-17 女足世界杯。

⑦ 国际足联俱乐部世界杯。

⑧ 国际足联五人制世界杯。

⑨ 国际足联沙滩足球世界杯。

此外,国际足联作为国际奥委会的单项体育联合会成员协助国际奥委会组织奥运会足球项目比赛（1912 年被正式列为奥运会项目,4 年一届）以及青年奥运会足球项目比赛。

(2) 国际足联组织的主要赛事

① 世界杯足球赛。

② 奥运会足球赛。

③ 19 岁以下世界青年足球锦标赛。

④ 17 岁以下世界锦标赛。

⑤ 五人制足球世界锦标赛。

⑥ 世界女子足球锦标赛。

4) 历任主席

(1) 第一任主席 罗伯特·盖林（Robert Guerin,法国）(见图 1.6),任职期 1904 年 5 月 23 日～1906 年 6 月 4 日,曾是工程师,后被多家法国报纸和杂志聘为编辑和记者。他曾担任法国体育协会足球部秘书,积极参与足球运动；获得过荣誉军团骑士勋章并担任法国田径联合会秘书长；他召集前述 7 个成员国的代表在巴黎签署了国际足联的基础法案和第一批国际足联章程的协议。

图 1.6 罗伯特·盖林

(2) 第二任主席 丹尼尔·伯利·伍尔福尔（Daniel Burley Woolfall,英国）,任职期 1906 年 6 月 4 日～1918 年 10 月 24 日。他是英国布莱克本市政府的公务员,也是布莱克本流浪者队的经纪人。他在担任主席期间,为足球竞赛规则的统一不懈努力,在起草国际足联新章程方面发挥了突出作用。就任主席两年后,他帮助组织了第一次引人注目的国际足球比赛,即 1908 年伦敦奥

图 1.7 朱尔·里梅

运会。

(3) 第三任主席　朱尔·里梅(Jules Rimet,法国)(见图1.7)。第一次世界大战结束后,国际足联于1920年在比利时的安特卫普召开了一次重要会议,朱尔·里梅被选为国际足联主席。1946年,国际足联在卢森堡代表大会上将朱尔·里梅先生提供的世界杯赛的奖杯更名为"里梅杯"。1954年6月21日,国际足联正式任命朱尔·里梅先生为国际足联第一任名誉主席。以此对他在33年任职期间对世界足球运动发展所做的巨大贡献表示感谢。在他任职期间,国际足联成员从20个国家增加到85个国家。

(4) 第四任主席　罗尔多夫·威廉·塞尔德拉耶尔(Rodolphe William Seeldrayers,比利时),1954年6月21日在伯尔尼国际足联代表大会上当选为第四任主席。罗尔多夫·威廉·塞尔德拉耶尔是布鲁塞尔的一名律师。自1914年起,他一直代表比利时足协出席国际足联代表大会,1927年担任国际足联副主席,任职达27年之久,是里梅先生的亲密伙伴和得力助手,因他曾当过裁判员,所以在国际足联工作时得心应手地解决了有关国际足联比赛规则的大量疑难问题。

(5) 第五任主席　亚瑟·德鲁里(Arthur Drewry,英国),1956年6月9日在里斯本国际足联代表大会上当选为第五任主席。1946年,他与斯坦利·劳斯一起,大力支持朱尔·里梅将英国足协重新纳入国际足联,同时他还担任过英国足球联盟主席和英格兰足球协会主席。德鲁里担任主席近5年,从1956年当选到1961年3月25日去世。英国的4个足球协会于第二次世界大战后重返国际足联时,亚瑟·德鲁里先生亦被选为国际足联副主席和国际足联应急委员会委员。他作为国际足联主席为第6届世界杯赛致开幕词。

(6) 第六任主席　斯坦利·劳斯爵士(Stanley Rous,英国)(见图1.8),1961年9月28日在伦敦特别代表大会上被选为第六任国际足联主席。在成为国际足联主席之前,斯坦利·劳斯爵士已经为足球在赛场外做出了令人印象深刻的贡献。作为一名顶级裁判,他负责英格兰足球总会杯决赛和36场国际比赛。1934年,他成为英国足协秘书,参加了《国际足联竞赛规则》的修订工作。为表彰他在1948年伦敦奥运会上出色

图1.8　斯坦利·劳斯

的组织工作以及他为体育运动的发展所做的努力,英王乔治六世授封斯坦利·劳斯为爵士。国际足联1974年6月11日在法兰克福推举他为国际足联名誉主席。

(7) 第七任主席　乔·阿维兰热博士(Joao Havelange,巴西)(见图1.9),1974年,在法兰克福第39届国际足联代表大会上当选为第七任主席,成为第一位非欧洲籍的主席。他任职期间,注意开展全球性足球运动发展计划。在第12届世界杯足球赛上,首次将参加决赛

的球队增加到 24 支,第 16 届世界杯足球决赛球队增至 32 支,为亚洲、非洲、中北美洲及加勒比海地区的国家能有更多球队参加世界最高水平的足球比赛提供了有利条件。在他任职期间还创办了世界青年足球锦标赛、国际足联 16 岁以下柯达杯世界足球锦标赛、女子足球世界锦标赛,促使女子足球列入了奥运会的正式比赛项目。在他的领导下,国际足联公正、艺术地解决了许多棘手问题,为促进足球运动的发展和世界和平做出了贡献。1998 年 6 月 8 日,乔·阿维兰热博士被任命为国际足联名誉主席。

图 1.9　乔·阿维兰热博士

图 1.10　约瑟夫·布拉特

(8) 第八任主席　约瑟夫·布拉特先生(Joseph S. Blatter,瑞士)(见图 1.10),出生于 1936 年 3 月 10 日,1962~1963 年赛季,曾在瑞士业余球会萨尔格施队效力;1964 年任瑞士冰球协会秘书长;1970 年出任浪琴表业公司体育与公关部主任,参与了 1972 年和 1976 年奥运会的组织工作;1975 年任国际足联技术发展计划部主任,1981 年任国际足联秘书长,1990 年被任命为国际足联执行办公室主任,1994 年获奥林匹克勋章,1998 年当选为国际足联主席。在他任职期间,国际足联大力加强了在全球的足球发展活动,通过联合各国教育、卫生和社会各方来影响足球领域以外的社会。在他的领导下,该组织通过增加国际足联俱乐部世界杯、国际足联沙滩足球世界杯、国际足联 U-17 女子世界杯和国际足联 U-20 女子世界杯,广泛扩展了其赛事组合。

(9) 第九任主席　詹尼·因凡蒂诺(Gianni Infantino)(见图 1.11),1970 年 3 月 23 日出生于瑞士布里格,意大利裔瑞士人。2000 年 8 月,因凡蒂诺开始进入欧洲足联,作为多语种律师,他的主要工作是关于法律、商业和职业足球相关的事宜,2004 年 1 月被任命为欧足联的法律事务和俱乐部准入审批部门主管。他还负责协调欧足联和欧盟等政府机构的关系。2009 年 10 月,因

图 1.11　詹尼·因凡蒂诺

凡蒂诺成为欧足联秘书长，推动欧洲联赛和各国国家队的发展。其中，因凡蒂诺最重要的一项工作是为了欧洲联赛能够健康可持续发展，推行了"财政公平法案"，促进欧洲小国和小俱乐部获得足够多的财政支持。2016年起因凡蒂诺当选为国际足联主席。

1.6 国际足球协会理事会与国际足球联合会的关系

在没有国际足联之前，国际足球协会理事会就已经存在了。现代足球是英国人发明的。英格兰、苏格兰、威尔士和北爱尔兰早就各自成立了自己的足球总会，他们各自采用基本相同但是略有差异的规则组织比赛。

1886年6月2日，英格兰足球总会、苏格兰足球总会、威尔士足球总会和北爱尔兰足球协会在英格兰足球总会伦敦办公室开会，讨论英国范围内足球规则标准化的问题。这就是国际足球协会的第一次会议。这里所谓的"国际"指的是英国内部的4块领地，实际上它是个纯英国国内组织。这次会议，确定了英伦"4兄弟"，每人一票，每票平等的原则。

18年后，国际足联在巴黎诞生。因为国际足联无法再创造出一套新的足球规则出来，只能全盘"借用"英国的，故此，继续由国际足球协会理事会负责规则的制定。

随着足球运动在全世界的普及，1913年，国际足联派遣两名代表加入国际足球协会理事会参与规则的制定与修改，持有2票，英伦4个足球总会也各有2票。任何动议要想获得通过，必须得到4/5以上票数的赞同票。

后来经过进一步的协商和演化，国际足球协会理事会才出现了今天这样的权力结构和制衡局面，即英国"4兄弟"各占1票，国际足联4票。每项动议必须得到6票以上赞同票才能通过。

1.7 亚洲足球联合会（AFC）

1）成立

亚洲足球联合会（Asian Football Confederation，缩写AFC，简称亚足联）（徽标见图1.12）于1954年5月8日在中国香港成立，创会成员包括阿富汗、缅甸、印度、印度尼西亚、日本、韩国、巴基斯坦、菲律宾、新加坡、越南以及中国台北、中国香港。亚足联总部设在马来西亚吉隆坡，由47个会员协会组成。

口号：同一个亚洲，同一个目标。

图1.12 亚洲足球联合会徽标

2）组织机构

（1）内部行政体系　包括主席、秘书长、执行委员会、常务委员会、司法机构、专项行动小组及其他部门。

主席、秘书长各一人。

（2）执行委员会　由亚足联主席担任总理事长，另有副理事长4人，其余成员包括来自亚足联成员国中的在国际足联理事会中任职的人员、亚足联任命的执委会成员以及两位名誉会员。

（3）常务委员会　包括亚足联足协常委会、纪律审查委员会、比赛委员会、发展委员会、财务委员会、室内五人制足球和沙滩足球委员会、法律委员会、市场委员会、传媒委员会、医务委员会、亚洲杯组织委员会、裁判委员会、社会责任委员会、技术委员会、女子足球委员会。

（4）司法机构　包括上诉委员会、纪律和道德委员会、出场许可管理局。

（5）专项行动小组　包括专责治理小组、专责发牌小组。

（6）其他部门　包括法律部、裁判员部、成员发展部、公关部、技术部（基层足球司、室内足球与沙滩足球司、青训司、教练培训司）、社会责任部、运动医学部。

3）主要赛事

（1）男子国家队赛事

① AFC Asian Cup（亚足联亚洲杯）。

② AFC U-23 Asian Cup（亚足联 U-23 亚洲杯）。

③ AFC Solidarity Cup（亚足联团结杯）。

④ AFC U-19 Championship（亚足联 U-19 锦标赛）。

⑤ AFC U-16 Championship（亚足联 U-16 锦标赛）。

（2）女子国家队赛事

① AFC Women's Asian Cup（亚足联女足亚洲杯）。

② AFC U-20 Women's Asian Cup（亚足联 U-20 女足亚洲杯）。

③ AFC U-17 Women's Asian Cup（亚足联 U-17 女足亚洲杯）。

（3）俱乐部赛事

① AFC Champions League（亚足联冠军联赛）。

② AFC Cup（亚足联杯）。

（4）五人制足球及沙滩足球赛事

① AFC Futsal Asian Cup（亚足联五人制足球亚洲杯）。

② AFC Futsal Club Championship（亚足联五人制足球俱乐部锦标赛）。

③ AFC Women's Futsal Asian Cup（亚足联五人制女子足球亚洲杯）。

④ AFC U-20 Futsal Asian Cup（亚足联 U-20 五人制足球亚洲杯）。

⑤ AFC Beach Soccer Asian Cup（亚足联沙滩足球亚洲杯）。

4）历任主席

（1）中国香港 罗文锦（1954 年）。

（2）中国香港 郭赞（Kwok Chan,1954—1956 年）。

（3）中国香港 雷瑞德（William Louey Sui Tak,1956—1957 年）。

（4）中国香港 陈南昌（N. C. Chan,1957—1958 年）。

（5）马来西亚 东姑阿都拉曼（1958—1977 年）。

（6）伊朗 卡民彼兹阿达巴依（1977—1978 年,代主席）。

（7）马来西亚 丹斯里罕莎阿卜沙玛（1978—1994 年）。

（8）马来西亚 阿莫莎（1994—2002 年）。

（9）卡塔尔 穆罕默德·本·哈曼（2002—2011 年）。

（10）中国 张吉龙（2011—2013 年,代主席）。

（11）巴林 萨尔曼（2013 至今）。

5）主要协会

（1）东亚足球协会 包括中国（含香港、澳门、台湾）、韩国、日本、朝鲜、关岛、蒙古和北马里亚纳群岛邦 10 个会员足球协会,区域赛事为东亚杯。

（2）东南亚足球协会 包括澳大利亚、缅甸、菲律宾、新加坡、印度尼西亚、马来西亚、越南、柬埔寨、泰国、老挝、文莱和东帝汶 12 个会员协会,区域赛事为东南亚足球锦标赛。

（3）南亚足球协会 包括印度、巴基斯坦、孟加拉国、不丹、尼泊尔、斯里兰卡和马尔代夫 7 个会员协会,区域赛事为南亚足球锦标赛。

（4）西亚足球协会 包括沙特阿拉伯、伊拉克、巴林、卡塔尔、科威特、阿联酋、黎巴嫩、约旦、巴勒斯坦、阿曼、叙利亚和也门 12 个会员协会,区域赛事为西亚足球锦标赛。

（5）中亚足球协会 包括伊朗、乌兹别克斯坦、吉尔吉斯斯坦、塔吉克斯坦、土库曼斯坦和阿富汗 6 个会员协会。

1.8 中国足球协会（CFA）

1）成立

中国足球协会（Chinese Football Association,缩写 CFA,简称中国足协）（徽标见图 1.13）于 1955 年 1 月 3 日在北京成立,是中华人民共和国从事足球运动的组织自愿结成的全国性、非营利性、体育类社团法人；是团结全国足球组织和个人共同发展足球事业、具有公益性质的社会组织。目前中国足协会员协会共 50 家,其中省级（含 4 个直辖市和新疆生产建设兵团）协会 32 家,重点城市协会 13 家,行业协会 5 家（中国

图 1.13 中国足球协会徽标

煤矿体协、中国火车头体协、中国大学生体协、中国企业体协和军事体育训练中心）。

2）专项委员会

专项委员会是中国足球协会的分支机构。在授权范围内以工作规范协助执委会处理协会专项事务。协会设道德与公平比赛委员会、纪律委员会、仲裁委员会、新闻委员会、技术委员会、裁判委员会、青少年委员会、运动员委员会等专项委员会。

3）主要赛事

（1）男子赛事

① 中国足球协会超级联赛。

② 中国足球协会甲级联赛。

③ 中国足球协会乙级联赛。

④ 中国足球协会杯赛。

⑤ 中国足球协会会员协会冠军联赛。

（2）女子赛事

① 中国足球协会女子足球超级联赛。

② 中国足球协会女子足球甲级联赛。

③ 中国足球协会女子足球乙级联赛。

④ 中国足球协会杯赛（女子）。

（3）五人制和沙滩赛事

① 中国足球协会室内五人制足球超级联赛。

② 中国足球协会室内五人制足球甲级联赛。

③ 中国足球协会女子室内五人制足球联赛。

④ 中国足球协会室内五人制及沙滩足球等其他赛事。

（4）青少年赛事　全国青少年足球联赛。

2 足球竞赛规则的产生与演进

2.1 现代足球竞赛规则的产生

在现代足球 100 多年的历史上，曾多次出现规则变更和革新，特别是近年来关于裁判和技术方面的革新特别频繁，一切都是为了保证比赛的公平性。

1846 年以文字形式记载下来世界上的第一个足球竞赛规则包含了 14 条内容；1863 年，英国人在伦敦皇后大街弗里马森旅馆成立了世界上第一个足球协会——英格兰足球总会，制定和通过了世界上第一部较为统一的足球竞赛规则。

（1）场地面积，在长约 137 米、宽约 90 米以内，在每条边线上距球门线约 23 米处，各竖立两根标志杆。

（2）球门由两根直立的杆子组成，相距约 4.6 米。

（3）用投币方式选择球门或开球权，并在球场中心开球。

（4）上半场比赛时间终了后，将交换场地和球门。

（5）当队员将球踢出后，同队任何队员较球更接近于对方球门线时，不得参与比赛接触球，也不得以任何方式阻碍其他队员接触球。

（6）当球被踢至边线则为死球，在出界地点将球直接踢入场内，恢复比赛。

（7）当一队员将球踢出对方球门线时，对方先拿到球的任何队员都可持球在距球门线约 23 米处踢任意球。

（8）队员在对方球门线后面不可触及踢来的球。

（9）如果球落到球门线之后或边线标志杆之外时，任意球应该在距球门线约 23 米处发球。

（10）当一队员踢任意球时，同队队员不可站在距离他 9.15 米之内。

（11）队员可选择任何方式踢任意球。

（12）球从两门杆及其延长线间通过，算胜一球。

（13）在比赛进行中，除不得用手、臂、肩部持、击球外，可用身体其他任何部位接触球。

（14）所有冲撞都是公平合法的，但禁止用手抱、推，用脚绊摔及吵闹。

2.2 足球竞赛规则的修改与演进

2.2.1 足球竞赛规则修改的意义

国际足球协会理事会每年都要对《足球竞赛规则》(以下简称《规则》)进行修改,每一次关键的规则修改都与各时期的足球发展有着紧密关系,并对足球运动技战术的发展产生重大的导向作用。随着社会、经济和足球运动的发展,规则修改的频率不断增加,条款也随着足球运动的发展规律或淘汰或改进。犯规与不正当行为是规则修改的重点,对于非体育行为的解释和处罚进一步明确。比赛官员之间的协作也越来越得到规则的认可与强化。

2.2.2 足球竞赛规则修改的原则

(1) 对等的原则,对比赛的双方一视同仁,使运动员在相同的条件下进行公平合理的比赛。

(2) 保护运动员的健康,鼓励进球,鼓励进攻,坚决制止暴力行为和非体育道德行为。

(3) 促进技术、战术发展,修改后的规则不仅要反映足球运动当时所达到的技术、战术水平,而且要引导足球运动的技术、战术向高水平方向发展。

(4) 提高比赛观赏性,吸引更多的观众。

2.2.3 19 世纪规则修改的主要内容

(1) 1863 年 10 月 26 日,英格兰足球总会成立。12 月 8 日,颁布第一批足球竞赛规则(共 14 条)。

(2) 1866 年补充规定

① 两队比赛必须在长约 110 米、宽约 73 米的场地上进行。

② 伦敦队须穿白色球衣、白色短裤。

③ 比赛用球为纯白色,标准为 5 号。

④ 比赛时间定为下午 3:00 开始,4:30 分结束,共 90 分钟。

(3) 1869 年,球门球被第一次引进;3 年后,角球也被加进了规则。

(4) 1870 年,正式规定了"越位"规则,即"进攻者与对方球门之间必领有 3 名防守者",否则为越位犯规,由对方罚任意球。这大大丰富了战术内容,相继出现了"七锋三卫制""六锋四卫制",锋卫分工越来越明确,队员之间重视了传球配合,并讲究踢球的力量和方向了。

(5) 1872 年,各地对比赛用球的周径有了不同的明文规定,足协杯赛规定比赛用球周径为 68～70 厘米,这条规则正式生效是在 1883 年。

(6) 1873 年,越位规则修改:如果一名攻方球员和对方球门门线之间少于 3 名球员,这位球员处于越位位置。

(7) 1875 年规定

① 比赛场地长和宽的最小限度：长度为 90 米，宽为 45 米。

② 横梁代替了胶带作为门框使用。

(8) 1877 年首批规则统一　明确门将在本方半场可以用手触球；任意球和角球直接得分不算。规则规定球门高度约为 2.44 米，两门柱上方试行横木或绳，还规定了比赛场地最小限度为长 90 米，宽 45 米。

(9) 1878 年规定　比赛开始是在球场中心踢定位球，开球队的对方队员在未开球前都应离球 9.15 米以外。双方队员在未开球前都不得进入对方场区。

(10) 1880 年在规则中正式规定　裁判员是在两名检查员判罚意见不一致时，有最后决定权，并有记录比赛成绩及比赛时间的任务。

(11) 1882 年规定

① 全场比赛时间分为两个半场，每半场为 45 分钟，中间略休息，下半场交换场地，以便条件对等。

② 因原来规定将球踢出边线外与犯规的判罚相同，均由对方踢任意球，故将用脚踢界外球改为用手掷。

③ 为提高技术使比赛更加精彩，须逐渐完善规则，故在足协领导下建立了规则委员会，负责研究修改规则。

(12) 1883 年规定

① 比赛场地必须画出表示球场长度的两条边线，以及表示球场宽度的两条端线。

② 在球场内做了一些新规定：以球门两根立柱各为中心点（即圆心，5.5 米）为半径，各向场内画一半弧，两个半弧的一端在球门前相交，另一端则与相近的端线相接，以此构成球门区。

③ 在距端线 11 米的场内画一条与端线平行且等长的实线，两端各与相近的边线相接。

④ 在距离端线 16.5 米的场内画一条与端线平行且等长的虚线，两端各与相近的边线相接。

⑤ 除此之外，还在球场中心点，以 9.15 米为半径画一圆圈作为中圈。

⑥ 场地必须按长度和宽度画出两条边线和球门线。

⑦ 球门上换用横木替代绳子（对横木的宽度和厚度并无规定）。

⑧ 比赛用球的周径不得大于 70 厘米或小于 68 厘米。

⑨ 规定比赛开始时球的重量为 369～425 克，此规定于 1891 年被采纳。

(13) 1891 年，规定裁判员使用口哨，并进入场内执法。这对制止粗暴行为和发挥技术起到稳定作用。又由于制定了越位规则，裁判员一人在场内难以判决，规定由两名边线检查员用旗示协助，他们活动在同一条边线外，裁判员则在对面场内直线跑动（即三人"边线裁判制"）。

(14) 1891 年，点球进入足球规则，球网的使用也被认可。

(15) 1892 年，规则规定

① 以球门两立柱的中心为圆心，以 5.5 米为半径，各向场内画一半弧，两个半弧的一端

在球门前相交,另一端则与相邻近的球门线相接,以此构成"球门区域"。在此区域内守门员受到保护,以制止攻方队员的粗暴行为,并作为踢球门球的区域。当时也有只画一条距球门线5.5米正对球门的短横线,以此标出球门区。

② 在球场中心点以9.15米为半径画一圆圈为中圈,作为比赛开球区。

③ 为避免球是否通过球门的争论,在1900年因张挂球门网收效甚佳,故这一年规定使用球门网。首先正式使用球门网的是该年度的足协杯决赛。

④ 明确规定裁判员由3人组成,一名裁判员,两名巡边员,而且必须由比赛队以外的中立者担任,并由裁判员携带口哨和笔记本进入场内执法。巡边员将手执一面旗子,其主要职责是判定球是否出界。

在该年度足协杯决赛时,规定参加比赛的流浪队与诺丁汉队必须分别穿着式样统一的服装,双方的服装颜色又必须不同。从此服装开始统一起来,笨重的比赛服装逐渐被灵巧的短袖衫和短裤所代替。

(16) 1894年规定了球门的两根立柱的最大宽度和架在立柱上的横木的最大厚度均为0.12米。

(17) 1895年规则增加了掷界外球时双脚不准离地的规定。

(18) 1896年进一步规定了插在球场四周的角旗高度不得低于1.5米;球门应是两根相距7.32米并垂直于地面的立柱上架横木,安装在端线上,它们都与两边的旗杆等距离。

(19) 1897年重新规定比赛场地长度最大约为110米,最小约为101米;宽度最大约为73米,最小约为64米。参加比赛双方各为11人,不得更换。国际比赛场地长度最大约为110米,最小约为101米;宽度最大约为73米,最小约为64米。边线与球门线应成垂直相交。

(20) 1899年在规则里明确提出,每队由11名球员组成,其中一人为守门员。

2.2.4 20世纪规则修改的主要内容

(1) 1902年,确定了场内各条线 在距两球门立柱外侧5.5米的端线上,向场内各画一条垂直于端线长5.5米的线,再将两条垂直的线连接起来,从而形成球门区;在距两球门立柱外侧16.5米的端线上,向场内各画一条垂直于端线长16.5米的线,再将两条垂直线连接起来,形成了罚球区;取消了11米的横长线,而改为距离球门中心点11米的点,形成了罚球点。还恢复了贯穿中圈、两端与两边线相接的中场线。

(2) 1905年,国际足联规则委员会对执行罚球点球做了新的规定:在球未踢出前,守门员须站在球门线上,但可在线上随意走动或跑动。并明确规定比赛用球必须是皮制品,所采用的制球材料不能对运动员造成伤害。1905年还规定:准许做合理冲撞,但不得粗暴、猛烈或带有危险性。

(3) 1913年规定:守门员不得在禁区外用手触球。

(4) 1923年,规定场上参加比赛队员不得超过11人,但补充规定两队都可有替补队员,须在赛前协商确定替补队员人数,不得临时变动,并规定替补队员一般情况下不准上场替补，只有在本队参赛队员受伤，并由裁判员确认不能继续参加比赛时，方准许替补。

(5) 1925年越位规则修改　如果一名球员前方少于两名（以前是3名）对方球员比他更接近球门线，该球员处于越位位置。

(6) 1927年规则修订　角球直接破门有效。

(7) 1929年规定　对方踢罚球点球时，守门员在球踢出前不能移动。

(8) 1931年规定　某队如果在罚边线球时违规，将由另一方在原地重罚边线球。此前边线球违规的情况下，是由另一方主罚间接任意球。

(9) 1933年，埃弗顿3∶0胜曼城的足球总会杯决赛中，印有号码的球衣首次出现。当时双方22名球员身着印有1~22号的球衣登场比赛。1939年，球衣印号在英格兰被规定下来。

(10) 1935年，在西布罗姆维奇进行的一场比赛中，首次试用两名主裁判。1938年，根据当时的情况重新修订足球竞赛规则。

(11) 1937年规定，国际比赛用球的重量为410~450克；开始增画"罚球弧"，并规定它的作用。

(12) 1939年规定

① 场内各界线的宽度不得超过12厘米。

② 球门柱和横木可有较小的棱角（避免碰伤队员）。

③ 在场地四角，以边线与球门线交点为圆心，以1米为半径，画1/4圆弧，两端各与边线和球门线相接，形成"角球区"，作为踢角球时放置球的范围。

④ 1954年，在瑞士进行第5届世界足球锦标赛，同年6月国际足球协会理事会在会上通过决议，严格制止粗暴行为，避免发生伤害事故，并规定用脚踢对方胸、肩、头部时，属危险动作犯规。用头去顶对方正在踢的球，如裁判员认为可能造成危险时，应判顶球者犯规，由对方罚间接任意球。同年10月1日补充说明，以上不包括守门员扑球。

(13) 1964年，为举行第8届世界足球锦标赛，在东京召开国际足联代表大会，制定了纪律措施备忘录，并于赛前在罗马会议上对规则做了如下解释：

① 双方两名队员同时同样犯规，也应坠球，过去偏袒守方的理论是错误的。如双方同时犯规，一方属罚直接任意球，另一方属罚间接任意球，则应判罚严重犯规者，即直接任意球。

② 如守门员在球门网内殴打一名进攻队员，应该将守门员罚令出场，以坠球恢复比赛，因为该区不属比赛场地。

③ 队员在裁判员背向时殴打对方队员，如巡边员及时告知裁判员，经核对属实，应将该队员罚令出场，并由对方罚任意球。如比赛经过一段时间后才发现这一问题，犯规队员也应被罚令出场，然后以坠球恢复比赛。如中场休息在更衣室内发现这一问题，应予以警告，并记录以备书写报告。若被打队员严重受伤，则可取消打人者比赛资格。

(14) 1966年规定　冠军杯比赛中两队两回合比分平的情况下，客场进球多者胜。

(15) 1967年规定　门将不能拍球，不能多次将球抱起，在开球之前最多只能走四步。

(16) 1970年规定　受伤球员可以被换下场。黄牌出现,以示警告。苏联球员诺切夫·伊夫格尼在世界杯上成了第一个吃到黄牌的人。1970年,为准备在墨西哥举行的第9届世界足球锦标赛,国际足球协会理事会接受国际足联建议,于6月27日举行会议研究规则,并做了较大修改:

① 在一场比赛中队员因伤或其他原因不能继续比赛时,一个球队有权使用两名替补队员,并说明被替补下场的队员不得再加入该场比赛;被罚令出场的队员不得再加入该场比赛;被罚令出场的队员不得由替补队员进行替补。

② 两队比赛必须决出胜负时,如加时赛结束仍然是平局,则以互踢罚球点球决定胜负,代替过去用抽签决定胜负的办法,并制定9条执行细则,附在规则手册中。

③ 开始执行红黄牌制度。黄牌表示警告,红牌表示罚令出场,以解决语言上的障碍,避免运动员与裁判员之间的争论,并可使场外官员和观众立刻知道队员是否被警告或罚令出场,至于国内比赛是否使用红黄牌,由各国足球协会自行决定。

④ 守门员接到球后,必须及时出球,不许故意延误比赛时间,否则将被罚间接任意球。

⑤ 每队上场队员最少人数由各国足球协会酌定。理事会认为,任何一队少于7人时,比赛不能进行。

1970年在摩纳哥的青年比赛中试用了新规则,包括用脚发边线球、短角球和暂时驱逐出场。

(17) 1971年,规则委员会在苏黎世决议发布以下:

① 队员射门时,同队队员在球门线外,当球碰到守方队员后,他跑进场将球射入球门,此进球无效,因他不可进入比赛。

② 除裁判员允许外,不准场外任何人进入比赛场地,并应阻止教练员和工作人员在球场附近进行指导。

③ 在夜间灯光下进行比赛,应准备反光强的巡边旗。

(18) 1972年至1977年,国际足联对规则内容和裁判方法做了如下变更、修改或补充:

① 各国足协,特别是在国际比赛中,在两球门线后面各画一条"摄影人员限制线",该线距角旗至少2米,距球门区线与球门线交点处至少3.5米,距门柱至少6米,画成一条连接线,不许摄影人员越过此限制线。摄影时不准使用闪光灯等人工光源。

② 足球充气的压力应等于0.6~0.7个大气压力(61~71千帕)。

③ 替补队员人数在一般比赛中,可由两队赛前协商规定,但不得超过5人,并须在赛前通知裁判员。如果裁判员未收到通知或双方未做出规定,则替补队员上场人数以2人为限。

④ 场上任何队员可与守门员交换位置,但须事先通知裁判员,并须在比赛成死球时互换。如违反这一规定,比赛不应暂停,而应在成死球时向犯规队员提出警告,继续比赛。其意是指队员与守门员已明显交换位置(服装已换),仅手续未按规定程序进行,故新换位的守门员如在罚球区内用手触球时,应改变过去判罚球点球的处分。

⑤ 替补队员必须等待被替补队员离场后,并得到裁判员的手势表示许可,才能在死球时从中线处进场。如违反这一规定,应予以警告,并由对方在暂停时球所在地点踢间接任

意球。

⑥《规则》第四章队员装备中增加新规定：固定钉柱的模压鞋，应用橡胶、塑料、亚氨酯或性质类似的软质材料制成，准许镶一些软物质，但镶附物质不得高出鞋 0.5 厘米。

⑦ 规则补充：守门员的服装颜色必须与双方队员和裁判员的服装颜色有明显区别，以免混淆而影响比赛。理事会规定，队员服装一般指球衫、短裤、长袜和足球鞋，如比赛规程规定穿足球鞋，裁判员不应允许个别或部分队员不穿足球鞋。

⑧ 修改《规则》第五章内容：

a. 将规则条文"裁判员自鸣哨开始比赛时起，行使其职权"，修改为"裁判员自进入比赛场地时，即开始行使其职权"。

b. 理事会决议：根据规则，如比赛中发生规则以外的任何事故或观众混乱，裁判员认为必要时可以停止比赛，但无权决定某队胜负，应向主办机构详细报告，由其做出决定。比赛规则本身要求比赛尽可能少受干扰，因此，裁判员仅应判罚故意犯规行为，对无足轻重或仅属怀疑的犯规鸣哨，会使运动员产生反感，影响情绪，并使观众失去对比赛的兴趣。

⑨ 将《规则》第十二章第 1 条罚直接任意球的(7)(8)款修改为"(7)拉扯对方队员""(8)推对方队员"，均删去原条文中"用手或臂部"，其意是指拉扯和推也包含用身体其他部位。

⑩ 比赛开始后，未经裁判员允许，队员进场加入比赛或比赛进行中离场再进场者，如裁判员暂停比赛予以警告后，将原规定在队员犯规地点，由对方踢间接任意球恢复比赛，改为在球所在地点处罚。这样可避免队员利用此种犯规技术，投机取巧。如果该队员有更严重犯规时，应按严重犯规判罚。

⑪ 理事会决议：

a. 如果一名队员撑在同队队员肩上去顶球，裁判员应暂停比赛，以不正当行为予以警告，并由对方罚间接任意球。

b. 攻方队员故意阻挡守门员发球时，裁判员应判罚间接任意球。

c. 如果队员犯规，裁判员鸣哨后，在予以警告之前，该队员再次发生其他应受警告的行为时，则应罚令出场。赋予裁判员更大权威，是为了杜绝场上不道德行为和粗野行为。

d. 罚任意球时，准许用一只脚挑起任意球。

⑫ 理事会决议：在比赛中，队员被替补离场，在该场比赛结束前，他不得另行参加其他比赛，这是为限制一名队员同时代表两队参加比赛。

(19) 在 1974 年第 10 届世界足球锦标赛期间，国际足联召开了裁判员会议，就规则做了一些新的规定和解释如下：

① 抢球：脚抬离地面或双脚一起去抢球，如裁判员认为对对方没有危险时，是允许的；用一只脚或两只脚铲球都可以，但如未踢到球而将对方绊倒，应判罚直接任意球；从后面抢球，如未接触对方的腿，是允许的，但如将对方绊倒，则判罚直接任意球。

② 四步以上犯规：守门员持球行走四步以上应判罚间接任意球。必须提醒所有守门员，虽然这条规则过去常常不被遵守，今后将严格执行。

③ 非法使用手臂：许多运动员使用手臂阻挡、拦截对方，按新规定应判罚直接任意球。

④ 跳起冲向对方而其目的在于阻碍对方顶球,应被判罚直接任意球。

⑤ 以任何方式延误对方踢任意球的队员,应被警告,再犯应罚令出场。

⑥ 不允许教练员在球场旁进行指导。队员受伤时,在裁判员要求下,只允许两名队内工作人员进入场内了解队员伤势,而不是去治疗,带入场内的医疗用品尽可能少。受伤队员的治疗必须在场外进行,如需要可用担架抬出。

⑦《规则》第十章计胜方法补充为:"凡球的整体从门柱间及横木下越过球门线,而并非攻方队员用手掷入、带入、故意用手或臂部推入球门(守门员在本方罚球区内除外),均为攻方胜一球。"

⑧ 要求裁判员继续努力消除南美和欧洲在执行规则上的差异,并应遵守纪律,不对新闻界和电视台评论其他裁判员的表现。

(20) 1979年12月3日,国际足球协会理事会在苏黎世召开会议,规则委员会讨论了各国提交的有关规则问题,摘要答复如下:

① 关于球门后面装网问题,按规则原文虽非强制性的,但使用球网是必要的,各国协会或组织比赛机构,可以作为必须使用球网的规定。

② 在比赛进行中,如同队两名队员互相殴打,裁判员可根据情节,给予两人警告或罚令出场,然后由对方罚间接任意球。

③ 在决定胜负采用互踢罚球点球时,场上未受伤队员必须参加,如一名或两名队员不回来踢罚球点球,则停止执行,裁判员向有关方面报告。

④ 在执行互踢罚球点球的过程中,如守门员受伤,倘若该队替补队员名额尚未用完,可由场外替补队员替换。

⑤ 在执行互踢罚球点球时,如有比赛中已受过警告的队员再次犯规而须予以警告时,则应将该队员罚令出场。虽互踢罚球点球决胜负时不属于比赛时间,但仍应这样做。

⑥ 关于建议在踢罚球点球时,允许守门员沿球门线左右移动的问题和关于被替补队员在比赛中拒绝离场,裁判员应如何处理问题,均将提交国际足球协会理事会讨论。

(21) 1980年,理事会对规则做个别改动:

① 在第十二章犯规与不正当行为中,第(6)款加上"或向对方吐唾沫",即修改为"打或企图打对方队员或向对方吐唾沫"。因吐唾沫属不道德行为,禁止向对方吐唾沫旨在强调体育精神。

② 在第三章队员人数,将原规则注:"被替补出场的队员不得再上场比赛",改为正式条款。将罚则(b)款:如果替补队员未经裁判员许可擅自进场,应立即停止比赛,并根据该队员犯规情节予以警告并令其离场或罚令出场,然后由裁判员在比赛停止时,球所在地点判由对方罚间接任意球,改为以坠球恢复比赛。

1980年11月29日,在国际足联规则委员会会议上,审议了外界就比赛规则提出的问题,解释如下:

① 比赛结束时,如执行互踢罚球点球决胜负,所有参赛队员必须回到球场参加踢罚球点球。

② 靠近本方球门线的防守队员故意用手拦阻攻方队员传出的快攻球,如属初犯,应予以警告,并判罚直接任意球;如发生在罚球区内应判罚球点球;如再犯则罚令出场,并判罚直接任意球;如同队其他队员再犯,亦应予以警告,并判罚直接任意球。

③ 守门员在罚球区内故意用球掷击位于罚球区外的对方队员,应判罚球点球。

④ 如防守队员在罚球区外,故意用鞋或石头击打在罚球区内的进攻队员,应将该防守队员罚令出场,并在罚球区外队员犯规地点罚直接任意球。

(22) 1981年,国际足球协会理事会对规则修改补充如下:

① 决定采纳马来西亚足协建议,在规则第六章助理裁判员职责中,增加一条(c)款,当要求换人时举旗示意裁判员(指两巡边员同时举旗)。因过去常出现踢角球时要求换人,裁判员背向中场处看不见,致使踢角球一方欲替换队员上场争取得分的做法无法实施。

② 在第三章队员人数的罚则中,增加一条(c)款,即"对违反本章其他规定的有关队员均应警告。如果裁判员暂停比赛执行警告,则应由对方在比赛暂停时,球所在地点踢间接任意球恢复比赛"。

③《规则》第十二章犯规与不正当行为中罚令出场的条文,将原文"如队员有下列行为,应罚令出场",修改为"裁判员认为队员有下列行为时,应罚令出场"。

1981年2月1日,国际足联规则委员会在苏黎世举行会议讨论了各国足协就规则提出的问题,解答如下:

① 如果一场比赛中,一个球队故意输球,裁判员无权停止比赛。

② 球门线(两立柱之间)到球网之间的地面不算作球场一部分。

③ 一名队员故意站在球门线外面,不算处于越位位置,可算作不正当行为。

④ 如果攻方队员站在球门网内(球门线外)干扰守门员,属不正当行为。

⑤ 如果一名队员故意用球踢摄影记者,裁判员不能采取技术判罚(判罚任意球),因记者和观众同属一个范畴,但该队员可因粗暴行为被罚令出场(裁判员手册第8期)。

⑥ 双方守门员的球衣颜色相同而又无法调换,裁判员不必干涉,比赛应照常进行。

⑦ 离比赛结束还有5分钟,场上比分1比0,一方的观众开始闹事,向裁判员身上或场内乱扔石头等物,如裁判员认为必要时可中断比赛,然后由有关专家判定,哪队是与闹事有关的一方,哪队将是这场比赛的输者,并将情况上报国际足联(裁判员手册第8期)。

⑧ 如果守门员在裁判员判罚球点球或任意球时,有意背过身去,如果他站在合法位置上,可照常罚球。

⑨ 是否使用红、黄牌,由各国足协自行决定,但在国际足联组织的比赛中,必须使用红、黄牌。

⑩ 国际比赛前如增加表演赛,应在比赛当天由比赛双方代表及担任这场国际比赛的裁判员,审查场地情况后做出决定。

(23) 1982年规定 门将不能在禁区内运球然后把球抱起。1982年7月6日,国际足球协会理事会在马德里举行会议,做出了修改规则的两项决议,并规定于同年9月9日开始执行。

① 将《规则》第十二章关于守门员在本方罚球区内违例的原规则"(a)守门员持球、拍球或将球抛起又接住而未将球发出,如未经其他队员触及前,行走四步以上,被罚间接任意球"。修改为"(a)守门员用手控制球后,行走四步以上,未将球发出,或已将球发出,在球未经其他队员触及前,再次触球,均被罚间接任意球"。

② 将第六章巡边员职责增加一条(c)款,当球队请求替补队员上场换人时,靠近替补队员的助理裁判员应举旗提示裁判员(举旗示意:双手持旗杆两端,高举过头)。

1982年8月4日,国际足联发出通知,对《规则》第十二章涉及守门员四步以上犯规的解释:

① 当守门员在罚球区内用手控制住球后只能行走四步,其基本精神是为阻止守门员在罚球区内"投机取巧"(即把球放在地上,用脚踢来踢去,并随时随意再次拿起球)。

② 不能违反基本原则,即守门员也是一名队员,他有权在自己的罚球区内介入比赛,因而不能阻止他在罚球区用脚控球、踢球。

③ 当守门员用手控制球后,在规定的行走四步之内,他可以用手持球或将球放在地上滚动、拍运或将球抛在空中然后再拿住。但在行走四步之后,守门员必须将球发出,或用脚继续踢球、控球,但未经其他队员触球前,不得再次用手触球。

1982年10月22日,国际足联规则委员会在苏黎世召开会议,做出如下决议:

① 当队员掷界外球时,对方队员可以站在他面前不动,掷球队员可以后退一步或向旁边移动一步,如对方队员跟着他移动,则判罚对方队员为不正当行为,予以警告。

② 坐在替补队员席上的教练员、按摩师或工作人员不得在比赛暂停时进行指导、干扰比赛或给队员饮料、冰块而使本队获得不公平的利益。如果他们不断地或坚持干扰比赛正常进行,裁判员应令他们离开比赛场地,并将此情况书面报告主办机构。

③ 队员不允许跪在地上掷界外球,必须按规则面向球场,两脚站在边线外或边线上。

④ 关于《规则》第三章"罚则第(c)款中违反本章其他规定"是指:队员未经裁判员允许进入或重新进入比赛场地。

⑤ 守门员和其他队员一样,可参与裁判员执行坠球。

⑥ 在延长时间执行罚球点球时,如攻方队员先进入罚球区犯规,球射进无效,应重罚。同样,按《规则》第十四章中罚则(a)(b)执行,继续重罚,并警告犯规队员。

⑦ 当比赛终了成平局,以互相踢罚球点球决定胜负时,球踢出后触及门柱或横木爆裂,无论足球是否进门,应换球重新踢。

⑧ 比赛进行中,球偶然触击裁判员或场上运动员而弹入球门内,应判进球得分。

(24) 1983年,《规则》第二章中,将球的气压改为0.6~1.1个大气压力(61~111千帕)。

(25) 1984年6月2日,国际足球协会理事会在苏格兰会议上对规则略加修改,并自7月25日执行:

① 在《规则》第八章比赛开始,对在球门区内执行坠球的地点变更如下:比赛因规则未规定的原因暂停时,球并未越出边线或球门线,恢复比赛时,裁判员应在暂停比赛时球所在位置坠球,球触地面即恢复比赛。如果比赛暂停时球在球门区内,则应在球暂停时所在位

置最近的、与球门线平行的球门区线上坠球。理由：避免运动员在球门区内坠球时拥挤而导致冲突。

② 《规则》第十三章任意球中对踢球地点有所修改，修改如下：a. 守方在本方球门区内执行任意球，可以在犯规地点的球门区的半边内任何地点执行。b. 凡攻方在对方球门区内踢间接任意球时，应在犯规时球所在最近的、与球门线平行的球门区线上执行。理由：避免运动员排在球门线上拥挤而发生碰撞。

③ 建议裁判员对守门员延误时间要严格执行规则，进行处罚。

(26) 1985年规定：只有当足球被禁区外的球员碰到过，门将才可以用手将球抱起。1985年6月15日，国际足联在北爱尔兰召开会议，通过了修改规则的决议，并自7月15日生效执行。主要修改内容有两大方面，归纳如下：

① 将原《规则》第二、三、十、十四章中有关裁判员暂停比赛执行坠球恢复比赛地点的规定，补充修改为："如当球在球门区内，则应在停止比赛时球所在地点最近的、与球门线平行的球门区线上坠球。"加上这条规定后，规则就同1984年年会上关于球门区内坠球的决定相吻合了。

② 将《规则》第十二章第(5)条(a)款修改为：守门员在本方罚球区内有下列情况时："以手控球后向任何方向持球、拍运球或向空中抛起再接住，行走四步以上，未使球进入比赛状态；或者在行走过程中及其前后，虽已使球进入比赛状态，但未经罚球区外的同队另一队员或罚球区内外的对方一队员触球前，自己再次用手触球。"理由：国际足球协会理事会考虑到，尽管1982年规则的修改和1984年的进一步指示，但这些改革并未发挥预期的效果，不断出现一些延误时间的做法，国际足球协会理事会相信这项新条款将保证规则精神得到尊重。

（附：国际足球协会理事会给各洲、地区和国家足球协会的指示：理事会又再一次提醒各协会有责任保证裁判员和运动员严格遵守比赛规则。此外，规则所有解释权属国际足球协会理事会，国际足联有责任向所属各协会通报有关规则的修正案或决定）。

(27) 1986年，国际足联规则委员会于5月30日在墨西哥召开会议，对比赛规则和裁判员准则进行了以下修改，并自7月25日生效。

① 《规则》第三章第(5)条增补(f)款如下："替补队员进入比赛场地后，不再是替补队员。同时被替补的队员也不再是本场比赛队员。"理由：有时在被替补队员离场、替补队员进场或替补队员已先进场或比赛重新开始时，很容易造成混乱，新的补充条款可使换人规则明确化。

② 《规则》第十四章"罚球点球应从罚球点上踢出"。罚球时，除主罚队员和对方守门员外，其他队员均应在场内且罚球区外，至少距罚球点9.15米处。现补充修改为："罚球点球应从罚球点上踢出。罚球时，除有明显区分的主罚队员（该队员应有明显表示）和对方守门员外，其他队员均应在场内并罚球区外，至少距罚球点9.15米。"理由：规定主罚队员应有明显表示，这样可使裁判员和对方守门员清晰识别，并能阻止该队其他队员代替主罚队员从已退出的罚球区和罚球弧外来执行罚球点球。

(28) 1987年6月13日，在威尔士兰达诺召开的会议上，国际足联规则委员会就《竞赛规则和裁判员手册》的修改做出若干决定,并于当年7月25日起实施。

①《规则》第三章第(2)条修改为:凡在国际足联洲际、地区或各国家协会一级的正式比赛规程下的任何比赛都可按下列规定使用替补队员。

　　a. 获得各有关国际协会或国家协会的批准。

　　b. 比赛规程应规定是否有替补队员及替补队员人数,否则就按下列(c)款的限制执行。

　　c. 任何比赛都不许一队使用替补队员多于两人。而这两名替补队员必须是赛前交给裁判员的不超过5名替补队员名单中的替补队员。

　　d. 将第(3)条修改为:在任何其他比赛中可按上述条款规定替补队员,也可以在赛前由双方协商达成最多不超过5名替补队员的协议,并在赛前通知裁判员。如裁判员未收到通知或双方未达成协议则替补队员每队不得多于两名,且在任何情况下,都必须由开赛前交给裁判员的不超过5名替补队员名单中选出。

　　e. 国际足球协会理事会原决议第(3)条已删去,将决议第(4)条改为第(3)条。

②《规则》第四章,将国际足球协会理事会决议第(6)条修改为:队员因违反规则第四章规定而被停止参加比赛,或在比赛中被令暂时离场,如再进场比赛,违反第十二章(j)款规定时,应由对方队员在比赛暂停时球所在地点踢间接任意球恢复比赛。如果在本方球门区内踢任意球时,可以在比赛暂停时所在球门区的半边内任何地点执行。

③《规则》第七章修改为:比赛时间,除双方同意另定外,应分为两个45分钟相等的半场,并按下列规定执行:在每半场中所有由于替换队员、受伤队员抬出场地所延误的时间,或由其他原因而损失的时间应予补足,这个时间的多少由裁判员酌情决定。

④《规则》第十四章罚球点球修改为:"……在比赛正常进行中,如在上半场及全场终了时,或终了后执行罚球点球或重踢罚球点球时,在球通过两门柱与横木进入球门前,触及门柱、横木或守门员,或连续触及门柱、横木和守门员,如无其他犯规,进球均为有效。"国际足球协会理事会决议将第(4)条(c)款修改为:"在上述两种情况下,如球从守门员、横木或门柱弹回场内而未进球,裁判员应暂停比赛,警告犯规队员,如有违反规则第十三章规定的,判由对方在犯规地点踢间接任意球。"国际足球协会理事会决议将第(6)条修改为:"在上半场或全场比赛终了,当延长时间执行或重踢罚球点球时,应延长至该罚球踢完为止,即裁判员已判定是否进球时为止。比赛应在裁判员做出判定后立即终止。"

⑤《规则》第十五章国际足球协会理事会决议增加第(4)条:"未在球出界处掷界外球,将判不合法掷界外球者犯规。"制定这条新规则,主要是明确掷界外球必须在球出界处,在出界处以外的其他地点掷界外球均属犯规并按罚则第(a)条执行。

(29) 1988年3月1日,国际足联在利雅得召开会议,规定凡属国际足联正式比赛必须戴护腿板。

(30) 1990年《规则》修改部分内容

① 第14届世界杯赛上,增加了对被出示红黄牌的球员给予罚款的规定。红黄牌最初是为了避免判罚后裁判员与队员的不必要口角和冲突,后加上罚款以增加其判罚力度。

②《规则》第二章比赛用球:之前足球质量标识的参照因为已经过时,所以被删去。

③《规则》第四章队员装备：球员因装备问题离开比赛场地，处理后未经裁判员允许擅自重返场地，做出干扰比赛行为会被判罚直接任意球（或罚球点球）。

④《规则》第十章确定比赛结果：将罚球点球决胜负，如果球员替换已经主罚过罚球点球的守门员，该球员不可以在该轮踢罚球点球。

⑤《规则》第十一章越位：

a. 如果进攻队员平行与对方倒数第二名防守队员，或平行于对方最后两名以上（含两名）防守队员，那么该进攻队员不越位。

b. "传球或触球"的第一接触点应用于判断越位（例如：当用慢镜头重播时能仔细分别谁是第一个及最后一个接触球）。

⑥《规则》第十三章任意球：更新的文本确认了替补球员、被替换下场球员、被驱逐离场的球员或球队官员犯规也会被判罚直接任意球或间接任意球。

（31）1991年《规则》修改部分内容：对驱逐出场规则的精确化，尤其是那些比赛异常艰苦的情况下该如何处理。

《规则》第十二章犯规与不正当行为：

① 国际足球协会理事会决议：

a. 如果进攻队员突破防守队员，有明显得分机会时，防守队员故意犯规，裁判员判直接任意球或罚球点球；但由于该防守队员的犯规直接妨碍了进攻队员此前的得分机会，故根据《足球竞赛规则》第十二章规定，该犯规队员因严重犯规应罚令出场。

b. 如果防守队员（不包括守门员）在本方罚球区内因故意手球而妨碍了进攻队员的射门和明显的进攻时，根据《足球竞赛规则》第十二章规定，该手球犯规队员由于严重犯规应罚令出场。同样，如果守门员在罚球区外故意手球，以阻止进攻队员明显得分时，应罚令出场。

c. 根据《足球竞赛规则》第十二章规定，当守门员用手臂的任何部位触球后，便可以认为是已经控制球。此控制球包括守门员有意用手臂挡球，但不包括球意外地从守门员身上弹出，例如，守门员扑球后。

② 国际足球协会理事会补充说明：

a. 国际足球协会理事会仍然要求裁判员要严格执法，尤其是对于比赛中种种原因而损失的比赛时间要补足，例如，换人、处理受伤队员等，而不要考虑比赛结果。

b. 国际足球协会理事会还决定，比赛中运动员可以穿戴类似像自行车运动员所穿的紧身短裤，但要求其颜色和比赛队员的运动短裤一致，其长度不得超过膝盖。由于比赛场地和气候条件的因素，守门员可以穿长运动裤。

（32）1992年《规则》修改部分内容

① 后卫有意用脚将球回传门将，门将不能用手触球。

②《规则》第四章队员装备：

罚则：

场上队员违反本章规定时，除非在成死球前，该队员已经调整好装备，否则在成死球后该队员离场调整或换取装备(注:对于场上出现了违反本章规定时不要立即停止比赛)。离场调整和换取装备的队员在回场前必须先报告裁判员,经裁判员检查符合规定,只有在比赛成死球时方可进场比赛。

③《规则》第五章裁判员:

a. 裁判员从进入比赛场地起,对于犯有不满和不正当行为的队员应予以警告并出示黄牌。事后必须在规定的时间内按照主办比赛的足球协会的规定,将该队员的姓名和具体情况书面报告主办机构。书面报告在规定时间内一经投邮即为合乎手续。

b. 对于场上队员的恶劣行为、严重犯规、使用污言秽语或辱骂性语言,以及经警告后仍犯有不正当行为者,应罚令出场。

④《规则》第十二章犯规与不正当行为:当场上队员故意将球传给本方守门员时,守门员不允许用手触球,否则根据规则第十二章的有关条款,由对方发间接任意球。

对于此条,国际足球协会理事会做了以下解释:

a. 此条中的队员将球传给守门员只是限于该队员用单脚或双脚踢球。

b. 如果是由于某队员无意将球踢偏或由于失误造成守门员用手触球,是允许的。

c. 如果某队员故意传球,但方向不是对向守门员(如传向球门两侧),本队守门员用手触球,则根据新规则精神该行为仍被认为是故意传球,由对方发间接任意球。

⑤《规则》第十三章任意球:防守一方在球门区内踢任意球时,可以在球门区内的任何地点执行。

⑥《规则》第十六章球门球:当球的整体不论在空中或地面从球门外越出球门线,而最后踢或触及球者为攻方队员时,守方队员可以在球门区内任何地点踢球门球。

其他决定和要求:

a. 如果场上队员由于第二次被出示黄牌而被罚出场,裁判员应在出示第二张黄牌后出示红牌。

b. 当裁判员判罚任意球后,防守队员故意用手或脚将球抱走或踢走,裁判员必须严厉地对该队员的行为给予黄牌警告。

c. 裁判员对在发任意球时,防守队员在组织"人墙"时的不正当行为必须给予黄牌警告。

d. 如某防守队员在对方准备发任意球时,为使同队有时间组织"人墙"而站在球前,裁判员必须警告该队员并出示黄牌。

(33) 1993年《规则》修改部分内容

①《规则》第五章裁判员:

比赛中,教练员可以向场内运动员传达战术上的指示,但无论是教练员还是其他官员都必须严守其责,且只允许在规定的技术区域内进行场外指挥。

注:在高级别的比赛中,上面所涉及的技术区域要有限制,其区域为替补席两侧向外延伸1米,且距边线1米。

②《规则》第十二章犯规与不正当行为:明确规定,队员可以利用头部、胸部和膝盖将球

回传给守门员,但是裁判员认为,如果队员故意运用规则第十二章第5(c)条而使本队得利,该队员将被认为是不正当行为,他将被警告并判由对方在犯规地点踢间接任意球。

此种情况与守门员是否连续用手触球无关,主要是针对队员企图利用规则第十二章的条文和精神而造成的犯规。

(34) 1994年《规则》修改部分内容

① 《规则》第一章比赛场地:球门必须固定在场地上。

② 《规则》第三章队员人数:由国际足联、各联合会或各国足协举办的正式比赛,每场可以使用三名替补队员,但其中一名必须是守门员。

(35) 1995年《规则》修改部分内容:

① 《规则》第一章比赛场地:

a. 禁止在任何比赛场地上进行广告宣传。

b. 在比赛场地外、距角旗10米且垂直于球门线处画一标记,以帮助裁判员在踢角球时能观察防守队员所站的距离。

② 《规则》第三章队员人数:在由国际足联、各联合会或各国足协主办的正式比赛中,替补队员人数不得超过三名。

③ 《规则》第七章比赛时间:上下半场之间的休息时间不得超过15分钟。

④ 《规则》第十一章越位:队员处于越位位置本身不是犯规。

下列情况处于越位位置的队员应被判为越位,即当同队队员踢或触及球的一瞬间,裁判员认为处于越位位置的队员主动地:

a. 干扰比赛;

b. 干扰对方队员;

c. 从越位位置获得利益。

⑤ 《规则》第十二章犯规与不正当行为:裁判员认为,队员草率地、鲁莽地或以不适当的力量违反下列六项中任何一项者:

a. 踢或企图踢对方队员;

b. 绊摔对方队员;

c. 跳向对方队员;

d. 冲撞对方队员;

e. 打或企图打对方队员;

f. 推对方队员。

或违反下列四项中任何一项者:

a. 铲球时,于触球前触到对方队员;

b. 向对方队员吐唾沫;

c. 拉扯对方队员;

d. 故意手球,例如用手或臂部携带、击打或推击球(此款不适合于守门员在本方罚球区内)。

国际足球协会理事会决议：

a. 如果守门员在罚球区内用球掷击对方或持球推击对方，裁判员应判罚球点球。

b. 如果队员伸展双臂来回移动阻挡对方队员，并上下摆臂从而迫使对方队员改变方向，虽未发生"身体接触"，裁判员应以不正当行为对该队员予以警告，并判由对方踢间接任意球。

c. 如果队员阻挡对方守门员并企图阻止守门员发球继续比赛，从而使守门员违背《规则》第十二章5款(A)项时，裁判员应判罚该队员犯规并由对方踢间接任意球。

d. 如果裁判员认为，守门员故意用身体压在球上超过其所需的时间，应被判为不正当行为，并且：被警告并由对方踢间接任意球；如果严重犯，将被罚令出场。

⑥《规则》第十四章罚球点球：

a. 罚球点球应从罚球点上踢出，并且罚球时除主罚队员和对方守门员以外，所有队员都应站在罚球区以外的比赛场地内，距罚球点至少9.15米处的罚球点的后面。

b. 国际足球协会理事会决议重申，录像资料只能用于纪律诉讼的辅助证据，要求所有国家足协必须遵守此项要求。

(36) 1996年《规则》修改部分内容

①《规则》第二章球：球的圆周径不得多于70厘米或少于68厘米。在比赛开始时，球的重量不得多于450克或少于410克。充气后其压力应相等于0.6~1.1个大气压力(61~111千帕)。

②《规则》第三章队员人数：比赛规程应说明可有几名替补队员被提名——从3名到最多7名。

③《规则》第五章裁判员：如果裁判员运用了有利条款，而预期的"有利"没有在那一时刻产生，那么，裁判员应对最初的犯规进行判罚。

④《规则》第六章巡边员：规则中将"巡边员"一词改为"助理裁判员"。

国际足球协会理事会决议：

a. 为了增加实际比赛时间，在球场四周由捡球员手持一些预备球并随时将球交给场上队员。理事会建议至少应有6个预备球，在两条边线处各两个、两个球门后面各1个球。

b. 国际足联运动医学委员会提请理事会注意这样一个事实：在不大可能铲到球或不是试图铲球的情况下，而从背后带有对抗性的铲球已经造成了大量的受伤。理事会再一次强调现行的《足球竞赛规则》禁止这种行为，并对这种行为以严重犯规给予处罚（这就意味着犯规队员将被红牌罚出场）。

c. 注意第十一章（越位）的执行原则。如果助理裁判员能肯定队员越位，那么，他们只是指出越位位置，在模棱两可的情况下不应干涉比赛。

(37) 1997年《规则》修改部分内容：门将不能用手接队友抛的边线球，手持球不能超过5秒，在将球开出前最多能走4步。

①《规则》第四章队员装备：如穿紧身内裤，必须与短裤的主色同一颜色。

②《规则》第五章裁判员：确保队员因受伤流血离开场地治疗。该队员得到护理且流血

停止后，在得到裁判员信号后方可重回比赛场地。

③《规则》第八章比赛开始和重新开始：

a. 通过掷币，获胜的一方决定上半场的场地权，另一方有开球权。开球可以直接射门得分。

b. 当球被踢并向前移动时比赛即为开始。

④《规则》第十二章犯规与不正当行为：守门员用手触及直接从同队队员处得到的掷界外球，应被判罚间接任意球。

⑤ 如队员违反下列七项中任何一项者，将被警告并出示黄牌：

a. 犯有非体育行为；

b. 以语言或行为表示异议；

c. 连续违反规则；

d. 延误比赛重新开始；

e. 当以角球或任意球重新开始比赛时，不退出规定的距离；

f. 未得到裁判员许可进入或重新进入比赛场地；

g. 未得到裁判员许可故意离开比赛场地。

⑥ 如队员违反下列七项中任何一项者，将被罚令出场并出示红牌：

a. 严重犯规；

b. 犯有暴力行为；

c. 向对方或其他任何人吐唾沫；

d. 因故意手球破坏对方的进球或明显的射门得分机会（不包括守门员在本方罚球区内）；

e. 用犯规破坏进攻队员明显的射门得分机会可判罚任意球或罚球点球；

f. 使用无礼的、侮辱的或辱骂性的语言；

g. 在同一场比赛中得到第二次警告。

⑦《规则》第十三章任意球：当球被踢并移动时，比赛即为开始（本条款适用于在罚球区内属于攻方的间接任意球和在罚球区外的任意球）。当发任意球时，对方队员未退出 9.15 米外，则此球重罚。

⑧《规则》第十四章罚球点球：守方守门员应站在两球门柱之间的球门线上，面对主罚队员，直至球被踢出。

⑨ 当球被踢并向前移动时比赛即为开始。

⑩《规则》第十六章球门球：球门球可以直接射向对方队的球门而得分。

⑪《规则》第十七章角球：当球被踢并移动时比赛即为开始。

(38) 1998 年《规则》修改部分内容　对背后铲球的惩罚加重。

①《规则》第五章裁判员：与比赛相关的事实应包括进球是否得分和比赛的结果。

②《规则》第十二章犯规与不正当行为：

a. 如果守门员用手或臂部控制球超过 5~6 秒，将被视为延误时间。

b. 从后面危及对方安全的抢截必须作为严重犯规而进行制裁。

③《规则》第十四章罚球点球：

a. 主罚队员的同队队员在罚球点球之前进入罚球区或距罚球点少于 9.15 米时，如果该队员触及了从守门员、横梁或门柱弹回的球，裁判员将停止比赛，判由守方以间接任意球重新开始比赛。

b. 在进行踢罚球点球决胜时，主罚队员的同队守门员必须留在球门线与罚球区线的交接处，并在罚球区外的比赛场地内。

c. 对方罚球点球时，门将在不离开球门线的情况下可以左右移动。

d. 1998 年法国世界杯赛中，使用了金球制胜规则，并出现第四裁判员。

④ 国际足球协会理事会决议：

受伤队员离开比赛场地的方法：

a. 理事会重申，如果受伤队员有可能自己走出比赛场地，他应受到鼓励，尤其是在接近边界线处（此情况下就不必用担架将其送出比赛场地）。

b. 理事会还进一步明确，如果比赛成死球时，受伤队员可以从边界线上的任何地点进入场地。如果是在比赛进行中，则只能从边线重新进入比赛场地，此两种情况都必须等候裁判员的信号。

2.2.5　21 世纪规则修改的主要内容

（1）2005 年《规则》修改部分内容：界外球恢复比赛时，防守队员至少要离开两米。

（2）2006 年《规则》修改部分内容

①《规则》第四章队员装备：队员的基本装备必须包含以下"几个相互分离的部分"（加入以下"几个相互分离的部分"这几个字）。

②《规则》第十章确定比赛结果：当比赛规程要求一场比赛或主客场两回合比赛总比分成平局需要决出胜者时，只能遵循下列经国际足球协会理事会批准的程序：

a. 客场进球原则；

b. 决胜期；

c. 踢罚球点球。

③《规则》第十二章犯规与不正当行为：

a. 当以角球、任意球或掷界外球重新开始比赛时，不退出规定距离，将被黄牌警告。

b. 如果替补队员或者被换下场的队员违反下列三种犯规中的任何一种，将被警告并出示黄牌：犯有非体育行为、以言语或行动表示异议、延误比赛重新开始。

c. 如果场上队员、替补队员或者被换下场的队员违反七种犯规中的任何一种，将被罚令出场并出示红牌。

d. 被出示红牌，罚令出场的场上队员、替补队员或者被换下场的队员必须立即离开比赛场地附近及技术区域。

④《规则》第十四章罚球点球：

a. 主罚队员在踢罚球点球时违反比赛规则:如果球未进门,裁判员应停止比赛,由守方在违规地点踢间接任意球恢复比赛。

b. 主罚队员的同队队员违反比赛规则:如果球未进门,裁判员应停止比赛,由守方在违规地点踢间接任意球重新恢复比赛。

⑤《规则》第十七章角球:对方应在距角球弧至少9.15米以外,直至角球开出。

(3) 2007年《规则》修改部分内容

①《规则》第一章比赛场地:在技术区域或距边线1米范围内的地面,不允许有任何形式的广告出现。另外,在球门线和球门网之间的区域内也不允许有广告出现。

②《规则》第4章队员装备:

a. 运动上衣:如果穿内衣,内衣袖子的颜色应该与运动上衣袖子的主色相同。

b. 短裤:如果穿短衬裤,其颜色与短裤的主色相同。

c. 队员不能暴露有标语或广告的贴身内衣。基本装备决不允许有任何涉及政治、宗教或个人的言论。

d. 脱掉上衣暴露标语或广告的队员将受到比赛组织者的处罚。队员的基本装备有涉及政治、宗教或个人标语或言论将会受到比赛组织者或国际足联的处罚。

e. 上衣必须有袖子。

③ 对裁判员、助理裁判员以及第四官员的附加指示:

a. 第四官员可以根据比赛规程指派。同时,在其他三名比赛裁判员中的任何一名不能继续担任执法工作时上场替补(一名助理裁判被委派为替补的情况除外),他在整场比赛中协助裁判员工作。

b. 一名替补助理裁判也可以根据比赛规程指派。他唯一的职责应该是根据需要替补不能继续执法的助理裁判或第四官员。

c. 队员有下列行为时应该被警告:裁判员认为,队员做出的姿势具有挑拨性、嘲笑性和煽动性,进球后,队员爬上了球场附近的围栏上庆祝、脱去上衣或用上衣将头遮住。

d. 他用面具或其他类似物品遮住头或脸面欢庆进球:队员离开场地庆祝进球的举动本身,是不应该被警告的,但关键是要看他是否尽快回到球场内参加比赛。

(4) 2008—2015年间《规则》内容没有做较大的修订,不过,理事会针对《足球竞赛规则》中的一些字句和部分内容做了精心改动和调整。

(5) 2016—2017年《规则》修改部分内容

①《规则》第一章比赛场地:

a. 比赛场地人造草和天然草不可以交叉使用。但混合系统是允许的。

b. 不同的比赛可根据其比赛规程确定比赛场地的大小,(但需在规则第一章规定的范围内)。

c. 比赛场地上的所有商业广告必须放置在至少距离边线一米处。

d. 足协会徽、徽章、比赛等信息允许出现在角旗上(但不允许出现广告标识)。

②《规则》第三章队员:

a. 如果比赛一方的参赛队员少于7人，比赛不能开始或继续。

　　b. 被换上的队员必须首先进入场地后，才能重新开始比赛。

　　c. 规则第五章现在允许在比赛开始前将队员罚令出场（从裁判检查比赛场地时开始），并且被罚令出场的队员在符合以下条件时可以被替换：处罚发生在提交队员名单前，则该队员不能出现在此名单中，无论以任何身份；处罚发生在提交队员名单后且在比赛开始前，则被处罚的队员可以被替补名单中的其他队员替换（被处罚的队员如果是替补名单中的队员，他不能被替换；按照目前的规则，被处罚的队员仍然可用满替补队员人数）。

　　d. 处罚发生在比赛开始后，则被处罚队员不能被替换。

　　e. 如果替补队员、球队官员或被罚令出场的队员干扰了比赛，应判罚直接任意球（或罚球点球）。

　　f. 如果球在进入球门的过程中，被其他因素或人（非比赛队员）触及，然后进入球门，且这种触及并没有影响到防守队员，裁判员可以判定进球有效（除非是对方的球门）。

　　g. 进球得分后，比赛已经重新开始，此时若裁判员发现场上多出一名队员，则刚才的进球有效，比赛应继续进行。

　　③ 第四章队员装备：

　　a. 任何缠绕在护袜外表上的胶带颜色，必须与护袜颜色保持一致。

　　b. 由于意外情况造成球员的球鞋或护腿板脱落，比赛继续进行，直到下一次停止时。

　　c. 禁止使用电子通信设备联络替换队员。

　　d. 在比赛进行中，允许队员在更换/整理装备后，在得到裁判员的信号和裁判人员的检查后（包括裁判员、第四官员、助理裁判或附加助理裁判）重新加入比赛。

　　e. 紧身裤的颜色必须与短裤或裤边的颜色一致，且全队的颜色也必须一致。

　　④《规则》第五章裁判员：

　　a. 更加确立了裁判员"认为"和"酌情判罚"。

　　b. 若比赛已经重新恢复，或半场结束，裁判员已经离开了比赛场地，裁判员的决定将不能更改。

　　c. 如果在同一时间发生多种犯规行为，则对最严重的犯规进行处罚：纪律处罚（红牌重于黄牌，等等）；直接任意球重于间接任意球；对身体的侵犯（犯规）重于没有身体侵犯的（例如手球）技术干扰。

　　d. 裁判员可以在赛前检查场地期间，口头将队员罚令出场。

　　e. 裁判员只能在比赛开始进入比赛场地后，使用红黄牌。

　　f. 受到应出示红牌或黄牌的犯规而受伤的队员，可以在场地内接受快速治疗和诊断。

　　⑤《规则》第八章比赛开始和重新开始：

　　a. 包括了所有的重新开始比赛（之前的规则中仅仅包括开球和坠球）。

　　b. 在所有脚踢球恢复比赛的情形中，球必须明显的移动，方能视为比赛重新开始。

　　c. 恢复比赛后，裁判员不能改变恢复比赛前的结果。

　　d. 比赛开球时，球可以踢向任意方向。

⑥《规则》第九章比赛进行及停止：比赛中，若球从裁判员、助理裁判或附加助理裁判身体上反弹回场地，比赛继续进行，除非球的整体已经出球场边界线。

⑦《规则》第十章确定比赛结果：罚球点球决定胜负。

a. 裁判员将通过挑边器决定在哪一个球门执行罚球点球（除非场地积水、安全等方面的因素）。

b. 第二次投掷挑边器以确定哪个队先踢罚球点球。

c. 守门员可以在任何时候被替换。

d. 临时离开比赛场地的队员（例如：受伤）在终场哨音后依旧可以参加罚球点球。

e. 罚球点球决定胜负，开始前及罚球过程中，双方场上队员人数必须相等。

f. 裁判员无须知道队员的姓名、号码及罚球顺序。

g. 当球越过球门线或停止移动（包括球被守门员控制球即为该次罚球结束）（参见规则第十四章）。

h. 罚球点球的执行，不能因为队员离场而推迟，如果队员不能够按时回到罚球点球中，将视为弃权（射失）。

⑧《规则》第十一章越位：

a. 中场线对于越位是"中立"的，队员必须位于对方半场内才是越位位置。

b. 所有队员的手臂（包括守门员的手臂）不是判断越位位置的考虑因素。

c. 在踢球的时刻，越位位置本身不构成犯规。

d. 越位犯规后任意球恢复比赛的地点，应在越位犯规发生时的地点（即使在本方半场内）。

e. 在救球，或反弹的球后，干扰对方队员也是越位犯规。

f. 防守队员在比赛中暂时离开场地是处于"活动状态"，这种状态仅持续到比赛停止，或防守方将球从本方罚球区踢向中线为止。

g. 同样，攻方队员返回场地参与比赛之前所处位置的点，应视为越位位置。

h. 进球后，若一攻方队员位于球门内，可能被判罚越位犯规。

⑨《规则》第十二章犯规和不正当行为：

a. 有身体接触的犯规都是直接任意球。

b. 如果队员将被处罚红牌，因裁判员掌握有利，使比赛继续进行，随即该犯规队员又参与了比赛，将判罚间接任意球。

c. 关于手球说法的改动，并非每个手球犯规都是黄牌警告：黄牌警告的手球犯规现在是与阻止或干扰了一次进攻机会有关（就像其他犯规一样）。

d. 企图使用暴力的行为，即使没有接触，也是红牌。

e. 在不与对方队员争抢时，击打对方队员的头/脸部位，都是红牌，除非该接触行为仅仅是微不足道的接触或非常轻微的。

f. 在场上对替补队员、球队官员或裁判人员等等，发生的犯规行为，现在判为直接任意球。

g. 在比赛进行中，犯规发生在场外，视为正常比赛部分，应判罚直接任意球，直接任意球的罚球地点是在接近于犯规发生的最近的边界线上（如果犯规地点在犯规方自己的罚球区内，则判罚球点球）。

h. 一些发生在罚球区内的破坏一次明显得分机会的犯规，现在将被判罚黄牌。但如下情况仍要出示红牌：手球、拉拽、拉、推、不以抢球为目的或不可能踢到球等。

i. 一名队员用故意手球破坏对方一个进球或一个明显的进球得分机会，无论手球犯规发生在何处，该队员都将被罚令出场。

j. 一名队员在本方罚球区内对对方队员犯规，破坏了对方一个明显的得分机会，裁判员判罚球点球，则该犯规队员将被警告，除非：该犯规行为属于拉拽、拉、推人。或者：犯规队员不是以触球为目的或者没有触球的可能。或者：该犯规行为无论发生在场地何处都应被出示红牌（例如：严重犯规、暴力行为等）。

⑩《规则》第十四章罚球点球：

a. 明确了如何判定罚球点球结束/完成。

b. 无论罚球点球是否进球，下列行为将被判罚间接任意球：非主罚队员故意踢点球（并且黄牌警告踢球的队员）、罚球点球时向后踢球、使用不被允许的假动作等方式罚球点球（并且黄牌警告踢球的队员）、守门员在罚球点球时违例。

⑪《规则》第十五章掷界外球：

a. 在掷界外球时，球必须用双手掷出，不能用一只手而借另一只手"协助"。

b. 明确了当掷界外球时，队员在2米内移动干扰对方掷球的将被警告，由对方罚间接任意球。

⑫《规则》第十六章球门球：

a. 球必须放定呈静止状态（之前规则并没有要求）。

b. 如果球门球被踢进本方球门，由对方获得角球。

c. 当踢球门球时，对方队员在罚球区内，该对方队员在未经其他队员触球前，不能触球。

⑬《规则》第十七章角球：如果角球被踢进本方球门，将由对方获得角球。

(6) 2017—2018年《规则》修改部分内容

①《规则》第一章比赛场地：不具危险性的人造草皮可作为天然草皮场地的标线使用。

②《规则》第三章队员：

a. 国家足球协会可允许最多使用5名替补队员（顶级赛事除外）。

b. 国家足球协会可允许在青少年、年长人士、残障人士足球赛事中采用返场替换规则。

c. 替换程序更清晰的文字说明。

d. 在未告知裁判员的情况下，中场休息时替换队员的行为不被警告（黄牌）。

e. 在未告知裁判员的情况下，中场休息时与守门员互换位置的行为不被警告（黄牌）。

f. 场上队员未经裁判员许可（如需）进入比赛场地，干扰了比赛，判罚直接任意球。

g. 一方在场上多出一人时进球，判罚直接任意球。

③《规则》第四章队员装备：

a. 守门员球帽没有头巾的相关限制。

b. 不允许队员穿戴/使用任何形式的电子或通信设备，表现跟踪电子系统除外。技术人员只可使用关乎队员生命/安全的通信设备。

c. 所有表现跟踪电子系统设备，必须印有最低安全标准标志。

④《规则》第五章裁判员：

a. 重要声明：无条件尊重比赛官员做出的决定。

b. 各国足球协会可允许在青少年、残障人士、年长人士，以及草根足球赛事中，就所有或部分可警告（黄牌）的犯规执行暂时罚离（受罚席），有关暂时罚离的指导文件即将公布。

c. 队医需被驱逐出场，又无其他医疗人员可为该队服务时，可留下救治伤员。

⑤《规则》第七章比赛时间：加时赛中场阶段可短暂补水。

⑥《规则》第八章比赛开始与恢复：开球队员在开球时可处在对方半场。

⑦《规则》第十章确定比赛结果：加时赛各半场时长应相等，且各半场最多为15分钟；罚球点球决胜：

a. 修订了守门员不能继续比赛时的相关文字描述。

b. 被削减的场上队员可替换守门员，即使该队已用完替换名额。

c. 主罚队员不可二次触球/补射。

d. 因守门员违规而需重罚球点球时，必须警告（黄牌）守门员。

e. 主罚队员违规时，罚球无效（按"罚失"记录）。

守门员与主罚队员同时违规：

a. 球未进，警告（黄牌）双方，重罚球点球。

b. 球进，警告（黄牌）主罚队员，按"罚失"记录。

⑧《规则》第十一章越位："救球"的字面定义中新增"试图"两字。

⑨《规则》第十二章犯规与不正当行为：言语上的违规行为应判罚间接任意球。

（7）2018—2019年《规则》修改部分内容

①《规则》第一章比赛场地：

a. 比赛场地测量方法的说明。

b. 允许在技术区域的人员包括被替换下场队员留在比赛场地。

c. 裁判员回看区域（RRA）的地面上不允许有商业广告。

d. 关于视频操作室（VOR）和裁判员回看区域（RRA）。

②《规则》第三章队员：

a. 比赛规程可以允许在加时赛，额外增加一个换人名额（即使换人名额还未全部用完）。

b. 国家队友谊赛的上场名单上最多可以有12名替补队员。

③《规则》第四章队员装备：

a. 如果用于战术指导或队员健康，则允许在技术区域中使用小型手持式电子或通信设备。

b. 在表现跟踪电子系统（EPTS）中引入 FIFA 质量标志，并且在比赛中可以在技术区域接收来自 EPTS 的数据。

c. 关于什么能够和不能够出现在队员装备上的详细指南。

d. 队员由于装备问题离开比赛场地，并且未经允许返回场内，且干扰了比赛，将被判罚直接任意球（或罚球点球）。

④《规则》第五章裁判员：

a. 关于视频助理裁判（VARs）和视频助理裁判助理（AVARs），以及裁判员使用视频回看做出决策的能力也是 VARs 系统的一部分。

b. 即使比赛已经重新开始，一些罚令出场的犯规也可以被复查。

c. "场上"比赛官员与"视频"比赛官员之间的区别。

d. 比赛官员不允许佩戴摄像机。

e. VAR 流程中包括裁判员"核查"和"回看"信号的使用。

⑤《规则》第六章其他比赛官员：视频助理裁判（VARs）和视频助理裁判助理（AVARs）的职责。

⑥《规则》第七章比赛时间：

a. 饮水休息不应该超过一分钟。

b. 由于饮水休息和 VAR 核查或回看所损失的时间必须补足。

⑦《规则》第十章确定比赛结果：踢罚球点球决胜期间，如果守门员已经踢过罚球点球了，替换这个守门员的队员在这一轮不能够再踢罚球点球了。

⑧《规则》第十一章越位：踢球或触球时的第一个接触点是判断越位位置的时刻。

⑨《规则》第十二章犯规与不正当行为：

a. 咬人被包含在直接任意球和罚令出场的犯规中。

b. 向球投掷物品或拿着物品击球是单独的直接任意球犯规（不是手球的一种形式）。

c. 如果球从守门员反弹，这不阻碍守门员再次触球，即使第一次企图抓住或拿住这个球是故意的。

d. 如果裁判员对一个破坏明显进球得分机会的战术犯规（DOGSO）掌握有利，那么，无论这个球是否进球得分，该犯规队员要被警告（黄牌）。

e. 进入裁判员回看区域（RRA）或过分地比画电视手势需要警告（黄牌）。

f. 在两个独立的可被警告（黄牌）的犯规极为贴近发生时，两个警告（黄牌）都必须要执行；如果其中一个是罚令出场（红牌）的犯规也是同样的原则。

g. 进入视频操作室（VOR）是一个罚令出场（红牌）的犯规。

h. 比赛进行中，如果一名队员对本方球队的任何人（包括球队官员）的犯规在比赛场地外，这是一个在边界线上的间接任意球。

⑩《规则》第十三章任意球：阐明替补队员、被替换下场队员、被罚令出场队员和球队官员的犯规也可以被判罚任意球。

⑪《规则》第十五章掷界外球：队员必须站着去掷界外球（跪、坐等不允许）。

(8) 2019—2020 年规则修改内容

①《规则》第一章比赛场地：球队官员进入裁判员回看区域将被警告（黄牌），进入视频操作室将被罚令出场（红牌）。

②《规则》第三章队员：被替换下场的球员必须从最近的边界线处离场，除非裁判员另有指示。

③《规则》第四章队员装备：上衣内衣可以多色或带图案，但必须与球衣的衣袖完全相同。

④《规则》第五章裁判员：

a. 比赛恢复后，裁判员不可更改恢复方式，但在某些情况下，可以针对之前的事件出示黄牌或红牌。

b. 在某一半场比赛结束时，如果裁判员离开比赛场地进行回看分析，或者要求队员回到比赛场地，可以更改之前的决定。

c. 有不当行为的球队官员可被出示黄牌或红牌。如果无法辨认违规人员，则球队技术区域内最高职务的教练员将接受此黄牌或红牌。

d. 当判罚球点球时，主罚队员在接受评估和治疗后可以留在场上并且主罚球点球。

⑤《规则》第七章比赛时间：明确了"降温"暂停和"补水"暂停的区别。

⑥《规则》第八章比赛开始与恢复：

a. 掷硬币猜中的球队可以选择上半场开球。

b. 坠球给守门员（如果比赛停止时球在罚球区内）或坠球给最后触球的球队的一名场上队员。坠球地点在球最后一次被触及的位置。其他所有队员（包括双方队员）必须处于距离球不少于 4 米的位置。

⑦《规则》第九章比赛进行与停止：当球接触了裁判员（或其他比赛官员）后进入球门、发生控球权转换或者进攻机会开始时，以坠球恢复比赛。

⑧《规则》第十章确定比赛结果：守门员不能将球直接抛入对方球门得分。

⑨《规则》第十二章犯规与不正当行为：

a. 手球条款修改，以便针对"非故意"手球是否处罚的问题，建立更加明确统一的规则。

b. 明确了守门员在本方罚球区出现"违规的"手球时，不会被处以黄牌或红牌。

c. 在处理同队队员掷来的界外球或故意踢来的球时，如果守门员试图将球踢出但不成功，之后守门员可以用手触球。

d. 如果被犯规的球队快速发出任意球并且创造了进球得分的机会，裁判员可以延迟至接下来比赛停止时再出示黄牌或红牌。

e. 即使进球被取消，对"违规的"进球庆祝出示的黄牌依然有效。

f. 列出了对球队官员实施劝诫、黄牌、红牌的条款。

g. 所有口头的违规行为均判罚间接任意球。

h. 踢物品与扔掷物品受到同等处罚。

⑩《规则》第十三章任意球：

a. 间接任意球踢出后，只要球明显不可能直接进入球门得分（例如大多数越位犯规判罚的间接任意球），裁判员就可以结束间接任意球的示意信号。

b. 防守方在本方罚球区内主罚的任意球，球被踢且明显移动，比赛即为恢复，无须等到球离开罚球区。

c. 防守方组织的"人墙"人数不少于 3 人时，攻方球队所有队员必须距离"人墙"至少 1 米距离，否则将被判罚间接任意球。

⑪《规则》第十四章罚球点球的修改：

a. 罚球点球踢出时，球门立柱、横梁、球网不可移动，守门员也不可触碰。

b. 罚球点球踢出时，守门员必须至少有一只脚的一部分接触着球门线，或者与球门线齐平。

c. 如果裁判员示意罚球点球可以踢出后，还未踢出时出现违规，则必须在出示黄牌或红牌后重踢罚球点球。

⑫《规则》第十五章掷界外球：在掷界外球时，对方队员必须距离边线上对应的位置至少 2 米，尽管掷球队员处于边线以外。

⑬《规则》第十六章球门球：在踢球门球时，球被踢且明显移动，比赛即为恢复，无须等到球离开罚球区。

（9）2020—2021 年修改内容

①《规则》第一章比赛场地：球门立柱和横梁可由 4 种基本形状进行组合。

②《规则》第十章确定比赛结果的修改：

a. 黄牌和劝诫不带入罚球点球决胜阶段。

b. 另见第十四章中关于罚球点球决胜的相关修订。

③《规则》第十一章越位：在判定越位犯规时，守方队员的故意手球视为"有意触球"。

④《规则》第十二章犯规与不正当行为——手球部分的修改：

a. 肩部和臂部的区分，以腋窝底部作为分界。

b. 攻方队员或其同队队员的"意外"手球，仅当手球后"立即"形成了进球得分或者明显进球得分机会时，才被判为手球犯规。

c. 守门员在比赛恢复（如球门球、任意球等）后违规二次触球，有可能被出示黄牌或罚令出场，即使是使用手或臂部触球。

d. 任何"干扰或阻止了一次有希望的进攻"的违规行为（不仅是犯规），都应被出示黄牌。

e. 坠球时未执行 4 米距离规定的队员，将被出示黄牌。

f. 针对"干扰或者阻止了有希望的进攻"的犯规，如果裁判员允许"快发"任意球，或进攻方掌握了有利进攻机会，则不再出示黄牌。

⑤《规则》第十四章罚球点球：

a. 如果守门员违规，但罚球点球未射中球门范围或从门框弹出（守门员未触球），将不予判罚,除非守门员的违规行为明显地影响了主罚队员。

b. 守门员首次违规将被劝诫,之后的所有违规将被出示黄牌。

c. 如果守门员和罚球队员恰好同时违规,则只处罚罚球队员。

d. 视频助理裁判操作规范在由视频助理裁判员完成的回看分析中,只需要比画一次"电视示意信号"。

(10) 2021—2022年修改:明确了如果在公制单位和英制单位之间存在任何计量误差,一律以公制单位为准。

① 《规则》第一章比赛场地的修改:

a. 球门柱和横梁必须是相同的形状,两个球门也必须相同。

b. 球门线技术信号可以发送至视频操作室。

② 《规则》第六章其他比赛官员的修改:现已有国际级视频比赛官员名单。

③ 《规则》第七章比赛时间的修改:补时时间取决于"损耗"的比赛时间。

④ 《规则》第十一章越位的修改:在判定越位或越位位置时,采用第十二章对臂部的上端边界的定义(与腋窝底部齐平)。

⑤ 《规则》第十二章犯规与不正当行为——手球部分的修改:队员的手或臂部触球,并非每次都是犯规。

a. 应结合队员身体动作的具体情形来评判其手或臂部的位置。

b. 删除了意外手球后有关"同队队员得分"及"创造进球得分机会"的犯规条款。

c. 对于施诡计以逃避规则有关守门员用手接同队队员故意踢来的球的违规行为的认定,同样适用于踢球门球时出现此行为的情况。发起该行为者将被警告(黄牌)。

d. 任意球或罚球点球的判罚,只能针对犯规对象为在比赛名单上的人员以及比赛官员的犯规行为。

⑥ 视频助理裁判操作规范:

a. 使用视频助理裁判的书面许可仅需从国际足联处获得。

b. 确立了当视频比赛官员无法开始或继续执法比赛时的处理原则。

(11) 2022—2023年修改:2022/2023版本《足球竞赛规则》较2021/2022版本没有多大的变化。

① 《规则》第三章队员的修改:临时修正案中关于在"顶级"赛事中最多可以使用5名替补队员正式写进《规则》第三章(替换次数有限制)。

② 《规则》第八章比赛开始与恢复的修改:澄清裁判员掷硬币决定"胜负和开球"。

③ 《规则》第十章确定比赛结果的修改:澄清球队官员在罚球点球决胜阶段可被警告或罚令出场。

④ 《规则》第十二章犯规与不正当行为的修改:

a. 澄清了守门员在自己的罚球区内手球犯规的情况。

b. 澄清了当队员未经裁判员允许离开比赛场地需要处罚时,间接任意球判罚的地点。

⑤ 第十四章罚球点球的修改:澄清了罚球点球开始前和踢罚球点球时守门员的位置。

2.3 足球竞赛规则演进的宗旨

（1）始终突出"人"的主体性，始终保持裁判员作为场上唯一权威的制度设置，主张面对误判，需要像对待球员失误一样宽容。

（2）始终突出"改良"与"创新"，更好地适应足球运动的发展。比如"越位"，由最初时"攻方队员处于越位位置就是越位（1875年）"到1895年攻方有3名队员处于越位位置就是越位，再到1925年"攻方有两名队员处于越位位置就是越位"，再到现规则中"仅仅处于越位位置不是越位"，不断推动着足球技战术的发展。

（3）始终突出"效率优先，兼顾公平"的理念。

2.4 促进足球竞赛规则演进的主要因素

足球技战术的发展与比赛规则的变化关系密切，它们相互影响、相互促进。足球技战术水平的提高要求比赛规则的修改来适应其发展，而修改后的比赛规则又推动了足球技战术水平的发展与提高。

2.4.1 政治因素

政治与体育之间有着密不可分的联系。足球运动是人民的运动，足球规则是人民制定出来的，需要人们来遵循和执行。而人是社会的一部分，他们必然联系于社会，与政治相联系。规则制定者不可避免地根植于国家或国家利益，以便制定符合本国的运动习惯和特点的比赛规则。

2.4.2 经济因素

经济活动是一切社会活动的基础。经济和足球运动之间的关系是经济基础和上层建筑之间的发展关系，经济发展水平决定了足球运动的发展方向。足球运动发展的规模和水平受经济发展水平的制约。

随着经济的发展，商业与足球的矛盾已经出现，足球运动商业化的可持续发展是足球竞赛规则变化的一个重要因素。目前，越来越多的商业和足球运动密切相关，商业的干预使足球比赛承载着越来越多的商业利益和市场行为，人们开始意识到足球不仅体现娱乐、健身及教育功能，同时也能带来巨大的经济价值。足球受商业媒体的干预，特别是电视的普及，广告介入足球比赛中，发挥着重要的作用，宣传产品的同时也促进足球运动适应社会变化的要求，全攻全守战术为足球走向社会化、商业化和职业化奠定了基础。足球竞赛规则的改变对经济水平的发展也起到一定的作用，例如：1937年比赛规则规定，运动员不得使用或佩戴可能危及自己及其他队员的装备或任何物品；1988年规定运动员参加比赛必须戴护腿板，这些规则改变后，各种足球用品的销量大增，促进了消费。

2.4.3 文化因素

足球文化是人们参与足球运动过程中创造的物质财富和精神财富的总称，主要包括足球的价值观、足球战术上的各种方法、思想及观念。足球与文化密不可分，发展足球不可忽视文化的作用，足球运动蕴含着人类共同的文化价值和文化意义。民族文化创造了足球风格，有什么样的文化背景就会孕育什么样的足球风格，足球的实质是民族文化精神的体现，因此，足球文化影响着足球竞赛规则的演变。如2000年比赛规则规定：队员有无礼的、侮辱性或辱骂性的语言及动作则判罚直接任意球，这一规定减少了不同文化背景下足球运动员在比赛中或比赛后的冲突。

2.4.4 科学技术因素

近年来，高科技技术广泛应用在足球用品及足球比赛中，如安全监控等领域；电视媒体将不同的足球风格展现在观众面前，促进了各国之间的相互学习和了解。除此之外，高科技还体现在比赛结束后队员以及教练员等相关人士对比赛录像进行反复的研究，使自己的技战术、体能等改进提高。科学技术的发展促使足球竞赛规则更加合理和完善。例如：1905年规定比赛用球的材料不能对运动员造成伤害；1937年比赛规则规定运动员不得使用或可能危及自己及其他队员的装备或任何物品；1988年规定运动员参加比赛必须戴护腿板。对足球比赛用球、运动员的装备及护腿板运用高科技技术和高科技材料的研发就没有停止过。世界杯的专用球、高科技的比赛服和足球鞋、各种防护用具及比赛中运用的各种摄影、摄像技术等无处不体现现代科学技术的发展。

2.4.5 法律因素

法律是人类社会的行为标准，正义为其存在的基础，以保证国家学说的实施。足球比赛中，比赛规则本身就是"法律"，它能让运动员、教练员、裁判员在球场上规范比赛。足球规则在足球运动的发展过程中不断完善，使足球比赛能够更加客观、公正和顺利。

2.5 足球比赛场地标识及其作用

足球比赛场地标识及尺寸见图2.1。
1）球门区的作用
（1）可以在球门区内任何地点以球门球及本方的任意球恢复比赛。
（2）如果比赛被停止时，球处在罚球区内，或比赛停止前球最后一次被触及的地点处于罚球区内，则坠球给守方球队的守门员，坠球地点在罚球区内。

图 2.1　足球比赛场地标识及尺寸

（3）凡攻方在对方球门区内获得踢间接任意球时，应在离犯规地点最近的、与球门线平行的球门区线上执行。

2）罚球区的作用

（1）守门员可以在本方罚球区内用手触球。

（2）球员在本方罚球区内违反《足球竞赛规则》第十二章可判为直接任意球的 10 种犯规中的任何一种时，都应判罚球点球。

（3）踢球门球或在本方罚球区内踢任意球时，对方应退出罚球区。当球被踢动时，比赛即已恢复，不必等球出罚球区。

3）中线、中点、中圈的作用

（1）中线的作用　将比赛场地平均分成左右相同的两个半场。开球时，双方队员须在各自的半场。中线也是助理裁判员判罚越位的基准线。

（2）中点的作用　在比赛开始或进球后重新恢复比赛时，球必须放定在中点上。

（3）中圈的作用　在比赛开始或进球后重新恢复比赛时，双方队员必须在各自的半场，罚球方的对方队员还必须退出中圈外。

（4）罚球点及罚球弧的作用

① 罚球点的作用：当以罚球点球恢复比赛或以罚球点球决定胜负时才有用，且所有队员不得越过与罚球点与球门线平行的延长线。

② 罚球弧的作用：比赛中获得罚球点球时，除主罚队员外，其他队员必须退出罚球区以及罚球弧外。

4）角球区及限制线的作用

（1）当以角球恢复比赛时，球必须放在角球区内（球的垂直投影压线或弧）即可，见图 2.2。

（2）以角球恢复比赛时，对方队员必须退出 9.15 米的限制线的以外。

5）技术区的作用

（1）技术区是安置主客队官员、队员观赛、休息以及教练员指挥比赛的区域。

（2）技术区也是按比赛规则规定执行和限制主客队官员、队员行为的有效区域。

技术区及替补席的设置见图 2.3。

图 2.2　角球区球的放置

图 2.3　技术区及替补席的设置

3 国内外足球赛事及我国部分裁判员情况介绍

3.1 国际主要足球赛事简介

1）国际赛事

（1）国际足联世界杯（FIFA World Cup，简称世界杯） 世界杯是由国际足球联合会统一领导和组织的世界性的足球比赛，赛事每4年举行一次，目前由32支参赛队伍来自世界五大洲的各个国家队，是世界上规模最大、影响最大、水平最高的国家队足球比赛。2026年第23届世界杯将扩容到48支球队参加比赛。

（2）欧洲足球锦标赛（European Football Championship，简称欧锦赛，也称欧洲杯） 欧洲杯是一项由欧洲足球协会联盟举办，欧洲足协成员国参加的最高级别国家级足球赛事。赛事从1960年开始举办，每4年举办一次。2016年，欧洲杯扩军至24支球队。由于欧洲是世界足球的中心，因此欧洲杯赛场聚集了大批足球明星，比赛的综合水平很高。

（3）美洲杯（Copa America） 美洲杯是由南美洲足球联合会举办的洲际性国家队足球赛事，其前身为南美足球锦标赛，赛事从1916年开始举办，是全世界历史最悠久的国家级足球赛事。赛事早期没有固定举办日程，到1987年至2001年间，美洲杯固定为2年举办一次。2001年至2007年间每3年举办一次。2020年，美洲杯开始每4年举办一次。

（4）亚足联亚洲杯（AFC Asian Cup，简称亚洲杯） 亚洲杯是由亚足联举办的国际性成年男子足球队比赛，每4年举办一届。亚洲杯是世界历史第二悠久的洲际国家（地区）队比赛，是亚足联主办的亚洲水平最高、影响力最大的足球赛事。

（5）非洲国家杯（Africa Cup of Nations，简称非洲杯） 非洲杯是由非洲足球联合会主办的国家队比赛。第一届非洲杯于1957年举行，自1968年开始，非洲杯赛事正式确定为每2年举办一届，冠军队伍代表非洲参加国际足联举办的联合会杯。

2）俱乐部赛事

（1）欧洲冠军联赛（UEFA Champions League） 联赛徽标见图3.1，是由欧洲足球协会联盟组织举办的年度性足球俱乐部赛事，代表欧洲俱乐部足球最高荣誉和水平，其前身为欧洲冠军杯。欧洲冠军联赛的参赛队伍来自欧洲各大足球联赛第一梯队俱乐部，被公认为是全世界最具影响力以及最高水平的俱乐部赛事。

图 3.1　欧洲冠军联赛徽标

图 3.2　南美解放者杯徽标

（2）南美解放者杯（Conmebol Libertadores）　联赛徽标见图 3.2，是由南美洲足球联合会组织举办的年度性足球俱乐部赛事，代表南美洲俱乐部足球最高荣誉和水平。赛事开始于 1960 年，共 32 支足球俱乐部参赛，除巴西和阿根廷两国的足球甲级联赛固定参赛名额为 5 个外，其他南美洲国家足球顶级联赛固定参赛名额为 3 个。

（3）欧足联欧洲联赛（UEFA Europa Conference League）　联赛徽标见图 3.3，是由欧洲足球协会联盟组织举办的年度性足球俱乐部赛事，其前身为国际城市博览会杯和欧洲联盟杯。欧洲足联欧洲联赛的参赛队伍来自欧洲各大足球联赛中上游球队，以及欧洲冠军联赛小组赛第三名球队，是欧洲第二大洲际俱乐部足球比赛。

（4）亚足联冠军联赛（AFC Champions League，简称亚冠联赛）　联赛徽标见图 3.4，又称亚洲足球俱乐部冠军联赛，是由亚足联每年举行的亚洲足球俱乐部比赛，参赛球队来自亚足联属下排名前 11 名的联赛。亚冠联赛是由亚洲俱乐部锦标赛、亚洲杯赛冠军杯合并而来，改制后的亚冠联赛举行于 2002/2003 赛季，这也是唯一一届跨年度的亚冠联赛，之后每届比赛都在一年内完成。

图 3.3　欧足联欧洲联赛徽标

图 3.4　亚足联冠军联赛徽标

3.2 历届世界杯赛事

历届世界杯比赛情况见表3.1。

表 3.1　历届世界杯比赛情况

届数	冠军	时间地点	参赛队伍	中国裁判
1	乌拉圭	1930年 7.13—7.30 乌拉圭	乌拉圭、阿根廷、比利时、玻利维亚、巴西、智利、法国、巴拉圭、墨西哥、秘鲁、罗马尼亚、美国、南斯拉夫(13支)	无
2	意大利	1934年 5.27—6.10 意大利	意大利、瑞典、捷克斯洛伐克、瑞士、德国、西班牙、法国、奥地利、匈牙利、罗马尼亚、比利时、荷兰、巴西、阿根廷、美国、埃及(16支)	无
3	意大利	1938年 6.4—6.19 法国	匈牙利、波兰、法国、荷兰、古巴、瑞士、比利时、罗马尼亚、德国、挪威、捷克斯洛伐克、巴西、意大利、瑞典、荷属东印度群岛(15支)	无
4	乌拉圭	1950年 6.24—7.16 巴西	巴西、意大利、瑞士、瑞典、南斯拉夫、西班牙、英格兰、玻利维亚、智利、巴拉圭、乌拉圭、美国、墨西哥(13支)	无
5	联邦德国	1954年 6.16—7.4 瑞士	瑞士、乌拉圭、韩国、匈牙利、比利时、苏格兰、捷克斯洛伐克、奥地利、法国、意大利、土耳其、联邦德国、南斯拉夫、英格兰、巴西、墨西哥(16支)	无
6	巴西	1958年 6.8—6.29 瑞典	瑞典、联邦德国、英格兰、奥地利、法国、捷克斯洛伐克、苏格兰、匈牙利、南斯拉夫、苏联、北爱尔兰、威尔士、巴西、乌拉圭、阿根廷、墨西哥(16支)	无
7	巴西	1962年 5.30—6.17 智利	智利、巴西、联邦德国、匈牙利、英格兰、意大利、瑞士、苏联、西班牙、南斯拉夫、捷克斯洛伐克、保加利亚、阿根廷、哥伦比亚、乌拉圭、墨西哥(16支)	无
8	英格兰	1966年 7.11—7.30 英格兰	英格兰、匈牙利、苏联、联邦德国、法国、葡萄牙、西班牙、意大利、巴西、阿根廷、智利、乌拉圭(12支)	无
9	巴西	1970年 5.31—6.21 墨西哥	英格兰、意大利、苏联、联邦德国、巴西、墨西哥、秘鲁、乌拉圭、比利时、保加利亚、捷克斯洛伐克、瑞典、萨尔瓦多、以色列、摩洛哥、罗马尼亚(16支)	无
10	联邦德国	1974年 6.13—7.7 联邦德国	联邦德国、巴西、波兰、苏格兰、意大利、民主德国、荷兰、保加利亚、瑞典、南斯拉夫、乌拉圭、阿根廷、智利、海地、民主刚果、澳大利亚(16支)	无
11	阿根廷	1978年 6.1—6.25 阿根廷	阿根廷、联邦德国、伊朗、瑞典、苏格兰、荷兰、波兰、奥地利、法国、西班牙、匈牙利、意大利、巴西、秘鲁、墨西哥、突尼斯(16支)	无

(续表)

届数	冠军	时间地点	参赛队伍	中国裁判
12	意大利	1982年 6.13—7.11 西班牙	西班牙、阿根廷、科威特、比利时、波兰、苏格兰、联邦德国、匈牙利、意大利、英格兰、北爱尔兰、苏联、南斯拉夫、奥地利、捷克斯洛伐克、法国、巴西、智利、秘鲁、洪都拉斯、萨尔瓦多、阿尔及利亚、喀麦隆、新西兰(24支)	陈谭新 (R) (香港)
13	阿根廷	1986年 5.31—6.29 墨西哥	阿根廷、意大利、保加利亚、韩国、墨西哥、巴拉圭、比利时、伊拉克、苏联、法国、匈牙利、加拿大、巴西、北爱尔兰、阿尔及利亚、丹麦、联邦德国、乌拉圭、苏格兰、摩洛哥、英格兰、波兰、葡萄牙(23支)	无
14	联邦德国	1990年 6.8—7.8 意大利	意大利、捷克斯洛伐克、奥地利、美国、喀麦隆、罗马尼亚、阿根廷、苏联、巴西、哥斯达黎加、苏格兰、瑞典、联邦德国、南斯拉夫、哥伦比亚、阿联酋、西班牙、比利时、乌拉圭、韩国、英格兰、爱尔兰、荷兰、埃及(24支)	无
15	巴西	1994年 6.17—7.17 美国	美国、德国、阿根廷、比利时、巴西、意大利、喀麦隆、摩洛哥、尼日利亚、玻利维亚、哥伦比亚、墨西哥、保加利亚、爱尔兰、荷兰、罗马尼亚、西班牙、俄罗斯、希腊、挪威、瑞典、瑞士、韩国、沙特阿拉伯(24支)	无
16	法国	1998年 6.10—7.12 法国	法国、巴西、阿根廷、德国、意大利、荷兰、罗马尼亚、西班牙、奥地利、比利时、保加利亚、克罗地亚、丹麦、英格兰、苏格兰、南斯拉夫、挪威、智利、哥伦比亚、伊朗、日本、巴拉圭、沙特阿拉伯、韩国、喀麦隆、牙买加、墨西哥、摩洛哥、尼日利亚、南非、突尼斯、美国(32支)	无
17	巴西	2002年 5.31—6.30 韩国、日本	法国、塞内加尔、乌拉圭、丹麦、西班牙、斯洛文尼亚、巴拉圭、南非、巴西、土耳其、中国、哥斯达黎加、韩国、波兰、美国、葡萄牙、德国、沙特阿拉伯、爱尔兰、喀麦隆、阿根廷、尼日利亚、英格兰、瑞典、意大利、厄瓜多尔、克罗地亚、墨西哥、日本、比利时、俄罗斯、突尼斯(32支)	陆俊 (R)
18	意大利	2006年 6.9—7.9 德国	伊朗、日本、沙特阿拉伯、韩国、安哥拉、加纳、科特迪瓦、多哥、突尼斯、哥斯达黎加、墨西哥、特立尼达和多巴哥、美国、阿根廷、巴西、厄瓜多尔、巴拉圭、澳大利亚、克罗地亚、捷克、英格兰、法国、意大利、荷兰、波兰、葡萄牙、塞尔维亚和黑山、西班牙、瑞典、瑞士、乌克兰(32支)	无
19	西班牙	2010年 6.11—7.11 南非	南非、澳大利亚、日本、韩国、朝鲜、荷兰、英格兰、西班牙、德国、丹麦、塞尔维亚、意大利、瑞士、斯洛伐克、法国、希腊、葡萄牙、斯洛文尼亚、巴西、巴拉圭、智利、阿根廷、乌拉圭、美国、墨西哥、洪都拉斯、加纳、科特迪瓦、尼日利亚、喀麦隆、阿尔及利亚、新西兰(32支)	穆宇欣 (AR)
20	德国	2014年 6.12—7.13 巴西	巴西、西班牙、德国、阿根廷、哥伦比亚、比利时、乌拉圭、瑞士、智利、厄瓜多尔、科特迪瓦、加纳、阿尔及利亚、尼日利亚、喀麦隆、澳大利亚、伊朗、日本、韩国、哥斯达黎加、墨西哥、洪都拉斯、美国、波黑、克罗地亚、英格兰、法国、希腊、意大利、荷兰、葡萄牙、俄罗斯(32支)	无
21	法国	2018年 6.14—7.15 俄罗斯	俄罗斯、沙特阿拉伯、埃及、乌拉圭、葡萄牙、西班牙、摩洛哥、伊朗、法国、澳大利亚、秘鲁、丹麦、阿根廷、冰岛、克罗地亚、尼日利亚、巴西、瑞士、哥斯达黎加、塞尔维亚、德国、墨西哥、瑞典、韩国、比利时、巴拿马、突尼斯、英格兰、波兰、塞内加尔、哥伦比亚、日本(32支)	无
22	阿根廷	2022年 11.20—12.18 卡塔尔	巴西、阿根廷、摩洛哥、法国、西班牙、葡萄牙、丹麦、突尼斯、比利时、德国、克罗地亚、墨西哥、乌拉圭、加拿大、美国、哥伦比亚、厄瓜多尔、塞内加尔、英格兰、威尔士、伊朗、荷兰、塞尔维亚、韩国、日本、瑞士、加纳、澳大利亚、卡塔尔、突尼斯、沙特阿拉伯、哥斯达黎加(32支)	马宁(R) 施翔 曹奕 (AR)

3.3 各大洲国家足球联赛

1）亚洲

亚洲国家主要足球联赛见表3.2。

表3.2 亚洲国家主要足球联赛

国家	联赛名称	起始年份	球队数量/支
中国	中国足球超级联赛	2004	18
日本	日本职业足球甲级联赛	1993	18
韩国	韩国职业足球甲级联赛	1983	12
泰国	泰国足球超级联赛	1996	16
澳大利亚①	澳大利亚足球超级联赛	2004	12
乌兹别克斯坦	乌兹别克斯坦足球超级联赛	1992	14
沙特阿拉伯	沙特阿拉伯足球超级联赛	1976	14
伊朗	伊朗足球超级联赛	2001	16
卡塔尔	卡塔尔足球甲级联赛	1973	10
阿联酋	阿联酋足球甲级联赛	1973	12
土耳其	土耳其足球超级联赛	1959	18
伊拉克	伊拉克足球超级联赛	1962	28

注：①澳大利亚是在2005年3月23日加入亚足联。

2）非洲

非洲国家主要足球联赛见表3.3。

表3.3 非洲国家主要足球联赛

国家	联赛名称	起始年份	球队数量/支
尼日利亚	尼日利亚足球超级联赛	2004	20
南非	南非足球超级联赛	1996	16
加纳	加纳足球超级联赛	1956	16
突尼斯	突尼斯足球甲级联赛	1921	16
摩洛哥	摩洛哥足球甲级联赛	1956	16
埃及	埃及足球超级联赛	1948	18
刚果	刚果民主共和国足球甲级联赛	1958	14

3）北美洲

北美洲国家主要足球联赛见表 3.4。

表 3.4 北美洲国家主要足球联赛

国家	联赛名称	起始年份	球队数量/支
美国	美国职业足球大联盟	1996	25
墨西哥	墨西哥足球甲级联赛	1943	18
哥斯达黎加	哥斯达黎加足球甲级联赛	1921	12
洪都拉斯	洪都拉斯足球甲级联赛	不详	10
危地马拉	危地马拉足球甲级联赛	1919	12
特立尼达和多巴哥	特立尼达和多巴哥足球超级联赛	2003	18
苏里南	苏里南足球甲级联赛	不详	不详
海地	海地足球甲级联赛	不详	18
萨尔瓦多	萨尔瓦多足球甲级联赛	1969	10
荷属安的列斯	荷属安的列斯足球甲级联赛	不详	不详

4）南美洲

南美洲国家主要足球联赛见表 3.5。

表 3.5 南美洲国家主要足球联赛

国家	联赛名称	起始年份	球队数量/支
巴西	巴西足球甲级联赛	1971	20
阿根廷	阿根廷足球甲级联赛	1893	24
乌拉圭	乌拉圭足球甲级联赛	1900	16
智利	智利足球甲级联赛	1933	16
哥伦比亚	哥伦比亚足球甲级联赛	1948	18

5）大洋洲

大洋洲国家主要足球联赛见表 3.6。

表 3.6 大洋洲国家主要足球联赛

国家	联赛名称	起始年份	球队数量/支
新西兰	新西兰足球超级联赛	2004	10
斐济	斐济全国足球联赛	1977	11
新喀里多尼亚	新喀里多尼亚足球超级联赛	不详	13
所罗门群岛	所罗门群岛全国俱乐部锦标赛	2003	9
塔希提	塔希提足球甲级联赛	1948	不详

6）欧洲

（1）欧洲五大足球联赛见表 3.7。

表 3.7　欧洲五大足球联赛

联赛名称	起始年份	球队数量/支
英格兰足球超级联赛	1992	20
法国足球甲级联赛	1932	20
意大利足球甲级联赛	1898	20
德国足球甲级联赛	1962	18
西班牙足球甲级联赛	1929	20

（2）其他欧洲国家主要足球联赛见表 3.8。

表 3.8　欧洲国家主要足球联赛

国家	联赛名称	起始年份	球队数量/支
俄罗斯	俄罗斯足球超级联赛	1992	16
罗马尼亚	罗马尼亚足球甲级联赛	1909	14
乌克兰	乌克兰足球超级联赛	1992	16
捷克	捷克足球甲级联赛	1993	16
奥地利	奥地利足球甲级联赛	1993	16
瑞士	瑞士足球超级联赛	1897	10
塞尔维亚	塞尔维亚足球甲级联赛	2006	16
克罗地亚	克罗地亚足球甲级联赛	1991	10
希腊	希腊足球超级联赛	2006	16
葡萄牙	葡萄牙足球超级联赛	2002	18
丹麦	丹麦足球超级联赛	1991	12
荷兰	荷兰足球甲级联赛	1956	18
比利时	比利时足球甲级联赛	1895	18
卢森堡	卢森堡国家足球联赛	1910	14
挪威	挪威足球超级联赛	1991	16
瑞典	瑞典足球超级联赛	1924	16

3.4 国内足球赛事

3.4.1 全国运动会

全国运动会(简称全运会)是中国国内水平最高、规模最大的综合性运动会。全运会的比赛项目基本与奥运会相同,其原意是为国家的奥运战略锻炼新人、选拔人才。全运会每4年举办一次,一般在奥运会年前后举行。中华人民共和国成立后历届全运会足球项目前三名获奖球队见表3.9。

表 3.9　历届全运会足球项目前三名

年份	举办地点	冠军	亚军	季军
1959	北京	八一队	河北队	北京队
1965	北京	河北队	上海队	八一队
1975	北京	辽宁队	广东队	八一队
1979	北京	山东队	北京队	广东队
1983	上海	上海队	广东队	天津队
1987	广州	广东队	辽宁队	八一队
1993	北京	辽宁队	北京队	广东队
1997	上海	山东队	广东队	上海队
2001	广州	辽宁队	上海队	山东队
2005	南京	山东队	上海队	辽宁队
2009	济南	上海队	广东队	山东队
2013	沈阳	上海队	辽宁队	浙江队
2017	天津	上海队	浙江队	辽宁队
2021	西安	浙江队	新疆队	四川队

3.4.2 联赛

中国足球协会超级联赛(简称"中超"或"中超联赛")是中国最高级别的职业足球联赛(中国香港、中国澳门、中国台湾有直属于国际足联与亚足联的足协与联赛),其下级联赛分别是中国足球协会甲级联赛、中国足球协会乙级联赛及中国足球协会会员协会冠军联赛。中超联赛开始于2004年,前身为1989年成立的中国足球甲A联赛,由中国足球协会组织,中超联赛有限责任公司运营,是全亚洲最具竞争力、平均上座率最高的足球联赛之一,冠军将获得"火神杯"。

1) 中国足球协会杯赛

中国足球协会杯赛(Chinese Football Association Cup, CFA Cup,简称中国足协杯)是中国足球协会举办的国内男子足球最高水平的淘汰制足球杯赛。中国足协杯前身为1956年举办的全国足球锦标赛。联赛职业化后,新的足协杯于1995年开始,2007年至2010年间停办,2011年恢复赛事,并于2012年开始允许中乙联赛球队和业余球队参加,真正实现了全民参与、全民足球。历届中超联赛、足协杯赛冠军见表3.10。

表 3.10 历届中超联赛、足协杯赛冠军

联赛	年份	甲A/中超联赛冠军	中国足协杯冠军
甲A	1994	大连万达	—
	1995	上海申花	济南泰山
	1996	大连万达	北京国安
	1997	大连万达	北京国安
	1998	大连万达	上海申花
	1999	山东鲁能泰山	山东鲁能泰山
	2000	大连实德	重庆寰岛红岩
	2001	大连实德	大连实德
	2002	大连实德	青岛颐中海牛
	2003	上海申花	北京现代汽车
中超	2004	深圳健力宝	山东鲁能泰山
	2005	大连实德	大连实德
	2006	山东鲁能	山东鲁能泰山
	2007	长春亚泰	—
	2008	山东鲁能	—
	2009	北京国安	—
	2010	山东鲁能泰山	—
	2011	广州恒大	天津泰达
	2012	广州恒大	广州恒大
	2013	广州恒大	贵州人和
	2014	广州恒大	山东鲁能泰山
	2015	广州恒大淘宝	江苏国信舜天
	2016	广州恒大淘宝	广州恒大淘宝
	2017	广州恒大淘宝	上海绿地申花
	2018	上海上港	北京中赫国安
	2019	广州恒大淘宝	上海绿地申花
	2020	江苏苏宁	山东鲁能泰山
	2021	山东泰山	山东泰山
	2022	武汉三镇	山东泰山

3.5 中国部分裁判员情况介绍

3.5.1 中国足协国际级裁判员

1) 十一人制国际级裁判员（见表3.11）

表3.11 十一人制国际级裁判员

姓名	性别	所属协会	服役时间/年
谭海	男	北京体育大学	2004—2016
赵亮	男	深圳市足球协会	2008—2012
范崎	男	北京市足球协会	2008—2015
王哲	男	北京市足球协会	2011—2016
王迪	男	上海市足球协会	2011—2017，2021至今
张雷	男	大连市足球协会	2004—2011
马宁	男	江苏省足球运动协会	2011至今
姚庆	男	山东省足球运动协会	2012—2013
石祯禄	男	吉林省足球协会	2013—2015
傅明	男	北京市足球协会	2014至今
艾堃	男	北京体育大学	2016—2019
黑晓虎	男	西安市足球协会	2016
关星	男	北京市足球协会	2017—2019
顾春含	男	武汉市足球协会	2017—2020
沈寅豪	男	上海市足球协会	2018至今
李海新	男	广东省足球协会	2020—2021
王竞	男	天津市足球协会	2020
金京元	男	重庆市足球协会	2021至今
唐顺齐	男	成都市足球协会	2022至今
顾盈	女	北京市足球协会	2009—2011
林世琴	女	浙江省足球协会	2011—2012
王佳	女	上海市足球协会	2010—2017
秦亮	女	北京体育大学	2010—2022
李娟	女	北京市足球协会	2012—2016

（续表）

姓名	性别	所属协会	服役时间/年
何瑾	女	广东省足球协会	2013—2016
密思雨	女	陕西省足球协会	2017 至今
于红	女	大连市足球协会	2017 至今
唱鑫鑫	女	北京市足球协会	2018—2020
董方雨	女	上海市足球协会	2021 至今
田金	女	武汉市足球协会	2023 至今

2）十一人制国际级助理裁判员（见表3.12）

表3.12 十一人制国际级助理裁判员

姓名	性别	所属协会	服役时间/年
穆宇欣	男	天津市足球协会	2005—2015
霍伟明	男	重庆市足球协会	2008—2019
阿拉木斯	男	广州市足球协会	2015—2016
李东楠	男	云南省足球协会	2000—2013
韩伟	男	西安市足球协会	2005—2013
钟勇	男	辽宁省足球运动协会	2009—2014
苏继革	男	北京市足球协会	2003—2012
刘庆伟	男	湖南省足球协会	2004—2012
郑炜祥	男	广州市足球协会	2003—2013
马济	男	湖北省足球协会	2013 至今
王德馨	男	沈阳市足球协会	2013—2022
施翔	男	江苏省足球运动协会	2014 至今
曹奕	男	河南省足球协会	2014 至今
徐鹏	男	成都市足球协会	2014—2016
周飞	男	上海市足球协会	2015 至今
宋祥云	男	大连市足球协会	2016—2021
孙凯	男	陕西省足球协会	2017—2019
张铖	男	上海市足球协会	2017 至今
国景涛	男	山东省足球运动协会	2020 至今
杨洋	男	北京市足球协会	2020—2021
罗政	男	深圳市足球协会	2022 至今
汤朝	男	北京市足球协会	2022 至今

(续表)

姓名	性别	所属协会	服役时间/年
吴明峰	男	山东省足球运动协会	2023 至今
张玲玲	女	青岛市足球协会	1998—2013
崔永梅	女	天津市足球协会	2008—2019
方燕	女	上海市足球协会	2010 至今
梁建萍	女	江苏省足球运动协会	2008—2017
鲍梦晓	女	河南省足球协会	2014 至今
温丽丽	女	山东省足球运动协会	2018
谢丽君	女	四川省足球协会	2019 至今
吴巧立	女	天津市足球协会	2020 至今

3）五人制国际级裁判员（见表 3.13）

表 3.13　　五人制国际级裁判员

姓名	性别	所属协会	服役时间/年
安然	男	北京市足球协会	2010 至今
刘剑桥	男	大连市足球协会	2023 至今
梅林	男	北京市足球协会	2010—2013
张友泽	男	成都市足球协会	2013—2017
尚斌	男	青岛市足球协会	2014 至今
邹治冬	男	浙江省足球协会	2018 至今
朱蓓倩	女	上海市足球协会	2012—2014
达富萍	女	成都市足球协会	2008—2017
梁庆云	女	广州市足球协会	2015 至今
纪双	女	大连市足球协会	2018
朱欣	女	成都市足球协会	2020 至今

4）沙滩足球国际级裁判员（见表 3.14）

表 3.14　　沙滩足球国际级裁判员

姓名	性别	所属协会	服役时间/年
李克	男	广州市足球协会	2007—2014
邵亮	男	大连市足球协会	2013 至今
黎祺彬	男	广州市足球协会	2015 至今

3.5.2 中国足协历年联赛"金哨奖"名单

中国足球走上职业化后，甲A和中超联赛历届"金哨奖"名单见表3.15。

表3.15 中国足协历年联赛"金哨奖"名单

联赛	年份	姓名	性别	出生年份	所属协会	次数
甲A	1994	于敬崟	男	1955	大连	1
	1995—1998、2000、2002	陆俊	男	1959	北京	6
	1999	张宝华	男	1955	天津	1
	2001、2003	孙葆洁	男	1965	北京	2
中超	2004—2010	孙葆洁	男	1965	北京	7
	2011、2012、2014、2015	谭海	男	1970	北京	4
	2013	李俊	男	1970	江苏	1
	2016、2017	马宁	男	1979	江苏	2
	2018	张雷	男	1982	大连	1
	2019	马日奇	男	1973	塞尔维亚	1

4 足球裁判业务知识

4.1 国际足联公平比赛十项准则

第一条 公平比赛

(1) 比赛的胜利如果是通过不公平的或欺骗的手段获得的,那么这胜利没有任何价值。

(2) 作弊很容易,但是毫无乐趣可言,公平比赛需要勇气和品格,而且也更有成就感。

(3) 公平比赛会得到相应的回报,即使比赛输了,也能够赢得尊重。

(4) 欺骗则令人憎恶。请记住:"这只是一场比赛,不公平的比赛没任何意义。"

第二条 为胜利而比赛,并正确对待比赛的失利

(1) 夺取胜利是所有体育比赛的目的,绝不要主动放弃任何一场比赛。

(2) 如果你不是为了胜利而比赛,那么你就是在欺骗对手,愚弄观众,同时也是在欺骗自己。

(3) 面对强大的对手永远不要放弃,面对弱小的对手也要竭尽全力,未尽全力就是对对手的侮辱。

(4) 只要终场哨声未响,就要全力以赴去争取胜利。

(5) 我们要客观地认识到,没有谁可以永远胜利。

(6) 比赛总会互有胜负,要学会正确对待失败,不要寻找借口,因为失败的真正原因往往显而易见。

(7) 向胜利者祝贺,不要抱怨裁判或怨天尤人,应该把全部的注意力放在如何踢好下一场比赛上。

(8) 一个有风度的失败者,要比一个没有风度的胜利者赢得更多的尊重。

第三条 遵守比赛规则

(1) 任何运动项目都有自己的规则,没有规则就会出现混乱。

(2) 足球运动的规则简单易学(共17章)。

(3) 学好比赛规则,这将有助于你更好地理解比赛,成为一名优秀的运动员。

(4) 懂得规则的精神同样重要,因为规则的制定是为了使比赛更有趣,更有观赏性。

(5) 遵守比赛规则,才能更好地享受比赛的乐趣。

第四条 尊重对手、队友、裁判、官员和观众

（1）公平比赛意味着相互尊重,相互尊重本身就是足球的一部分。

（2）没有对手就没有比赛,他们和你拥有同样的权利,包括被尊重的权利。

（3）队友和你组成了这个团队,球队的所有成员都是平等的。

（4）裁判员负责保证比赛的纪律和公平比赛,要无条件地服从裁判员的决定,保证大家更好地享受比赛。

（5）比赛官员也是比赛的一部分,同样也应受到尊重。

（6）观众创造了比赛气氛,他们希望看到的是公平的比赛,同时观众自己也要有恰当的举止。

第五条 维护足球的利益

（1）足球是世界上最具影响的运动,但是需要我们每一个人的不断努力,使其永远成为世界第一运动。

（2）永远将足球的利益放在自身利益之上,时刻意识到自己的一言一行会影响到足球运动的形象。

（3）要宣扬足球比赛中积极的一面,鼓励他人去观看公平的足球比赛,大家共同享受足球的乐趣。

（4）要争取做一名足球大使,做一名足球工作者是件光荣的事。

第六条 赞扬那些维护足球运动声誉的人

（1）足球运动之所以如此大受欢迎,正是因为绝大多数热爱这项运动的人们是诚实而公正的,特别是有些人的突出表现得到了社会的公认。

（2）维护足球运动声誉的人应该受到尊重,他们的事迹应该广为宣传,这将鼓励其他人以此为榜样。

（3）应当通过宣传足球运动的优秀事迹来提高足球运动的形象。

第七条 拒绝腐败、违禁药品、种族歧视、暴力及其他危害足球运动的事物

（1）足球运动广受欢迎,也往往会受到外界的负面影响。

（2）要提高警惕,抵制任何驱使你使用违禁药品和作弊的诱惑。

（3）违禁药品不应出现在足球和其他的运动中,也不应存在于这个社会,要对违禁药品说不。

（4）将种族歧视赶出足球运动,不论肤色和种族,平等对待所有的球员。

（5）宣传足球,拒绝暴力。足球是一种体育运动,而体育运动是和平的。

第八条 帮助他人抵御腐败的压力

（1）也许有的队友或其他人受到了作弊的引诱,他们需要你的帮助。

（2）你要毫不犹豫地支持他们,给予他们抵御这些诱惑的力量。

（3）要提醒他们对队友和足球运动所承担的责任。

（4）必须同队友团结起来同腐败及作弊行为进行斗争,就像在足球场上组成一道坚固的防线。

第九条　谴责那些试图毁坏这项运动形象的人

（1）如果你确信有人准备引诱他人作弊，要毫不犹豫地揭露他的阴谋，必须在造成危害前将其丑恶行为公之于众并予以抵制。

（2）公开谴责某种错误行径往往比随波逐流需要更大的勇气，但诚实受人赞誉，附和无人称道。

（3）不要仅仅对错误行为说不，要在他们得逞之前站出来谴责这些试图破坏足球运动的人。

第十条　让足球使世界变得更美好

（1）足球运动有着难以估量的魅力，这种力量将能使我们所处的世界更加美好。

（2）足球会给我们每一个人带来一个更加和平、平等、健康和有良好教养的社会环境。

（3）努力让足球变得更美好，这也是我们对世界做出的贡献！

不管你是业余裁判，还是地区足协或国家级、国际级裁判员，都必须发扬公平比赛精神，创造一个良好的足球环境。运动员希望享受比赛的乐趣，要求我们裁判工作必须坚决执行公正的判罚，从而赢得他们的信任。在透彻理解比赛精神和实际意义的基础上，根据比赛水平的实际情况恰当执法。

4.2 裁判员应具备的职业道德与基本素质

4.2.1 裁判员应具备的职业道德

裁判员是比赛的组织者和领导者，也是比赛场上的执法者。比赛规则赋予他很大的权力，唯有裁判员所作的判决为最后的判决，任何人不得干涉和改判。对场上发生各种争端，裁判员应根据规则去处理和判罚。任何人及任何干扰都不应动摇裁判员判罚的决心，决不能出现遇到队员围攻就改判，观众起哄就放弃原则，优秀运动员犯规就不敢判罚，偏袒主场球队等情况。失掉原则的裁判员是事实上的不公正，必然失去"黑衣法官"的尊严，丧失权威，从而得不到运动员和广大球迷的信任。公正是裁判员的生命，能否公正执裁是对一个裁判员职业道德的具体考验，也是裁判员职业道德的内涵。因此，裁判员应该做到不为金钱所惑，不为权势所迫，不徇私情、光明磊落、明察秋毫、大胆果断，这是一个优秀裁判员的必备品质。

裁判员应具备的职业道德的具体表现包括以下几个方面：

（1）执法尺度严　比赛中不管遇到多么棘手的问题，不管背负多大的压力，裁判员时刻要尊重客观事实，执法如山。方式方法可以灵活运用，原则问题必须坚持。

（2）执法心态稳　裁判员工作必须踏踏实实，不能感情用事，哗众取宠。在判罚球或红、黄牌时，球员往往情绪冲动，有时会做出一些过激的行为，甚至场外球迷也会情绪激动。这时裁判员要保持冷静、平衡的心态，泰然自若，在不伤害队员自尊心的前提下，严而不怒，表现出理解运动员情绪的行为，以利控制比赛局面。

（3）执法判罚准　裁判员在执法过程中尽可能不错判、不漏判、不反判，不断提高判罚水平。如很偶然的一次错判、漏判，就可能断送一支球队的前程，或者使他们几年的辛苦付之东流，这样的事例在重大比赛中也可见到。对此，裁判员要力求避免。要提高判罚的准确性必须提高裁判技术水平，跑得及时、看得清楚、吹得适时，正确理解动作和犯规动作，加强与助理裁判员的合作配合，掌握有利原则，以求执行规则的准确与事实准确的合理统一。

（4）执法意志狠　前面提到，比赛规则为裁判员提供了职业道德的基础。同时，规则也带给裁判员凛然正气。只有具备足够的正气才能做出正确但并非所有人都高兴的决定。无论在什么情况下，裁判员对严重犯规要采取严厉的手段，要通过明确的执法行为告诉球员：只要违反规则，无论是谁都会受到必要的制裁，同时还要掌握球员临场的心理状态，了解球员的犯规动机，做到调整球员心态，削弱犯规动机。

以上提到的严、稳、准、狠是裁判员职业道德的具体体现，但是裁判员不可能是思想和技术上的"完人"，再优秀的裁判员也有发挥失常的时候，然而，在对规则的严格执行、对球队的无私尊重、对球迷的真诚理解、对裁判工作的精益求精方面，必须按照"完人"的标准来要求自己，并且努力接近这一标准。

4.2.2　裁判员应具备的基本素质

1）"四严"

（1）严于律己　裁判员是执法者，首先应该严格要求自己。经常三省吾身，要有自重、自尊、自强、自立的精神，教育别人的同时先进行自我教育。

（2）严格执法　执法中要全面准确地执行规则精神和条文，对那些非体育行为、严重犯规和暴力行为，"严"才能防患于未然。

（3）严肃认真　对工作认真负责、满腔热忱；对技术要精益求精。不受任何干扰，不谋私利，不感情用事，以规则为准绳执行裁判工作。

（4）严格管理　熟悉规则、规程、纪律及赛场的各项规定，并对赛场内外严格管理以保证比赛顺利进行。

2）"四公"

（1）公正准确　要成为广大观众和球队心中诚实可信的裁判员，公正准确的判罚就是以规则为准绳、以事实为依据，做到不偏不倚，只有判罚准确才能体现公正。

（2）公平合理　规则对双方是平等的，执法过程中要从实际出发，实事求是进行判罚。

（3）公而忘私　裁判员在场上要把个人的一切抛在脑后，心中只有队员和规则，不图名不贪利，切实做到廉洁奉公。

（4）公开透明　足球比赛，有懂规则的球迷、队员和教练员等，裁判员所吹的每一声哨都要在光天化日之下接受众人检验，所以裁判过程和结果都是公开透明的，这对裁判员严格执行规则提出了很高要求。

3）"四良"

（1）良好的职业道德　裁判员的言行、仪表、判罚、态度、情感在场上都能体现出职业道德水平,所以要注意自己各方面的表现。

(2) 良好的文化修养　裁判员在场上是教育者,要不断加强自身的文化修养,扩大知识面,提高政治素质,培养良好的品德。在教育别人的同时,不断提高自身的思想品德和文化修养水平。

(3) 良好的工作作风　执法严谨,跑动积极,具有艰苦奋斗、任劳任怨的精神。

(4) 良好的身体素质　作为一名足球裁判员,必须要有良好的身体素质才能应对大运动量的足球裁判任务。坚持全年锻炼身体,在执行工作中才能有良好的体能作保证。

4.3　裁判员的职责与工作要求

裁判员是足球竞赛规则条文的体现者和执行者。从进入场地起,裁判员就开始执行规则所赋予的权力。由于他们的判决具有"终审判决"的意义,因此,裁判员是足球场上至高无上的"黑衣法官"。裁判员应该依照足球运动精神来执行比赛规则,以创造公平和安全的比赛环境。

4.3.1　裁判员的职责

(1) 执行足球竞赛规则。

(2) 与助理裁判员和第四官员(替补裁判员)适当地合作以控制比赛确保比赛用球符合规则的要求。

(3) 确保队员装备符合规则的要求。

(4) 记录比赛时间和比赛成绩。

(5) 决定是否因违反规则停止、推迟或终止比赛。

(6) 决定是否因外界干扰停止、推迟或终止比赛。

(7) 如果裁判员认为队员受伤严重,则停止比赛,并确保将其移出比赛场地。

(8) 如果裁判员认为队员只受轻伤,则允许比赛继续进行直到成死球。

(9) 确保队员因受伤流血时离开比赛场地。该队员经护理止血后,在得到裁判员信号后方可重新回场地。

(10) 当一个队员被犯规而根据有利条件能获利时,则允许比赛继续进行。如果预期的"有利"在那一时刻没有接着发生,则判罚最初的犯规或违规。

(11) 当队员同时出现一种以上的犯规时,则对较严重的犯规进行处罚。

(12) 向可以被警告和罚令出场的队员进行处分。裁判员不必立即采取这个行动,但当下次比赛成死球时必须做出处分。

(13) 向有违规行为的球队官员进行处分,并可酌情将其驱逐出比赛场地及其周围地区。

(14) 对于自己未看到的情况,可根据助理裁判员意见进行判罚。

（15）确保未经批准人员不得进入比赛场地。

（16）决定比赛停止后重新开始比赛。

（17）将在赛前、赛中或赛后向队员和球队官员进行的纪律处分及其他事件的情况用比赛报告方式提交有关部门。

在比赛暂停或比赛成死球时出现的犯规，裁判员均有权判罚。只有比赛未重新开始前，裁判员可以根据自己的判断或助理裁判员的意见而改变确实不正确的决定。裁判员在比赛进行中，根据比赛事实，诸如比赛结果等所作出的判决，应为最终判决，而且要求所有人必须尊重比赛官员及其判罚决定。

4.3.2 裁判员的工作要求

1）中立性

为了保证裁判的客观与公正，在遴选裁判员时必须考虑其身份的中立性。国际足球协会理事会决议"国际比赛的裁判员，除有关国家的协会同意选派本协会下属人员担任外，应由中立国家，包括各级各类比赛在裁判员的选派上，均应考虑中立性"。

2）服装的要求

担任足球比赛裁判工作的裁判员，应穿与各队比赛服装颜色有明显区别的裁判服（在第15届世界杯赛上改变了以往一律穿黑色裁判服的规定）。

3）遵守职业道德

裁判职业道德的核心是公平执法、公正裁决。足球竞赛规则是裁判工作的唯一依据，规则约束着裁判员必须公正执法。这也就是说，当裁判员用比赛规则来执法比赛，对违反规则的队员进行处罚时，规则也限制和制约着裁判员，无疑这本身就说明了规则的公正性。这里应提到的是，规则本身的公正性与执行规则的公正性是两个概念。足球竞赛规则的基石是公正，它既不袒护比赛的任何一方，也不迁就场上的任何队员，不管你有多大名气，也不管你出于什么动机，只要违反了规则，就要进行判罚。从公正性的角度看，比赛规则提供了裁判员职业道德的基础。

4）判罚宽严适度

国际足球协会理事会决议"制定规则的用意是使比赛顺利进行，尽可能少受干扰，裁判应判罚故意犯规行为"。若经常对情节轻微的犯规和仅属怀疑的犯规鸣哨判罚，则只会使队员反感、动怒并影响观众情绪。

5）及时报告

（1）在比赛前、比赛中或比赛后，遇有观众、工作人员、已登记的替补队员或其他人员不遵守纪律或有不正当行为，不论发生在球场内或球场附近，裁判员均应向主办机构报告，以便采取适当措施。

（2）按《足球竞赛规则》第五章的规定，裁判员在发生严重骚乱时有权终止比赛，但无权取消任何一队比赛资格，或决定比赛的胜负，裁判员应将具体情况书面报告主办机构。

4.4 比赛官员行为规范及管理规定

4.4.1 比赛监督行为规范

1）比赛监督的工作职责

（1）受联赛委员会委派负责对赛区工作进行协调、指导和监督。

（2）严格按照联赛委员会的有关规定，负责裁判员在赛区的管理，不介入裁判员的业务工作。

（3）严格按照联赛赛区开支标准的有关规定，负责裁判员的赛区报销事宜。

（4）听取赛区组委会关于赛区工作、安保工作、主客队球迷组织安排工作等汇报，依据联赛委员会要求和有关规定，提出建议和要求。

（5）对体育场进行检查，对存在的问题赛前提出改进要求。

（6）依据联赛的商务规定对场内广告进行赛前检查，对存在的问题提出赛前改进要求。

（7）依据《赛前联席会程序》主持赛前联席会。

（8）亲临现场，检查、协调比赛组织工作的落实，监督球队及各有关人员执行比赛程序及时间安排，及时协调解决出现的问题，随时与联赛委员会相关工作负责人保持联络。

（9）对比赛进行监督，对赛区工作、裁判工作、球队表现、比赛公正性做出评定。

（10）赛后填写有关报表和报告。

（11）联赛委员会根据需要适时召开比赛监督会议，随时召开临时会议或召集某一比赛监督了解情况，比赛监督必须按时出席，否则，暂停其担任比赛监督工作一月至一年。

（12）每年联赛结束后的一周内，比赛监督要向联赛委员会递交一份如何进一步加强和改善联赛管理的书面报告。

2）比赛监督工作程序

（1）赛前1天，联系赛区，告知抵达时间，并初步了解赛区的准备工作。

（2）抵达当天，根据需要向赛区组委会有关方面了解准备情况并进行必要的协调，向联赛委员会工作负责人通报有关情况。

（3）比赛当天12：00，主持赛前联席会，必要时可增加与会人员及会议内容。

（4）比赛当天12：30，检查体育场及设施和赛场广告。

（5）督促裁判组召开工作准备会，如认为必要应参加。

（6）按倒计时程序，执行比赛监督任务，督促准时开赛。

（7）赛前、赛中、中场休息如有问题及时与联赛委员会相关工作负责人通报情况。

（8）赛后30分钟内，与联赛委员会相关工作负责人通报比赛情况。

（9）赛后60分钟，填写《比赛监督传真报告表》（进球、红黄牌数据要仔细与裁判员核对）《违规违纪报告》《赛区工作情况评定表》《裁判员评估报告》，督促裁判组填写裁判报表，一并传真或带回足球协会。

（10）在参赛队和观众全部撤离体育场后方可离开赛场，如果赛后有观众聚集在场外或街道，应等观众全部疏散后方可返回驻地，并在此期间，应加强与赛区安保组现场管理人员的联系，并保持与联赛委员会相关工作负责人的联络。

（11）督促并参加裁判员工作小结会。

3）比赛监督工作要求

（1）严格遵守足球协会和联赛委员会的各项规定。

（2）坚持原则，谦虚谨慎，尊重赛区组委会领导和赛区工作人员。

（3）认真工作，客观进行监督和评定，保障比赛的顺利、有序、严肃和公正。

（4）认真与裁判员核对，确保传真报告表内容的准确无误。

（5）自觉遵守并监督裁判员严格执行有关纪律规定，在执行任务期间，不携带家属和他人，不擅离职守，不接受非公务来访，不接受俱乐部宴请和礼金，不参与赌博，不参加高消费娱乐活动，维护职业道德和比赛监督的自身尊严。

（6）不接受记者采访，不对比赛进行公开评论。

（7）比赛监督应保持良好的身体状况，按规定时间、规定要求赴赛区。

4）比赛监督失职及违纪处罚

（1）警告。

（2）通报批评。

（3）暂停比赛监督工作一月至一年。

（4）取消比赛监督工作资格。

4.4.2 赛区裁判长行为规范

1）全国足球比赛裁判长工作职责

全国足球比赛裁判长由中国足球协会委派，其工作应对中国足球协会负责。在赛区，裁判长受赛区组委会领导，是赛区组委会成员，主管赛区裁判组工作，与赛区各工作机构合作，共同完成任务。其具体职责如下：

（1）执行中国足球协会和裁判委员会及赛区组委会的各项方针、政策和规定。

（2）加强裁判组的思想政治工作，强化职业道德教育，树立公正意识和服务意识，塑造裁判队伍的良好形象。

（3）严明纪律，严格管理，以身作则，团结一致，统一认识，统一行动。

（4）遵照比赛规则和比赛规程，坚持公正比赛和严格执法。

（5）参加联席会，明确提出有关要求。

（6）检查比赛场地、器材是否符合有关规定。

（7）准备各种比赛用品和表格。

（8）安排裁判员执法任务，确保比赛顺利进行。

（9）组织赛前准备会和赛后总结会，评估裁判执法工作情况。

（10）根据规定对裁判员进行评选优秀和违规违纪处罚。

(11) 遇突发事件和重大事故及时解决,如实汇报。
(12) 汇总有关资料,如期上报主管部门。
(13) 应把赛区办成培训班,加大培训力度,提高培训质量。
(14) 对裁判员的规则理论、英语、身体素质和临场实践进行全面培训,坚持严格考核。
(15) 努力提高裁判员的执法能力,加速年轻裁判员的成长,发现人才、培养人才,当好"伯乐"。

2) 全国足球比赛裁判长工作程序

(1) 赴赛区前的准备

① 准备好赛区所需的各种资料,如中国足协的通知和裁判人员名单、足球竞赛规则、比赛规程、中国足协裁判委员会制定的有关赛区所需的文件和当年裁判执法工作统一尺度,以及比赛用的各种表格等。

② 撰写有关材料,如裁判组的日程安排、工作计划、学习内容、理论考题、宣讲规则的文稿、联席会议的材料等。

③ 主动了解赛区参赛队的情况。

④ 主动了解赛区裁判员的情况,如跟踪培养情况、近期状态情况等。

(2) 赛区报到

① 向比赛监督及组委会报到,汇报裁判组的准备计划,了解赛区各项工作的准备情况。

② 向中国足协裁判委员会汇报赛区各方面的准备情况、联系电话。

(3) 赛前的工作

① 裁判长负责赛区全面工作,代表裁判组协调好与组委会及有关部门的工作,组织好裁判员的思想教育、业务学习、身体训练、体能测试的工作。

② 正、副裁判长之间要团结协作、分工明确,根据副裁判长的特点,分管相关工作,如赛区裁判员的身体训练、赛区的资料管理、比赛所用的器材、表格的填写、赛区的生活管理等。副裁判长应当好助手。

③ 向裁判员收取裁判员工作手册(证书)。

④ 全面、完善制定裁判员在赛区的学习制度、生活管理制度,安排好裁判员的工作、训练、业余生活。

⑤ 搞好思想教育和职业道德教育,树立公正意识和服务意识,整肃纪律。

⑥ 组织好赛区裁判员的业务学习

a. 学习比赛规程,加强理解。

b. 学习比赛规则(包括国际足联新修订的规则,结合全年执法统一尺度、上年度裁判工作总结和本年度赛区裁判工作的情况,以及甲级联赛出现的问题进行专题讲解和讨论)。

c. 传达裁判长会议精神,统一赛区的判罚尺度。

d. 进行不同形式的理论测试。

⑦ 搞好裁判员的身体训练和体能测试工作。体能测试必须严格遵守中国足协裁判委员会的规定及制定的标准。

⑧ 参加组委会、联席会

a. 介绍裁判组各方面的情况。

b. 根据中国足协裁判委员会及有关规定提出要求。

c. 讲解比赛规则的有关章节及统一判罚尺度。

d. 协助比赛监督核对参赛队伍的名单、号码。

e. 核实各参赛队的红黄牌记录情况。

f. 确定赛前检查装备的时间、地点。

g. 比赛连续进行时,对下一场比赛队伍准备活动的要求。

h. 入场仪式的要求。

i. 技术区域和替补席的要求,如对教练员指挥的规定、允许替补席就座的人员规定、饮水规定等。

j. 确定每场比赛运动员、守门员的服装颜色。

k. 提出与比赛相关问题的要求。

⑨ 为提倡文明赛风和良好的体育道德,结合队伍实际情况,向运动队宣讲规则。

⑩ 检查场地、器材

a. 检查比赛场地和备用场地是否符合比赛规则和比赛规程的要求。

b. 检查运动员和裁判员休息室、通道是否符合比赛规定。

c. 检查体育场软硬件设施和安全保卫情况。

d. 检查替补席、裁判席、监督席、医务担架及救护设备的配备情况。

e. 检查器材的准备情况,如比赛用球、气压表、气筒、手旗等器材的准备情况。

⑪ 准备比赛表格,如裁判员安排表、裁判员评估表、比赛成绩表、红黄牌记录表、赛区报告表等。

(4) 赛中的工作

① 结合赛中情况,抓住苗头,有针对性地继续加强对裁判员的思想教育和纪律要求,禁止裁判员同赛区比赛队来往和接触。

② 根据选派原则做好裁判员的执法选派工作。

③ 在赛中的联席会上总结前段工作的情况,提出下段工作的具体要求。

④ 认真组织好赛前准备会和赛后总结会。

⑤ 对每场比赛进行评估,分析原因,提出办法。

(5) 比赛后期的工作

① 做好思想及业务方面的总结。

② 认真把握关键场次比赛裁判员的选派安排。

③ 听取裁判员的意见,写好赛区总结。

④ 正、副裁判长认真讨论填写好中国足协裁判委员会有关赛区工作的汇报表,于赛区比赛结束后的 72 小时内上报中国足协裁判委员会办公室。

⑤ 填写审核红黄牌记录表、比赛成绩表,并报主管部门。

⑥ 根据规定搞好评选优秀裁判员工作。
⑦ 搞好裁判员赛区生活和各种待遇的处理工作。
⑧ 向赛区组委会领导征求对裁判组和裁判长工作的意见,并代表裁判组向大会各方面对裁判工作的支持表示感谢。
⑨ 认真填写裁判员工作手册。
⑩ 及时向中国足球协会裁判委员会汇报赛区的裁判工作情况。

4.4.3 赛区裁判员的行为规范

1) 全国各级主、客场比赛裁判员的工作程序

全国各级主、客场比赛目前有全国足球甲级队联赛、中国足球协会杯赛、全国足球乙级队联赛和全国女子足球超级联赛。

（1）裁判员接到任务通知后,应尽快与赛区接待人员联系并按《竞赛规程》中的有关交通规定将交通方式和到达时间告知接待人员;裁判员应于比赛前一天中午前抵达赛区向比赛监督报到并在比赛监督的领导下进行工作。

（2）裁判员将抵达赛区的飞机票（或火车票）和市内交通票据各装在一信封内交比赛监督,报销及领取酬金统一由比赛监督负责办理。

（3）裁判员参加赛前联席会,由比赛监督在会上宣布当场比赛裁判员名单及分工;裁判员在联席会上应将执法要点和有关问题向比赛队进行说明;联席会后裁判员同比赛监督一起检查比赛场地。

（4）赛前在下榻饭店参加由比赛监督召集的裁判组赛前工作会议,进一步明确中国足球协会及其裁判委员会对裁判员执法工作的要求和严格执法的有关规定,认真分析两队情况,明确该场比赛有关注意事项等。

（5）裁判组到赛场后,再次检查比赛场地和器材等,如发现问题及时通过比赛监督协调解决。

（6）检查场地后,在裁判员休息室由裁判员主持召开裁判组赛前准备会（比赛监督可以参加）,进一步明确和统一判罚尺度,明确职责分工与配合环节等;检查自身装备和用具等,做好比赛执法的充分准备。

（7）运动员入场前检查运动员装备是否符合规则的规定。

（8）比赛中,裁判组四人要严格履行各自的职责并密切配合,共同执行裁判任务。

（9）中场休息时,裁判组由裁判员主持认真对上半时的执法情况进行小结,找出问题与不足,提出改进办法,保证下半时比赛顺利进行。在遇特殊情况下,比赛监督可以参加中场休息时的裁判工作小结,以帮助裁判员更好地顺利完成工作任务。

（10）赛后,裁判组同比赛监督一起认真对全场比赛进行全面总结,对有争议和把握性差的判罚认真进行录像分析并得出客观、明确的结论,为以后提高执法水平积累经验。

（11）填写《裁判员报告》等有关文件,交由比赛监督上报中国足球协会裁判委员会办公室。

赛会制比赛裁判员的工作程序，按主、客场比赛裁判员的工作程序执行。

2）裁判员工作纪律

（1）裁判员到赛区后马上向裁判长（赛会制比赛）或比赛监督（主、客场制比赛）报到，将本人移动电话等通信工具交由裁判长或比赛监督保管；督促饭店（宾馆）关闭所住房间内、外线电话。

注：裁判长房间保留内、外线电话并可接通长途电话，副裁判长房间只保留内、外线电话，仅供工作使用。任何裁判人员不得将赛区工作长途电话用于私人交往。

（2）赛前、赛中、赛后均不得与俱乐部和运动队以及同俱乐部和运动队有关的人员有任何非工作接触。不得接受赛区的不正常接待，包括超标食宿、外出高消费用餐、去娱乐场所等。不得接受赛区、有关人员、俱乐部和运动队的任何礼金、礼品、纪念品和土特产品。不得公费参观。不得长途外出旅游。

（3）不得向赛区、接待部门、俱乐部和运动队等提出不合理的个人要求和索要钱、物。

（4）严格遵守赛区作息和外出请假制度，严禁外出喝酒和夜不归宿，严禁打牌赌博。

（5）严格遵守赛区财务制度和按照比赛规程中的交通和酬金规定，实事求是地报销和领取酬金，严禁在交通报销和酬金方面牟取私利。

（6）根据任务通知，按时到达赛区报到，如不能按时报到，应事先将情况报告中国足球协会裁判委员会办公室（或主办协会）和赛区；根据裁判长或比赛监督的安排，按时离开赛区。严禁将自己或他人的裁判工作任务透露给俱乐部、运动队或有关人员。未经中国足协批准，任何裁判人员不得接受记者采访。

（7）严格遵守中国足球协会和赛区组织委员会的有关管理和纪律规定。

（8）严格遵守所住饭店（宾馆）的有关管理规定。

（9）严格遵守国家的法律、法规和社会道德规范。

4.5 裁判组准备会探讨主题

裁判组准备会一般会在开赛前90分钟召开，时间为15～20分钟。

4.5.1 比赛相关情况分析

（1）裁判组必须对比赛级别、队员年龄、红黄牌停赛等情况有充分了解。
（2）双方上一次交手的胜负结果，是否有恩怨。
（3）目前两队积分情况及两队排名。
（4）双方技战术打法特点，关键球员（球星、得红黄牌较多的）特点。
（5）本场比赛的关键性，对小组局势的影响。

4.5.2 裁判组团队配合技巧

（1）越位　注意等、看及判，举旗的时机要把握好。

(2) 界外球

① 近端出界球,一般以助理裁判员判断为主,看清楚后尽快出旗。

② 远端出界球一般以裁判员判断为主,目光交流、给方向手势。

③ 判断压线球,继续比赛,给"未出界"的手势。

④ 球出界,但没看清最后触球队员,助理裁判员先上举旗,快速与主裁判眼神交流并引导给出一致的方向(引导是指不一次性给出方向,而是先出肘引导对方向同一方向,不可出现"顶牛"现象)。

(3) 助理裁判员要协助犯规判罚　当裁判员角度不好,视线受阻的情况下协助判罚,可建议是否给牌。罚球区内的犯规看清楚了,明确犯规发生,大胆协助判罚。

(4) 疑似进球　位置最重要,助理裁判员要跟到球门线判罚。

① 进球:上举旗,与裁判员交流、鸣哨后向中线处跑。

② 没有进球:给出没有进球手势,继续观察比赛。

(5) 压旗情况　裁判员看得很清楚,没有发生越位的情况下会压旗,并交流鼓励助理裁判员。

(6) 围堵裁判员、发生冲突情况

① 近端助理进场协助裁判员处理。

② 另一名助理记录有不当行为的球员号码,第四官员控制替补席以防止有人冲上来。

(7) 第四官员要管理好技术区域;球队要求换人时,准备好再通知裁判员换人;队医、担架人员看裁判员手势行动。

(8) 主裁判补时手势　比赛到最后 2 分钟时,再给出补时信号。

(9) 其他　补水时,主、客队的管理分工。其他特殊情况与裁判员交流。

4.5.3　裁判员、助理裁判员的执法习惯

(1) 主裁判根据体能状况,选择在场上的移动范围。

(2) 比赛停止时,主裁判要养成与助理裁判员及第四官员目光交流的习惯。

(3) 主裁判了解助理裁判员的判罚习惯,相互听取需要补充的内容。

(4) 发生需要警告犯规队员情况时,因被犯规方掌握有利条件,不必停止比赛,叫一声该队员号码,可加深印象,也让助理或第四官员听到该队员号码。如果预期的有利没有在那一刻或随后的几秒内出现时,可准确认定需被警告的队员。

(5) 裁判组统一裁判服款式和颜色,准备个人装备及比赛器材。

4.5.4　突发事件配合技巧

(1) 发生冲突时,助理裁判员需入场协助管理。

(2) 一旦发生冲突时,第四官员必须控制、管理技术区域人员的行为。

(3) 罚球区附近围堵主裁判,并有推搡裁判员时,离主裁判最近的助理裁判员需迅速进入场地与裁判员背对背站位,保护主裁判,远端的助理裁判员记录球员行为。

（4）在主队技术区域前发生冲突，第四官员在管理技术区的同时，也可入场协助管理。

4.6 裁判员对比赛监控能力的培养

随着我国足球改革的深入发展，足球普及程度不断提高，比赛活动不断增加及国际足联、亚洲足联对我国国际裁判员委派执行裁判任务也日趋增多，对足球裁判员的要求越来越高。

目前我国足球裁判员在质量和数量上都还存在着不小的差距，尤其是全国的校园足球及社会业余足球运动的普及，足球裁判员的需求越来越大。因此，有计划地对裁判员进行培养，使他们真正成为有文化、有道德、有敬业精神、有广博足球知识和裁判功底的优秀足球裁判员是提高我国足球运动水平的重要措施。

根据足球运动的特点、裁判员活动特点及优秀裁判员的经验，在培养裁判员比赛监控能力的过程中，应突出培养裁判员准确判罚犯规的能力、准确判罚越位的能力、正确使用红黄牌、有利条款的合理运用的能力、处理争端的能力。

4.6.1 培养准确判罚犯规的能力

犯规与不正当行为是规则的主要内容之一。裁判员执行得好，判罚准确性高，不仅可以提高对比赛的监控力度，而且有助于运动员良好道德风貌和技战术水平的发挥，同时，它又是衡量裁判员水平的重要标志。

培养判罚犯规的准确性应注意以下几个方面：

1）培养识别动作的能力

（1）识别动作是提高判罚犯规准确性的先决条件　正确区分合理动作和犯规动作是每个裁判员的基本功，也是做好裁判工作的前提。根据当今足球比赛攻防节奏快、拼抢凶狠、身体接触频繁、犯规明显增多等特点，要求裁判员既要对明显的犯规及时判罚，也要对十分隐蔽的，甚至以假象迷惑球迷欺骗裁判员的犯规动作做出及时准确的判罚。因此，裁判员要经常了解和研究足球运动的发展趋势，各种技战术打法的特点。通过录像观摩或实战比赛观摩注意观察队员的各种动作，依据规则分析动作是否合理及产生的原因。以此更深刻地体会运动员做出犯规动作时的心理状态，以及犯规动作出现的规律。

（2）识别动作能力关键在于观察　判断抢球动作是否合理，首先应看球员做动作的目的是对人还是对球，凡是目的对人就是故意犯规。比赛时球员在不可能抢（或踢）到球的情况下，采用不顾后果不考虑对方安全的粗野动作，或不择手段地采用踢、打、推、拉、绊等动作侵犯他人身体（含隐蔽性犯规），达到投机取巧的目的，都应视为动作的目的不是对球而是对人，不管最后是否触到球，都可判犯规。反之，如果队员为了争取时间和空间而克服困难，发扬勇敢顽强精神，采用合理技术抢（或踢）球，即使在抢（或踢）到球后，触及了对方的身体（不含从身后的铲球），都应看作是合理动作，不能判犯规。可见，判断是否犯规还要观察抢(或踢)球动作是先触人、后触球,还是先触球、后触人,以及动作性质和做动作的方向。

从动机与效果相统一的角度看,动作的目的虽然是对球,也仍有产生犯规的可能性。有时由于技术运用不合理,或动作做出的时机不恰当,没有抢(或踢)到球而触到了人。如铲球时尽管动机是想铲球,但由于动作稍慢,没有铲到球,而将对方铲倒,仍属犯规。所以,裁判员要注意观察球员的动作目的,动作完成后是先触到球还是触到人,以及动作所造成的客观事实,最后经过分析和辨别做出判断。

2) 培养预见犯规的能力

裁判员对犯规的预见是提高判罚准确性的重要因素之一。它与裁判员的经验,对犯规的规律和比赛情况的认识有着紧密的联系。

(1) 认识并掌握犯规的规律 所谓犯规规律,是指比赛过程中在什么情况下容易出现什么样的犯规动作。从抢截技术的运用和犯规来看,正面抢截容易出现蹬踏、抬脚过高一类的犯规;侧面抢截容易出现推、拉、绊、摔一类的犯规;背后抢截容易出现推、绊、踢、冲撞一类的犯规;空中争夺容易出现撞、推、拉、压一类的犯规。总之,裁判员如果充分认识赛场犯规的规律,就能预见将要发生什么样的犯规,通过有效的观察,对出现的犯规做出准确的判罚。

(2) 养成赛前了解比赛双方的作风、特点,有无历史矛盾及比赛的重要性的习惯 如果是作风剽悍的球队与技术细腻的球队相遇,裁判员既要注意前者抢截动作的幅度、抢截的凶狠程度,又要注意后者采用的隐蔽性犯规动作。若两队有历史矛盾或该场次比赛胜负直接关系到升降级,则更要对比赛的激烈程度有足够的估计。如果裁判员在赛前思想和心理上有了准备,就会对比赛气氛做出正确估计。比赛一开始,以正确的判罚来树立裁判的权威性,一旦发生情况,就能够牢牢地控制比赛的局面。

3) 培养审时度势的能力

比赛场上的气氛时常变化,有时风平浪静,有时风波骤起。一旦出现紧张的气氛,犯规必然增多,球场暴力就可能出现。裁判员除了注意力要高度集中和大胆判罚外,还要分析导致气氛紧张的原因。有时是裁判员的错判、漏判引起的,使运动员心理失衡,动作过大;有时因对方争抢时犯规,队员吃了亏采用报复的手段;有时是个别队员故意挑起事端。无论什么原因,裁判员都要冷静分析,审时度势,跑动更要积极,选位更应合理,判罚更应果断全面准确。

比赛中出现的局势变化往往容易导致球员的心态变化,甚至导致局面的失控和混乱,因此,裁判员一定要找准局势变化的关键点,在局势发生变化时,积极应对,控制运动员的心态,引导比赛朝着顺利的方向发展。

常见局势变化的关键点有以下几种情况:

① 比分平衡被打破。
② 动作逐步在升级。
③ 针对门将的犯规。
④ 双方言语有顶撞。

⑤ 阻挡死球快发出。

⑥ 延误比赛重开始。

⑦ 佯装受伤耗时间。

⑧ 比赛即将结束时。

凡预见能力强的裁判员，都是在赛前对各种情况有深入的了解，对可能出现的困难有充分的准备。这样，一旦出现意外情况，就不会心慌意乱，从而避免判罚上的失误，很好地控制比赛局面，引导比赛顺利进行。

4）强化心理稳定性

裁判员心理稳定性与其执法过程中判罚的准确性密切相关。为此，下述一些方面的问题必须引起裁判员重视：

（1）赛前的心理准备　赛前裁判员对比赛的心理准备与对足球竞赛规则的理解具有同样的重要性。裁判员的心理准备包括两个方面：一是间接准备；二是直接准备。

间接准备包括个人品格的不断提高，对自己不足之处与能力以及自己的裁判方法的分析，还包括对足球技战术和比赛条件等方面的知识储备。

直接准备包括为赛季和每一场比赛所做的心理与身体准备，助理裁判员的选择，对每场比赛双方现状的了解，对参赛队所属俱乐部与比赛组织者的了解，对主场球迷的了解等。

（2）及时总结、积累经验　裁判员工作的一个非常重要阶段是在上半时结束后，裁判员要回顾、分析上半时的执法情况，评价比赛气氛，反省自己的工作。这对下半时进一步增强自信心、稳定心理有非常积极的作用。赛后再次回顾、分析自己的工作，并且将一些典型情况记录下来，积累经验。

5）加强移动与选位的有效性

提高识别动作的能力，离不开准确的观察，准确观察又离不开移动与选位。因此，积极移动和恰当的选位是提高判罚犯规准确性的重要条件。现代足球比赛，尤其是高水平的职业联赛，需要裁判具有良好的身体素质和充沛的体力，在积极移动的前提下，选择好移动路线和观察角度，始终以球为中心，做到既距球近，又不妨碍运动员的跑动和传球，并且尽可能使球处于裁判员和助理裁判员之间。

充沛的体力和良好的身体素质是积极跑动的基础。国际足联前主席阿维兰热先生曾提出建议，将国际足联裁判员的年龄从45岁降到42岁，目的是使裁判员更适应现代足球比赛的节奏，始终保持良好的精神状态以执行裁判任务。

要做到准确判罚，还需要选择正确的移动方法、有利的移动路线和最佳的观察角度。什么时间跑？跑向哪里？跑到哪一点才能看得清楚？这些对于裁判员来说不仅是方法问题，还是意识问题。裁判员在比赛中需要不断调整与球的位置关系和距离，力争达到人到球到或球到人到。初做裁判员，常出现球动人跑的情况，结果距球远，看不清运动员的动作，导致发生错判、漏判现象。

选择最佳的观察点，可以说是裁判员的基本技能。裁判员应该处在争抢双方队员的侧面，切忌与争抢球的双方形成一条线。另外，裁判员不能机械地跑对角线，尽管跑在球的左侧后方是裁判法的基本要求,但是比赛的实际要求裁判员选择最短的路线,用最快的速度接近球,有时难免处于球的右侧后方,因此,必须强调裁判员的移动与选位以距球近、看得清楚为原则。

6）培养裁判员的配合意识

除特殊情况外,裁判员一般都要求助理裁判员对靠近其一侧的犯规情况及时给予协助,这是目前国内外普遍采用的方法。因为裁判员往往不能深入助理裁判员一侧,运动员在该区域做动作时又常侧对或背对着裁判员,故对运动员推、拉、压、绊、踢等动作幅度较小的犯规或用手携带球等动作难于观察,容易漏判。这时,助理裁判员如果给予及时的协助,就可以避免对这些情况的漏判。

此外,场上有时也会出现球在前半场发展,后半场却发生双方队员谩骂、打斗等不道德行为。由于裁判员的注意力这时集中在前半场,往往顾不到身后的犯规。这时,助理裁判员就应适时地给予协助。增强裁判员的配合与协助意识,对提高判罚犯规的准确性,减少错判、漏判有着非常积极的作用。

4.6.2 培养准确判罚越位的能力

越位是比赛中常出现的一种复杂的现象,往往稍纵即逝,判罚的难度较大,注意力稍不集中就可能出现错判。因此,裁判员必须重视对越位规则的研究,在学习和实践中不断加深对越位规则的理解。

1）提高裁判员的观察能力

观察是裁判员在执法过程中进行判罚的前奏,在判断越位问题上同样如此。裁判员在观察越位时主要应注意两个方面:一是要以球为中心,人球兼顾。尤其是在比赛竞争很激烈双方攻防转换速度都很快的情况下,要求裁判员注意力转换的速度应随着比赛变化而变化,即双方争抢球时,要观察犯规;没有争抢时,既要看球,又要及时观察攻守双方队员的站位、跑位的变化。二是要及时观察助理裁判员的旗示。比赛中,裁判员不可能总是处于非常有利的位置观察无球队员有否越位情况,这就需要助理裁判员的协助。裁判员必须养成良好的看旗习惯,才能防止漏旗,做出对越位准确的判罚。为此,裁判员要在合理选位、把握看旗时间等方面下功夫。

2）提高独立判断与判罚的能力

作为一名优秀的足球裁判员,应具有独立判断与判罚越位的能力。助理裁判员的旗示仅向裁判员提供情况,判与不判由裁判员做出最后决定,他应该对助理裁判员的站位和提供信息的可靠性做出准确的判断,为此应注意以下几点:

（1）切忌见旗吹哨,无旗不判的现象。应鼓励裁判员在观察清楚、选位及时、站位可靠的情况下大胆补哨。补哨是严肃而慎重的事情,可能会影响与助理裁判员之间的相互信任和工作配合,所以,补哨要合理,判罚要有据。

（2）助理裁判员有时虽然有越位旗示,但裁判员认为球员没有越位或因为比赛情况变化即使越位而不需判罚时,则示意助理裁判员收回旗示。

（3）裁判员做出了判或不判越位的决定之后，绝不能受队员或外界干扰，不可轻易改判，应表现出毫不动摇的判罚决心。否则只能使自己处于十分被动的境地。

（4）当裁判员和助理裁判员的看法一致时，即都认为需要判罚越位，应尽可能做到哨旗一致。

（5）建立与助理裁判员的相互信任，尽管强调裁判员应具有独立判断与判罚的能力，但这绝不是说无视助理裁判员的协助。

在错综复杂、千变万化的足球比赛中，裁判员在观察越位上，许多情况下必须依靠助理裁判员的协助。因此，裁判员与助理裁判员互相信任、配合默契，在比赛裁判工作中非常重要。实践证明，助理裁判员在越位的判断上，由于所处的位置好（始终和倒数第二名防守队员在一条平行线上移动）容易看清越位，能够给裁判员以有力的协助。因此，当裁判员背对助理裁判员时，一旦需要应及时回头看旗；一方发动快攻时裁判员应注意二次看旗，即移动选位前看旗，到位后再看旗。当裁判员因没有看清而没有把握时，应尊重助理裁判员的提示。

3）对助理裁判员判断越位的要求

根据足球竞赛规则的规定，在助理裁判员职责中非常重要的一条，是示意处于越位位置队员何时可以被判为越位。这也是助理裁判员协助裁判员控制比赛的重要内容。按规则规定和裁判员的委托，助理裁判员认真负责地工作是完成任务的前提，因此，在裁判工作中应注意以下几点：

（1）提示助理裁判员要集中注意力　在裁判工作中常会看到，一些初做助理裁判员的人，常把自己作为一名"观众"，注意力在观看比赛上，执行工作少；有些人易受场外观众的干扰注意力不集中，结果造成盯人站位误差，判断失误，举旗不准。对此，应在培训中特别注意克服。

（2）移动要及时到位　判断助理裁判员是否及时到位的标准是其是否与倒数第二名防守队员站在一条平行线上移动，如果不是这样就谈不上判断越位的准确。因此，助理裁判员的跑动方法要正确，在任何时候都应面向场内，这样观察面大；球在对侧发展时，应采用侧身跑和后退跑，此时观察要呈扇形面；当采用侧身滑步跑时，要注意进攻队员和防守队员之间纵横交错的位置移动；当球发展到位于自己一侧的边线附近时，为了扩大视野，可后退几步，这样便于观察，防止漏看近端进攻队员的越位；当场上出现防守队员快速压上或快速反击时，一定要注意快速起动跑，跟上并与倒数第二名防守队员的位置在一条平行线上，这时注意力要特别集中。

4）培养助理裁判员判断越位时人球兼顾的能力

所谓人球兼顾，就是既要看人，又要看球，任何时候都要力争把可能越位的人球置于自己的视野之内。当然，在不同情况下，处理人与球的关系有时会有所区别，如球已越过倒数第二名防守队员，这时就应注意球的发展；有时球与离自己近侧边线附近的进攻队员呈现一条纵线，且距离又无法做到人、球兼顾，这时在确保掌握踢球对象的前提下，可凭踢球的声音来判断脚触球的时间。以上两例较为典型，至于助理裁判员何时看球，何时看人，还应根据比赛规律和球的发展酌情而定。总之,看球是为了掌握踢球对象与时间,看人是为了选择有利位置,观察、判断进攻队员是否越位。助理裁判员在任何情况下都尽可能做到人、球兼顾。

判断越位应选准举旗时机,助理裁判员举旗是提示越位,因此,助理裁判员执行裁判工作时不仅要集中注意力,移动要及时到位,观察要人球兼顾等,更重要的是要掌握好举旗的时间。助理裁判员举旗应根据情况有慢有快。当攻方以长传球进行快速反击或转移进攻时,球在空中运行时间相对较长,中途容易出现变化,如球被守方队员顶(或踢)出而转守为攻,或传球失误,球直接出界等,这时要注意观察,判断要准确,旗示要稳,可稍慢些举旗。在罚球区附近的短距离传球、快速"二过一"或射门时,为了避免出现球进门后再举旗示意越位的被动局面,助理裁判员应该集中注意力,球一踢出就举旗示意。此外,助理裁判员要善于识别和判断,避免由于心理过度紧张而出现不管什么情况都举旗的"过敏反应"。

4.6.3 正确使用红黄牌

在红黄牌问世之前,裁判员对队员实行警告或罚令出场时只能用语言或手势来表示。但是,由于语言和手势不统一,在国际足球比赛中容易产生误解和矛盾。为了克服语言不通给裁判工作带来的不便,同时也向场外领队、教练员及其他人员明确表示对队员给予了警告或罚令出场,国际足联裁判委员会决定,1970年在墨西哥举行的第9届世界杯足球赛上使用红黄牌。

比赛中出示红黄牌要注意以下事项:

(1) 裁判员判罚犯规后,队员故意将球踢向远处,是一种不正当行为,应予以警告。注意此时不宜令该队员将球捡回来。

(2) 裁判员罚令某队员出场,该队员拒绝离场时,裁判员应指令该队队长负起管理本队的责任。此时裁判员要注意,自宣布时起中断超过5分钟,则按罢踢论处。

(3) 比赛进行中,队员在场外犯规或有不正当行为,裁判员也可以因此暂停比赛,但应注意,在对队员予以警告或罚令出场后,应在比赛暂停时球所在地点以坠球方式恢复比赛(若队员故意离场,则应在比赛暂停时球所在地点,由对方踢间接任意球)。

(4) 凡替补队员擅自入场,裁判员因此而暂停比赛,注意只能作纪律处分,即予以警告或罚令出场,而不能由对方踢任意球或罚球点球,应在比赛暂停时球所在地点以坠球方式恢复比赛。

(5) 如果球队的领队、教练员、医生及其他非比赛人员有不正当行为或做出其他恶劣举动时,可对其进行口头警告或责令出场,但不必出示红黄牌。必要时可请比赛监督强令其离场。

(6) 记录使用红黄牌的情况,最好采用简便的符号与速记文字,以减少比赛停顿的时间。同时要核对被警告队员的号码,以免搞错。注意该队员如再一次被警告,则出示黄牌后还应出示红牌罚令其出场。

(7) 注意在警告或罚令出场后进行记录时,裁判员要尽量将球控制在身边,以避免意外的矛盾和尽快恢复比赛。

（8）凡是比赛中裁判员出示了红黄牌，赛后均应在规定的时间向主办机构做出书面报告。裁判员的报告书一定要写得真实可靠，简明扼要，无须作多余的文字修饰，不得带有个人感情色彩，应该经得起检查复核。

4.6.4 合理运用有利条款

"有利"条款出现在《足球竞赛规则》第五章、第十二章中，是由足球比赛的特点决定的，也是"确保足球比赛的精彩与流畅"这一规则精神实质的现实体现。合理运用有利条款，也是足球竞赛规则对裁判员执法的客观要求。

1）运用有利条款的意义

首先，由于足球比赛场地大，对抗性强，球队的进攻机会往往是通过双方队员对控球权的激烈争夺、攻防频繁转换后才能获得，一次好的进攻机会和射门得分机会对球队来说十分重要。裁判员在把握判罚犯规尺度的前提下，应尽可能地鼓励和保护双方球队创造出的一些有利于进攻和射门得分的机会，这样才符合球队追求比赛胜利的需要。

其次，足球比赛中对抗和争夺贯穿于始终，犯规情况时有发生，裁判员对一些未影响控球方利益的犯规不做判罚，能够起到使比赛更加连贯和流畅的作用。

最后，足球比赛是一项充满着激烈身体对抗和变化无常的运动，对抗和变化给足球比赛带来激情，透射出足球比赛本质的美。裁判员过多地对争夺和拼抢进行干预，对一些一般性犯规进行判罚，使"对抗"转为"平和"，将"无常"转为"有序"，将使足球比赛失去激情，失去它本质的美，从而也就失去了足球运动真正的观赏价值。

为保证足球比赛在一定的规则范围内有序进行，同时又不违背足球竞赛规则的基本精神，保护足球比赛的精彩、流畅和激情，要求裁判员在比赛过程中必须适时、准确地运用有利条款。合理运用有利条款必须建立在裁判员准确的规则理解、动作识别和良好的比赛阅历之上，它是裁判员综合执法能力和执法水平的一个重要标志。

2）有利条款解析

在《足球竞赛规则》第五章"裁判员的权力与职责"条款中，关于"有利"的明确规定如下：当犯规或违规情况发生时，被犯规或违规的一队能从有利原则中获益，则允许比赛继续。如果预期的有利没有在那一时刻或随后几秒内出现，则判罚最初的犯规或违规。

有利条款是裁判员在规则允许的范围内，针对某种犯规或违规行为，运用和掌握判罚与否的执行标准，避免做出对犯规队有利的判罚。当被犯规队存在有希望的进攻或进球得分机会时，如控球队员被犯规，但该队员或同伴并没有失去控球权，仍能继续比赛，且构成有希望的进攻机会或进球得分机会，裁判员应掌握有利，让比赛继续。

此外，裁判员还要根据预期的有利局面是否真正形成，而采取下一步的行动。如果有利局面在那一刻或随后的几秒内没有形成，裁判员则要判罚最初的犯规。通常情况下，"随后的几秒"以2～3秒为佳。

在《足球竞赛规则》第十二章，"犯规与不正当行为"中的"3.纪律措施"条款中，有关于

"有利"的明确规定：

（1）如果裁判员在出现可警告或罚令出场的犯规时，没有停止比赛而掌握有利，则必须在随后的比赛停止时执行该警告或罚令出场。但如果该违规行为属于破坏对方明显进球得分机会的情形，这种情况下，则以非体育行为警告相关队员；如果该违规行为属于干扰或阻止了有希望的进攻，则不警告违规队员。

（2）在出现严重犯规、暴力行为或可被第二次警告的犯规时不应掌握有利，除非有明显的进球机会。裁判员必须在随后比赛停止时将相关队员罚令出场，但如果该队员触球或与对方队员争抢或干扰对方队员，裁判员则停止比赛，将该队员罚令出场，并以间接任意球恢复比赛，除非该队员出现了更严重的违规。

（3）如果防守队员在罚球区外就开始使用手臂等部位拉扯、阻止对方队员行动，并持续至罚球区内，裁判员必须判罚点球。

有利条款的掌握和运用，并不意味着裁判员对队员犯规行为的纵容。裁判员运用和掌握有利后对属于纪律处罚的犯规行为，应严格按照规则的规定，在随后比赛停止时进行处罚。因"破坏明显进球得分机会"而应该被罚令出场的犯规行为，如果其犯规程度仅仅是草率的犯规，裁判员在掌握有利后，则可按非体育行为进行处罚，警告相关队员。

对严重犯规、暴力行为和可警告的第二次犯规，裁判员均不应该掌握有利，在随后比赛停止时应将相关队员罚令出场，除非有明显的进球机会。

在出现这种明显进球机会情况下掌握有利，裁判员在执行完相应的纪律处罚后，恢复比赛的方式应特别注意：一旦该犯规队员在裁判员掌握有利后，又去触击球或与对方争抢或干预对方队员，即便没有犯规，裁判员都应停止比赛，将该队员罚令出场，并以间接任意球恢复比赛。当然，如果队员与对方的争抢是草率的犯规，或更为严重的犯规，则应以直接任意球方式恢复比赛。

3）运用有利条款时应考虑的因素

（1）犯规的严重程度　保护队员身体健康是裁判员执行和贯彻规则精神，正确运用有利条款的底线。无论队员的目的是对球还是对人，一旦使用过分力量与对方队员争抢，势必会给对方队员身体造成伤害。因此，规则中明确要求，对严重犯规、暴力行为发生时出现的有利情况，裁判员不要再掌握有利，除非有明显的进球得分机会。裁判员应在比赛停止时将严重犯规和暴力行为的队员罚令出场。

（2）掌握控球权——整个球队获利，而不仅仅是个人控球　被侵犯的一方掌握控球权是裁判员考虑掌握有利的先决条件。但掌握控球权，并不意味着一定会形成有利局面。例如，仅仅是在原地控球、在对方压迫的情况下控球或将球向本方后场传递，或因同队队员被犯规而受伤，没有意愿继续持球进攻，被侵犯的一方并未因掌握球权而获得利益，此时判罚比以前的犯规效果更好。因此，裁判员在考虑是否掌握有利时，更应将整个球队是否获得利益，即是否能形成对球队有利的进攻局面和机会放在首位，不仅仅是被侵犯队员个人控制球。

（3）位置——在哪个区域　一般来说，越是接近对方球门，掌握有利的效果越好。在控球方的后场出现控球队员被侵犯,由于距离对方球门远,不易形成明显的有利进攻局面,且下一步的进攻发展也具有不确定性,在这种情况下裁判员不宜掌握有利。如果在中场控球队员被侵犯,裁判员应根据攻守双方队员的人数、攻方控球队员及其同伴之间传球线路的多少,以及形成明显进攻机会的可能性等方面进行考量,酌情掌握有利。如果在进攻方前场,尤其是罚球区附近,由于距离对方球门近,进攻方形成有效进攻和射门的机会大幅增加,此时裁判员应大胆掌握有利。不过,现阶段由于罚球区附近的任意球也是进攻球队一种重要的进球得分手段,因此多数球队还是乐于主罚在对方罚球区附近的任意球,这种情况下,判给被侵犯的一队任意球产生的球队利益或许会更大。

（4）有希望立即发动进攻的机会　控球队员被犯规后,在随后几秒内,如果存在以下情况和局面适用有利条款：一是被侵犯的控球队员仍存在射门的机会和可能时;二是被侵犯的控球队员仍存在多种向前传球线路时;三是被侵犯队员继续控球,其身前有较大纵深和宽阔区域时;四是被侵犯队员附近有其同伴能继续控球并形成继续进攻的局面时。这些情况对进攻球队来说,都属于有希望立即发动进攻的机会,裁判员应尽量掌握有利。

（5）气氛或比赛的激烈程度　裁判员在比赛中掌握有利,还需要考虑对比赛的掌控和球队获得利益之间的平衡。如果比赛气氛好,双方队员在比赛中的动作目的都是争抢球权,比赛对抗程度不高,裁判员能有效地控制和管理比赛。这种情况下,裁判员可以充分考虑掌握有利,给予被犯规一方更多的进攻机会,使比赛更加精彩流畅。相反,如果比赛双方队员的争抢动作粗野,对抗激烈,比赛态度情绪化,即便是一般性的犯规动作,被犯规队员也极易产生报复心理和报复行为,势必导致比赛局面更加复杂,给裁判员的比赛管理和控制带来更大的难度。因此,在这种情况下,裁判员应优先考虑对犯规动作的准确判罚,减少有利的掌握,以利于对比赛局面的掌控。

4）运用有利条款的要求

（1）视野　当发生犯规时,裁判员首先要瞬间观察犯规地点周围,其次目光要紧跟着球的发展方向,尤其是球向裁判员视野以外的方向发展。

（2）预见性　当犯规发生时,裁判员应判断被犯规队员受侵犯的程度,即是否能继续比赛;同时预见下一步发展形势,即是否能够形成更有利的进攻和得分机会。对犯规动作和下一步的比赛发展做出评估,有时被犯规队员在意的是对方受到及时的惩罚,有时队员追求的是一次进攻的延续。

（3）果断性　根据比赛的形式,裁判员应快速、果断地做出决定,即判罚犯规还是继续比赛。

（4）手势信号　裁判员在比赛中掌握有利后必须做出明确的手势。手势代表裁判员的决定,如果没有手势的表示,容易使旁观者产生误解,认为裁判员漏掉了对犯规队的判罚。做出有利手势表示裁判员对先前的犯规动作已做出认定,只是这一时刻在掌握有利。有利的手势分为单臂前展和双臂前展两种。

（5）延迟鸣哨　裁判员延迟鸣哨,以手势示意比赛继续进行,是确保控球方在被犯规的情况下能获得实际进攻机会的关键。延迟鸣哨可以为裁判员在队员犯规动作出现时赢得对后续比赛发展做出观察和判断的时间,确保有利局面取得实际效果。

5)运用有利条款注意事项

(1)裁判员在比赛场上要时刻保持适当范围的"面上"观察,预测随时可能出现的情况。只有做到事先胸中有数,才能在出现犯规情况时立即做出"判"或"不判"的决定。如果裁判员在场上观察的范围仅是一个孤立的"点",把注意力只集中在一个单独的动作上,对围绕着队员犯规的周围环境毫无了解,就不能预测队员犯规后的发展趋势,也就不能运用好"有利条款"。

(2)为了引导比赛顺利进行,保护运动员的身体健康,裁判员在运用有利条款时,还必须考虑到比赛的气氛、队员犯规的严重性及其后果。若比赛中"火药味"甚浓,队员犯规情况严重,性质恶劣,尤其是故意寻衅、报复,如不及时判罚,必将产生一系列恶性的连锁反应。在这种情况下,裁判员应首先考虑的是如何采取有力措施制止队员的粗野动作,控制比赛秩序,而不是考虑如何运用有利条件。因此,裁判员在裁判过程中,要善于审时度势,因势利导。

(3)根据赛场区域合理运用有利条款。比赛中不同场区如何适用有利条款,规则中并无规定,为了把有利条款运用得合情合理,裁判员对不同场区发生的犯规情况应有不同的考虑和决策,以维护受侵犯队员的利益。

(4)在攻方已迫近守方罚球区或接近球门线、此时发生守方队员犯规、而攻方仍然保持进攻优势时,裁判员不宜鸣哨判罚犯规,应用有利条款。

(5)攻方队员在对方罚球区内犯规,球虽已被守方队员抢下,但控球一方并未摆脱被动局面,更未获得明显的有利形势,此时此地如运用有利条款,实际上并不对控球队有利,而应鸣哨判罚攻方队员犯规。

上述说明,裁判员运用有利条款时,应考虑到队员犯规地点的不同,对双方利弊的不同,从而采取不同的对待办法,绝不是在定场区就一定要怎样做。

(6)比赛过程中,裁判员切忌在队员每次犯规后,都等待其发展,再决定判罚犯规与否。这种"慢半拍"的习惯性等待,给人的印象是优柔寡断,不敢判罚犯规,或者是犹豫不决,不会运用有利条款。因此,是否使用有利条款,应在队员犯规后迅速做出决断。另外,裁判员已经运用了有利条款,不论后果如何,均不得改变决定。裁判实践证明,凡事过境迁,再追加判罚犯规,必然会引起许多矛盾和对裁判员的反感。

(7)为了避免引起运动员和观众的误会,裁判员在发生队员犯规、决定运用有利条款不予判罚时,注意要以规定的手势示意,令比赛继续进行。但应注意"继续比赛"的手势不要乱用。

(8)应注意,裁判员运用有利条款并不意味着可以免除对犯规队员的教育和处罚。只要裁判员认为有必要,可在适当的时间或死球时对犯规队员进行教育或处罚。

4.6.5 培养处理争端的能力

随着现代足球运动的发展,足球比赛的速度明显加快,相互对抗的程度明显提高。与此同时,在足球运动"职业化""社会化""商业化"影响下,比赛的竞争格外加剧。加上各种主客观因素的影响,比赛过程中必定会产生这样或那样的争端。每一位裁判员都希望能够控制比赛局面,引导比赛顺利地进行,然而,谁也不能预先保证在比赛中不出问题。因此,裁判员应了解和掌握处理球场争端的一般原则,进而提高临场处理问题的能力。

1) 处理争端的一般原则

所谓处理球场争端的一般原则,是指裁判员在处理球场争端时应遵循的行为准则。它是在长期裁判工作实践中积累起来的经验的高度概括,具有普遍的指导意义。临场发生争端时,正确地运用这些原则有助于比赛的顺利进行。这些原则包括:依据规则严格执法原则,实事求是原则,原则性与灵活性相结合原则,维护尊严坚定自信原则。

(1) 依据规则严格执法原则 足球比赛过程中的争端往往是突发性的,其表现形式也是多种多样的,其发生的原因、性质、影响和后果也不尽相同,因此,裁判员不可能预先制定出固定的"模式"去解决场上的各种争端。但是,比赛过程中一旦发生了争端,裁判员必须及时地予以妥善解决,否则就难以控制比赛的局面,甚至造成无法挽回的严重后果。而解决各种争端的唯一依据就是规则。众所周知,足球竞赛规则是指导足球比赛进行的法规,不论何种争端,只要发生在比赛场上,都得受到规则的约束。它是比赛场上判别争端、合法裁决的唯一准绳。任何行政干预,只要违背了规则的精神都是不可取的。裁判员是比赛场上的"黑衣法官",规则赋予他至高无上的权力,唯有裁判员的判决才是最后判决。因此,无论场上发生何种争端,裁判员都不必惊慌失措,应该充分应用规则赋予的权力,沉着冷静地严格执法,引导比赛顺利进行。如果遇到矛盾不去解决,而采取回避态度,或者迫于某种压力而优柔寡断,只能是使矛盾更加激化。至于以录像等现代技术作为判别是非的依据实不可取,而只能在对判罚的准确性进行检验时参考。国际足联前主席阿维兰热先生曾说过:寻求公平并不意味着寻求数字上的精确度,足球的魅力在于裁判员做出激动人心和出乎意料的决定。

(2) 实事求是原则 比赛过程中解决某些争端时,应该实事求是。实践表明,凡是实事求是地处理争端,就必然会取得合法又合理的积极效果。相反,任意扩大、缩小,甚至歪曲事实真相的做法,都会激化场上矛盾。裁判员在贯彻实事求是原则时,首先要对发生争端的原因、事实经过及其影响和后果有一个比较完整、准确的认识,绝不能凭主观臆测来代替事实真相,如没有看清可寻求助理裁判员的协助,否则在处理争端时,就会陷入被动局面。其次,在弄清事实的前提下,就要充分运用裁判员"认为"的权力,依据规则精神,做出恰当的处理。值得注意的是,这个"裁判员认为"绝不可带有任何个人的情感色彩。

(3) 原则性与灵活性相结合原则 实际比赛中争端的处理,不能死抠规则条文,不考虑争端发生的原因、轻重、场上的气氛而刻板地执行规则。只有将两者有机地结合起来,在不违背规则的前提下,灵活运用规则的精神,才能取得解决争端的良好效果。

足球比赛的特点之一就是对抗,所以随时都可能发生争端。为了控制比赛,使之顺利进行,裁判员正确地运用原则性和灵活性相结合原则,反映其正确执行规则、灵活运用规则精神的能力和恰当处理问题的水平。

但是,在执行这项原则时,裁判员必须以坚持规则为准则,脱离规则的灵活性,就无章可循。任何时候裁判员都要实事求是,严格执法,在此前提下,根据争端的性质,灵活地采取不同的处理方法。总之,裁判员在处理争端时要做到有理、有据、有节。

(4) 维护尊严坚定自信原则　规则赋予裁判员处理场上一切问题的权力,运动员必须无条件地服从裁判员的一切判罚。而裁判员权威的树立,关键还在于裁判员自身的素质、工作业绩和裁判水平。那些具有严肃认真的工作态度、大公无私的敬业精神、执法准确无误的裁判员就有权威;相反,就没有权威性。为此,裁判员在执行裁判工作中,首先要维护规则的权威性。其次,进行裁判活动时的一言一行、一举一动要充满自信。那些优柔寡断、摇摆不定、该罚不罚的做法,不仅会导致比赛气氛愈加紧张,使自己处于难堪的境地,而且裁判员自身的形象也会由于紧张的心理状态而受到损害,运动员自然会对裁判员产生不信任感。因此,这项原则对于裁判员,尤其是初学裁判者来说非常重要。

上述原则,相互之间既有区别又有联系。裁判员一定要掌握这些原则,在遇到争端时,灵活运用,酌情处理,以事实为根据,以规则为准绳,坚定自信,保证比赛顺利进行。

2) 处理争端的艺术

(1) 裁判员的语言艺术　运动员在比赛中接收的信号有裁判员的哨音、手示和旗示等,而不是裁判员的语言。但是,比赛过程中队员间发生矛盾或出现重大问题时(比如询问助理裁判员),也不得不用语言做媒介。可见,裁判员有时必须运用语言解决争端以控制比赛局面。裁判员运用语言应讲求艺术性,既要言简意赅,又要具有幽默感。尤其是在比赛气氛非常紧张的情况下,裁判员更应注意千万不可用刻薄的语言讽刺运动员,也不要对运动员的语言给予针锋相对的回击。总之,语言艺术是裁判员处理争端能力的重要表现,运用恰当会化解矛盾;否则有可能会激化矛盾。

(2) 裁判员的表情艺术　裁判员的神情、形态是无声的非语言因素。在比赛过程中,运动员可通过裁判员的神情臆测其每次判罚和处理争端的自信。有时裁判员通过一个威严的目光来制止一次争端,会收到意想不到的效果。裁判员在执法过程中要严肃,但表情不要死板,有时适当的微笑可以缓解紧张的场上气氛,调节运动员的情绪和心态。

(3) 裁判员的情绪调控艺术　人非圣贤,孰能无过。裁判员也是如此。如果比赛过程中双方争夺非常激烈,裁判员难免有错判、漏判的现象,这时有些运动员可能做出一些不礼貌的行为。这种情况下裁判员千万要控制自己的情绪,不要发怒,要保持沉默,这样可以避免与运动员之间的争端。作为裁判员,时刻要记住不要把自己放在与运动员对立的位置,牢记你的任务就是引导比赛顺利进行,直至圆满结束。

(4) 正确运用肢体语言　肢体语言是无声的语言,同样能表达人的思想感情和状态。裁判员在比赛过程中正确应用肢体语言有利于与球员的沟通。比赛中裁判员的肢体语言有如下作用:

① 体现威严(见图4.1)。
② 缓和气氛(见图4.2)。

图 4.1　体现威严

③ 增强判罚的说服力。
④ 表明意图,对决定的附加说明(见图4.3)。
⑤ 展示自我,提升影响力。

图4.2　缓和气氛

图4.3　表明意图

比赛中裁判员应注重跑姿及身体姿势(挺胸、抬头、高重心、大步幅);把握好度,在实践中逐步体会何时严厉、何时亲和;大方得体,适度夸张。

4.7 常见犯规的准确判罚

准确的判罚是足球裁判工作的核心,是公平、公正的体现,传递了足球运动所倡导的精神,是足球运动良性发展的有力保障,维护了规则的严肃性和裁判员的权威性。准确的判罚就是裁判员依据规则的规定,结合足球运动的常识和规则的精神,对比赛中发生的所有情况作出相应的处理与判罚。准确和严格是紧密相关的,严格不是从严、从重,严格是不折不扣地执行规则的明确规定。严格是正确的补充,准确是严格的前提。严格准确的判罚会使比赛激烈而有序,会给双方运动员充分发挥技战术水平提供良好的平台,给裁判工作创造平稳的环境,使困难的比赛开局后,变得平稳有序,而又不失精彩。

犯规判罚准确与否的标准来自规则的有关条款规定。但规则不可能将比赛中可能发生的情形全部涵盖,在发生规则并没有明确规定的情景时,需要裁判员结合足球运动的常识和规则的精神,作出合情合理的处理与判罚。这也是规则中多处提及的"裁判员认为",也可以称之为裁判员的"自主裁量权",但这种"自主裁量权"不能无限放大。国际足联、亚足联以及中国足协在培训、评估裁判员过程中,都使用了与规则基本原则和理念精神相一致的特定事件要素,用于帮助提高裁判员临场判罚的准确性。本节分析的规则,是《足球竞赛规则》第十二章中所提及的相关的难点与重点的内容。

4.7.1 犯规程度的界定

犯规程度是指《足球竞赛规则》第十二章构成判罚直接任意球的第一组犯规的严重程度。这组 7 类动作的前提是:"裁判认为,如果队员草率的、鲁莽的或使用过分力量实施下列犯规,将判给对方直接任意球"。因此,裁判员在对"撞、跳、踢、推、打、抢、绊"这 7 种动作进行判罚时,不仅要判断动作的意图,分析争抢球的可能性,考虑动作的强度(力量与速度),还要观察动作的结果及争抢后的附加动作,恰当地把握"草率的、鲁莽的或使用过分力量和暴力行为",这个犯规程度界定(见图 4.4)是以 2015 年国际足联、亚足联重新修订的《足球规则判罚分析要素》为依据(见表 4.1),判罚犯规并予以相应的纪律处罚。

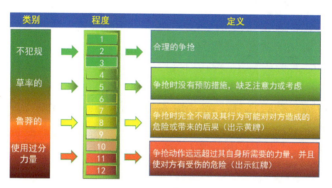

图 4.4 犯规程度

表 4.1 足球规则判罚分析要素
(国际足联、亚足联 2015 年 5 月重新修改版)

序号	Fouls & Misconduct: Careless, Reckless, Using Excessive Force and Violent Conduct 犯规与不正当行为:草率的,鲁莽的,使用过分力量和暴力行为
1	Does the player show a lack of attention or consideration when making his challenge? 该队员在争抢时是否缺乏足够的注意力和考虑?
2	Does the player act without precaution when making the challenge? 该队员在争抢时其行为是否缺乏预防?
3	Does the player make fair or unfair contact with the opponent after touching the ball? 在触球后与对方队员的身体接触是否合理?
4	Does the player act with complete disregard of the danger to his opponent? 队员的行为动作是否完全没有顾及对对方队员所造成的危险?
5	Does the player act with a complete disregard of the consequences for his opponent? 队员的行为动作是否完全不顾及给对方队员造成的后果?
6	Does the player have a chance of playing the ball in a fair manner? 该队员是否有机会使用合理的方式获得球?
7	Is the challenge putting an opponent in a dangerous situation? 该争抢动作是否将对方队员置于危险处境?

（续表）

序号	Fouls & Misconduct: Careless, Reckless, Using Excessive Force and Violent Conduct 犯规与不正当行为：草率的、鲁莽的、使用过分力量和暴力行为
8	Does the player touch the ball after making contact with the opponent? 该队员是否在触到球后，与对方队员有身体接触？
9	Does the player far exceed the necessary use of force when making the challenge? 该队员在争抢时是否远远超过了必要的力量？
10	Does the player use brutality against an opponent when challenging? 争抢时该队员是否对对方队员是恶意的？
11	Is the challenge clearly endangering the safety of the opponent? 争抢时是否明显危及对方安全？
12	What degree of speed and/or intensity is the player using when making the challenge? 争抢时该队员使用了何种程度的速度和（或）强度？
13	Does the player show clear malice when making the challenge? 争抢时该队员行为是否表现出明显的恶意？
14	Does the player lunge at an opponent from the front, from the side or from behind? 该队员是否从前、侧、后方向蹬踏对方队员？
15	Which part of the body has the player used to make contact? 该队员用身体的何部位接触对方？
16	Does the player use his studs when making a tackle? 当抢截时，该队员是否使用鞋钉？
17	On which part of the opponent's body is contact made? 接触到对方身体的什么部位？

1）不犯规

足球比赛中身体接触频繁，对抗激烈。队员在实施自主动作时，只要裁判员认为队员不是草率的、鲁莽的或使用过分力量进行比赛就不犯规。针对这组动作，裁判员在判断动作犯规与否时应考虑以下因素。

（1）队员在出球后与对方队员的接触是否合理？

（2）队员是否使用合理的动作冲撞对方？

（3）队员争抢球时动作是否合理？

2）草率的

"草率的"，表示队员在争抢球时没有预防措施，缺乏注意力或考虑，如果判罚犯规为草率的行为，这种情况下不必给予纪律处罚。裁判员在判罚犯规为"草率的"行为应当考虑以下因素。

（1）队员有无合理触球机会？

（2）队员在做出争抢动作时是否缺乏注意力和考虑？

（3）队员在争抢时是否缺乏预防措施？

（4）争抢动作应被认定为合理的还是草率的行为？

3）鲁莽的

"鲁莽的",表示队员的行为没有顾及可能对对方造成的危险和后果,如果队员以这种方式进行比赛,必须给予黄牌警告。建议裁判员在判罚犯规为"鲁莽的"进行比赛时,考虑以下因素。

（1）队员的行为是否罔顾可能对对方造成的危险？
（2）队员的行为是否罔顾可能对对方造成的后果？
（3）队员增强动作的速度和力量如何？
（4）队员使用身体的什么部位接触对方？
（5）接触到对方身体的什么部位？

4）使用过分力量

"使用过分力量",表示队员使用了超出自身所需要的力量,危及对方的安全,这种情况必须给予红牌罚令出场。建议裁判员在判罚犯规为"使用过分力量"时,考虑以下因素。

（1）队员争抢时是否表现出明显的恶意？
（2）队员的争抢是否危及对方安全？
（3）队员争抢时,是否对对方使用野蛮的动作？
（4）争抢时的出脚方向？
（5）队员从对方的正面、侧面还是背后蹬踹？
（6）队员在抢截时是否使用了鞋钉？
（7）接触到对方身体的什么部位？

第一组犯规,1~7类动作纪律处罚见图4.4。

5）严重犯规

比赛进行中,为了争抢球使用危及对方队员安全和过分力量,以及野蛮方式的抢截,应视为严重犯规。任何队员用单脚或双脚从对方队员正面、侧面和后面使用或企图使用过分力量或危及对方队员安全的蹬踹动作争抢球,是对对方队员故意施加的暴力性犯规行为,均视为严重犯规。裁判员在判罚严重犯规时应考虑以下因素：

（1）队员是否使用过分力量并危及对方安全？
（2）发生身体接触时,队员是否以争抢球为目的？
（3）队员将手臂当作"工具"还是"武器"？

6）暴力行为

队员的目的不是争抢球,而是对对方队员或同队队员、球队官员、比赛官员、观众和任何其他人员,使用或企图使用过分力量或野蛮动作,无论是否与他人发生身体接触,应视为暴力行为。除此之外,队员的目的不是争抢球,而是故意用手或臂部击打对方队员,以及任何其他人员的头或面部时,应视为暴力行为,除非他使用的力量非常轻微,足以忽略。建议裁判员在判罚暴力行为时考虑以下因素：

（1）在不以争抢球为目的的情况下,队员是否试图对对方使用过分力量或野蛮的动作？
（2）击打对方头部或面部的力量是否非常轻微？

(3) 队员是否向同队队员、对方队员或比赛官员扔掷物品？
(4) 队员是否在比赛场地外对同队人员犯规。

严重犯规与暴力行为既有相同特性，也有不同之处（见表4.2），从临场判罚效果的角度，两者并无差异，都是红牌罚令出场，但裁判员在赛后的比赛报告中，必须如实陈述红牌的原因，上报相关机构。通常（处罚规定已经明确），如果是严重犯规将被相关机构追加停赛至少一场；如果是暴力行为将追加停赛至少两场。

表4.2 严重犯规与暴力行为

项目	严重犯规	暴力行为
时间	比赛进行争抢球的过程中	比赛进行中或停止时，比赛开始前或结束后
地点	比赛场地内，偶然出场视为在最近边界线处	比赛场地内、比赛场地外
目的	为了处理球且有触球的机会	不是为了争抢球
对象	侵犯对方场上队员	对方队员、同队队员、比赛官员、球队官员、观众或任何其他人员
性质	使用过分力量、野蛮方式	使用过分力量、野蛮动作、故意击打头部或面部

7）危险方式比赛

以"危险方式比赛"是指队员的动作目的为了获得对球的控制和处理球。动作方式有可能伤害对方队员或自己。裁判员在判罚以危险方式比赛时，应考虑以下因素：

(1) 队员的争抢是否将对方置于危险的境地？
(2) 队员的行为是否存在造成他人或自己受伤的危险？

裁判员在比赛中既要引导比赛顺利进行，也要保护足球运动的健康发展和队员的安全。正确区分草率的、鲁莽的和使用过分力量的犯规，教育并惩罚犯规队员。通过对足球运动的理解，准确观察动作的接触点、使用的部位和接触对方的部位，通过动作的速度和力量大小，判断动作的犯规程度（见图4.5）。

(a) 有缓冲

(b) 无缓冲

图4.5 触点相同，缓冲不同

4.7.2 手球犯规

规则中规定，只有守门员在本方罚球区内才享有用手触球的权利。其他队员不能使用手或臂部处理球。众所周知，不是所有的用手或臂部接触球的行为都是犯规，但哪些手球视为犯规，哪些手球不视为犯规一直存在争议。《2019/2020足球竞赛规则》颁布之前，规则中规定"故意手球"才是犯规，"无意手球"则不犯规，在判罚队员是否"故意"用手接触球上出现了不同的理解，难以界定队员的主观意图，导致了许多困惑、矛盾和争议。

国际足联理事会对规则中的手球犯规的有关条款进行了调整。将原来规则条款"故意手球"的措辞调整为"手球犯规"，将是否判罚犯规的关注点，从"意图"（心理上）转移到"结果或影响"（实际上）。

1）规则修订内容

《2021/2022足球竞赛规则》第十二章——犯规与不正当行为的主要变更及说明，在判定手球犯规时，肩部的下端边界定义为与腋窝底部平齐。队员的手或臂部触球，并非每次"手球"都是犯规。

修订后的规则文字主要强调以下三个类别的犯规：

（1）故意手球。

（2）非故意手球——手或臂部处于非自然位置。

（3）非故意手球——队员在意外手球后立即进球得分。

队员意外手球之后，其同队队员立即进球得分或立即获得进球得分机会，不再被视为犯规。

2）重新措辞主要遵循了以下原则

（1）足球运动不允许使用手或臂部进球得分（即使是意外手球）。

（2）足球运动处罚通过手或臂触球而获得控球权或者明显获利（直接进球得分或立即创造出进球得分机会）的队员。

（3）队员倒地时，手臂处于身体与地面之间以支撑身体，属于自然动作。

（4）手或臂部如果高于肩部，很少属于"自然的"位置。队员将手或臂部处于这样的位置，是属于"冒风险"的行为，包括在倒地滑行时也是如此。

（5）如果球冲队员自己的身体或距离很近的另一队员（无论哪方）而来，接触了队员的手或臂部，这种情况下的手臂触球通常是无可避免的（注：此条指自然位置的手或臂部）。

3）判罚手球犯规的注意事项

在新的手球犯规措辞下，裁判员除了准确掌握规则原文条款的相关规定，在实际判罚中还应注意以下几个方面：

（1）对足球运动的理解 1863年，在讨论制定第一部足球竞赛规则时，对于可以使用手或臂部处理球出现不同的观点。一家名为布莱克西斯（Blackheath）的学校，因不同意废除用手抱球及掷球两款规则而退出足球协会，并于1871年参与组建英式橄榄球联合会（Rugby Football Union）。足球竞赛规则演变至今，关于手球的措辞在不同阶段进行过调整,但对于手球不犯规的判罚上持谨慎态度。

(2) 考虑因素　在判断"手球"是否犯规并执行纪律处罚时,裁判员应综合考虑下列因素：

① 队员是否故意用手或臂部接触球,包括手或臂部向球移动?

② 队员是否使用手或臂部使身体不自然地扩大去阻止传球?

③ 队员是否企图用手球犯规进球得分?

④ 队员是否通过手球犯规阻止了一个进球?

⑤ 队员是否通过手球犯规阻止了一个明显的进球得分机会?

⑥ 队员是否使用手或臂部使身体不自然地扩大阻止直接射门?

⑦ 队员是否试图用手球犯规阻止一个进球未果?

⑧ 当球触及手或臂部,队员获得控制权,是否立即进球得分?

⑨ 当球触及手或臂部,队员获得控球权,是否立即创造一个进球得分机会?

⑩ 即使是意外,是否直接用手或臂部进球得分?

⑪ 当手或臂部使身体不自然地扩大时,手或臂部是否触球?

⑫ 当手或臂部处于肩上或肩外时,是否用手或臂部触球?

⑬ 在主动处理球后,来自队员头部或身体(包括脚)的球是否直接触及手或臂部?

⑭ 在主动处理球后,来自队员头部或身体(包括脚)的球是否直接触及处于不自然扩大的手或臂部?

⑮ 当队员倒地时,手或臂部处于身体和地面之间以支撑身体,且手臂移动未离开身体横向或纵向展开,球是否触及手或臂部?

⑯ 球击中队员的腋窝底部以上还是以下部位?

(3) 自然位置或动作　如果队员的手臂靠近身体,显然这是一个自然的位置。如果在具体特定情形下,队员因为其身体的自然动作造成手臂位置离开了身体,也应被认定为处于自然的位置。当队员摔倒时,将手臂处于身体和地面之间以获得支撑,这是自然的,但是支撑时手臂横向或纵向展开,使手臂位置离开身体扩大范围(形成更大的障碍物),则是非自然或不公平的,并且队员需要承担这样做的风险。

(4) 附加动作　队员的手或臂部接触球时,如果有多余附加的动作,并不是惯性使然,被判罚手球犯规的可能性较大。

(5) 冒风险　队员必须明白,当他们的手或臂部处于某个位置而使身体的范围扩大了,会有被判罚的风险,手或臂部伸展高于肩部很少是一种"自然的位置",除非是在主动处理球的情况下,并且手或臂部在那种位置,队员同样需要"承担风险"。

(6) 例外情况　如果队员在主动处理球后,球触及自己和附近的同队队员的手或臂部,不构成手球犯规。此外,规则虽然没有提及,但结合对足球运动的理解及手球犯规的其他规定,在队员主动处理球的情况下,手或臂部触及球将不视为手球犯规,即手球犯规应该只针对守方队员,不包括攻方队员类似情况下的手触球。

(7) 攻方手球概念　足球运动不接受手或臂部触球后直接进对方球门得分(即使

外),同样也不接受队员从自己的手或臂部触球后获得控球权(即使意外),然后立即进球得分。意外手球后,自己或同队队员创造进球得分机会,不再视为手球犯规。

4.7.3　战术犯规

足球战术是比赛中为了战胜对手,根据主客观的实际所采用的个人和集体配合的手段的综合表现。战术的运用必须在规则的框架下实施,必须遵守规则的相关规定。规则中并没有战术犯规的明确分类,如果队员带有非法战术目的实施犯规,将被予以相应的纪律处罚。

1) 非体育行为中被警告的战术犯规

所谓有希望的进攻,就是即将形成成功概率较大的进攻机会,也是以前所说的有效的进攻机会。干扰有希望的进攻是以犯规或手球这种方式影响机会形成或降低了机会形成的概率;阻止有希望的进攻是直接破坏或中断了机会的形成。目前被黄牌警告的非体育行为中与干扰或阻止有希望的进攻有关的战术犯规有如下两种情况:

(1) 通过手球的方式干扰或阻止有希望的进攻。阻止有希望的进攻机会的英文为 Stop Promise Attack,简称"SPA"。

(2) 通过任何违规的方式干扰或阻止有希望的进攻,除非裁判员判罚球点球,而且犯规的意图是争抢球。

这里判罚的是违规后造成的后果,不是违规动作本身,甚至有时这样的违规仅仅是可判为"以危险方式比赛"或"阻碍对方队员前进"等间接任意球的动作。裁判员在判断是否干扰或阻止有希望的进攻时,应考虑以下因素:

(1) 犯规地点与球门之间的距离。
(2) 队员是否已经控制球?
(3) 队员是否有控制球的可能性?
(4) 比赛发展的大致方向。
(5) 参与防守的队员人数。
(6) 防守队员的位置。
(7) 参与进攻的队员人数。
(8) 进攻队员的位置。
(9) 被犯规队员的传球路线有多少?
(10) 犯规是否干扰或阻止了有希望的进攻?
(11) 犯规是否在本方罚球区内,目的是处理球干扰或阻止了有希望的进攻机会?

如果队员在本方罚球区内犯规被裁判员判罚球点球,并且干扰或阻止了有希望的进攻,但队员在争抢球的过程中有触球,目的是为了处理球,并且犯规动作不是推搡、拉扯等,在这种情况下,原来应被出示黄牌警告的队员,不再警告,除非犯规的动作是"使用了鲁莽方式"。

除犯规以外的违规行为同样可能干扰或阻止了一次有希望的进攻(如在比赛恢复后

"非法"二次触球),所以此条款涵盖了所有的违规行为。手球除外,因其已出现在上一条款中。

在意图争抢球或触球时出现犯规,并破坏了对方明显的进球得分机会,应判罚球点球。

如果队员在本方罚球区内,并且破坏了对方明显的得分机会,被裁判员判罚球点球;但如果队员争抢球的过程中有触球,目的是为了处理球,并且犯规动作不是推搡、拉扯等,在这种情况下,原来应被红牌罚令出场的队员,只需被黄牌警告,除非犯规动作是"严重犯规或暴力行为"。

如果再出现干扰和阻止有希望的进攻时,裁判员执行有利原则,或是停止比赛后被犯规球队快发任意球,在下一个比赛停止时,不必再出示黄牌警告之前的犯规队员。

阻止有希望的进攻机会的纪律处罚见图4.6。

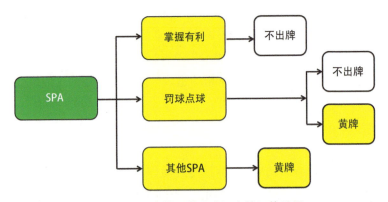

图 4.6　阻止有希望的进攻机会的纪律处罚

2)被红牌罚令出场的战术犯规

"破坏对方的进球",意味着是一个必进之球被破坏了;"破坏对方明显得分机会"不仅意味着这是一个有可能的得分机会,更多的是这个得分机会是明显的,显而易见的、公认的,进攻得分的可能性非常大。目前被红牌罚令出场的条款中与"破坏对方的进球"或"破坏对方明显得分机会"有关的战术犯规有两种情况:

(1) 通过手球犯规破坏对方球队进球或明显的进球得分机会,守门员在本方罚球区内除外。破坏明显进球得分机会,英文为 Denying Obvious Goal-scoring Opportunity,简称DOGSO。

(2) 通过可罚任意球的犯规,破坏对方的进球或总体上朝犯规方球门方向移动的、明显的进球得分机会(本章下述"破坏进球或明显进球得分机会"中说明的相关情况除外)。

同样判罚的是犯规造成的后果,而不是犯规动作本身。有时这样的犯规仅仅是可判为"以危险方式比赛"或"阻碍对方队员行进"等间接任意球的犯规。裁判员在判断是否破坏对方的进球或破坏对方明显得分机会时应考虑以下因素。

(1) 犯规发生时与球门的距离　在距离上并没有量化的概念,通常认为距球门越近,威胁性越大。

(2) 比赛发展的大致方向　比赛发展的方向并不意味着球门的方向。

(3) 控制球或得到控制权的可能性　队员已经控制球或即将控制球。

(4) 守方的位置和人数　已经或即将形成面对只有最后一名防守队员的局面,尤其是空门的情况。

必须符合上述四个条件,缺一不可,才构成破坏对方进球或破坏对方明显进球得分机会。

此外,要注意并不是所有破坏对方进球或破坏对方明显得分机会的犯规都将被红牌罚令出场,规则作出调整的目的在于避免球队受到双重处罚,导致人数上的不对等。因此,当队员在本方罚球区内对对方犯规,犯规动作本身并不会被红牌罚令出场,仅是破坏了对方明显的进球得分机会,裁判员已经判罚了罚球点球,如果是在意图争抢球时造成犯规,则警告犯规队员。除此之外的所有犯规(如拉扯、推搡、手球犯规、没有触球可能性的不正当行为等情况),必须将犯规队员罚令出场。

如果再出现破坏明显得分机会时,裁判执行有利或是停止比赛后被犯规球队快发任意球,无论随后进球与否,在下一个比赛停止时,以非体育行为警告之前的犯规队员。

破坏明显进球得分机会的纪律处罚见图4.7。

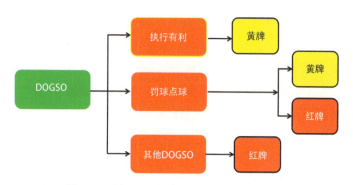

图4.7　破坏明显进球得分机会的纪律处罚

4.7.4　越位犯规

对于临场裁判来讲,越位的判罚无疑颇具争议和难度,其特殊性常常导致在比赛中产生冲突。

近年来,国际足联不断对越位规则进行补充和完善,甚至引入视频助理裁判(VARs)系统辅助临场裁判做出准确的判罚。即便如此,所谓毫厘之间的越位争议依然存在,因此作为场上的执法者,很有必要认真研读越位规则,透彻理解规则条款,临场执法中快速移动,找准观察位置,集中注意力的同时分配好注意力,做到人球兼顾,这样才能在执法中做到准确、公正,减少错判、漏判导致的争议。

1) 深入理解规则条款,谙熟构成越位犯规的条件

"处于越位位置并不意味着构成越位犯规"。比赛实践中,队员处于越位位置的情形并不少见,但只要其未参与实际比赛则不符合应判罚越位犯规的条件,即此情况下队员仅仅处于越位位置,并不构成判罚越位犯规的条件(见图4.8)。

图 4.8 构成越位犯规的条件

(1)"队员处于越位位置" 队员处于越位位置的条件在规则中已有详尽说明。需要注意的是,队员与球齐平、与对方倒数第二名队员或最后两名队员齐平,均不是处于越位位置,此外规则还列举了三种队员即使处于越位位置也不存在越位犯规的特殊情况,即队员直接得到球门球、掷界外球、角球都不存在越位犯规。

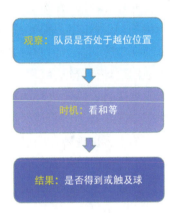

图 4.9 判罚越位犯规的步骤

(2)"同队队员传球或触球的一瞬间" 是指传球和出球时的第一接触点。当脚(也包括其他有效身体部位)与球接触时,尽管过程非常短暂,但可精准地判断出球的一瞬间。这样细致的规定使规则变得更加严谨。

(3)"参与了实际比赛" 是指队员参与到以球为中心的比赛情景当中,其参与实际比赛的方式有三种,即干扰比赛、干扰对方队员、获得利益。这三种参与实际比赛的方式是判罚处于越位位置的队员越位犯规的重要依据。判罚越位犯规的步骤见图 4.9。

2)厘清干扰比赛、干扰对方队员、获得利益的判罚依据

当处于越位位置的队员参与实际比赛时,区分清楚该队员是以什么样的方式参与了实际比赛,是干扰比赛,干扰对方队员还是获得利益。

(1)"干扰比赛" 是指处于越位位置的队员在同队队员传球或触球后得球或触及球。

首先要判断队员是否处于越位位置。若同队队员传球或触球的一瞬间,队员确实处于越位位置,此时并不意味着应立即判罚越位犯规,必须运用"看和等"的技巧,因为这种情况下,球有可能被防守方获得,甚至被不处于越位位置的同队队员获得。其次,只有当处于越位位置的队员得到球或触及球时才满足干扰比赛的条件,此时才应判罚越位犯规。

干扰比赛判罚越位犯规时,应遵循图 4.10 所示程序。

(2)"干扰对方队员" 处于越位位置的队员参与实际比赛的过程中往往会出现干扰对方队员的情况,此时必须分清是以何种方式干扰了对方队员。例如,处于球的运行路线上,阻碍了守门员的视线,从而影响了守门员处理球的能力;和对方队员争抢球;在守门员身前伸脚抢点射门,尽管未触及球,但其动作影响了守门员

图 4.10 干扰比赛的越位判罚步骤

扑球的能力;虽然表示不要球,但移动到防守队员前进的线路上,阻挡了防守队员处理球等。这些都符合干扰对方队员的相应条款。需要指出的是,如果队员仅仅是向球的方向移动,在此期间并未有任何影响对方的举动,则不应被认为干扰了对方队员。

干扰对方队员的4种情况,见图4.11。

(3)"获得利益" 特指球从球门柱、横梁、比赛官员或对方队员处反弹或折射,或者从任何一方队员有意救球后而来。在此情况下之前处于越位位置的队员以触球或干扰对方队员的方式参与了实际比赛,则判罚"获得利益"的越位犯规,见图4.12。

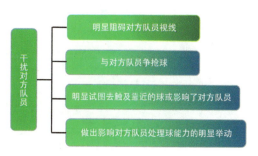

图 4.11 干扰对方队员的4种情况

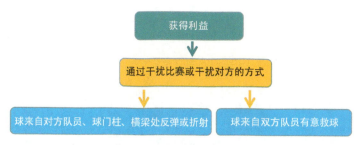

图 4.12 获得利益的越位犯规

在"获得利益"的规则条款中有如下阐述:"处于越位位置的队员在对方队员有意触球或故意手球之后得球,不视为获得利益,除非对球员属于主动救球。"因此,应注意区分何为折射。如果防守队员的动作是主动处理球则应视为有意触球。此外,球的速度、人和球之间的距离以及防守队员是否能控制自己的身体去完成动作也是考虑因素。

总之,对于越位犯规的判罚一定要厘清判罚依据,是"干扰比赛"判罚的越位犯规,还是"干扰对方队员"或是依据"获得利益"判罚的越位犯规。应依据规则的条款逐项分析、判断,这样的判罚才能做到有理有据,也才能减少比赛中越位犯规判罚所带来的争议。

3)助理裁判员位置与观察角度的重要性

对于助理裁判员来说,掌握越位规则的条款仅是准确判罚越位犯规的前提条件,在实际比赛中出现更多的往往是对队员是否处于越位位置的判断,由于比赛中攻守双方的位置总是处于动态的变化中,这给助理裁判员判断在传球的一瞬间进攻队员是否处于越位位置带来了极大的困难。实践证明,助理裁判员的位置保持与守方倒数第二名队员的连线与球门线平行(齐平)有利于做出准确的判断,见图4.13。

规则实践指南要求,"助理裁判员的位置必须与守方倒数第二名队员齐平,或当球较守方倒数第二名队员更接近于球门线时才齐平"。因此,助理裁判员的位置既不能靠前,也不能拖后。大量事实证明,不在齐平的位置观察到的攻守双方的相对位置往往是错误的,因此将导致对于越位的错误判断,见图4.14。

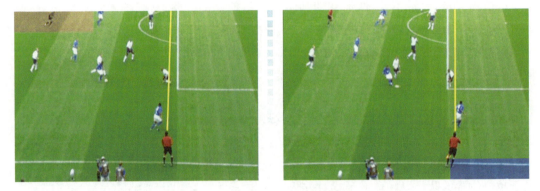

图 4.13　助理裁判员的正确选位

图 4.14　助理裁判员的错误选位

有了好的位置还需要好的观察角度,因此助理裁判员必须时刻保持面向场内(即使是在移动当中),这样可以得到更好的观察角度。建议助理裁判员在短距离移动时多运用侧滑步移动,这样不仅有利于快速移动保持平行与守方倒数第二名队员,还有利于保持面向场内,得到更好的观察角度。

4）观察越位时注意力的集中、分配和转移

医学认为,人的注意力有 4 种特质:注意力的稳定性、注意力的分配、注意力的转移和注意力的广度,这是衡量一个人注意力好坏的标志。对足球比赛中的裁判员来说,注意力的前三项特质具有重要意义。

(1) 注意力的稳定性　是指一个人在一定时间内,比较稳定地将注意力集中于某一特定的对象与活动的能力。现代足球比赛中,比赛双方攻守转换频繁。某一队上一秒由守转攻,可能下一秒就又由攻变守了,因此对于助理裁判员来说,任何时候都必须保持注意力的集中,一刻的松懈将有可能造成严重的错判、漏判。

（2）注意力的分配　是指一个人在进行多种活动时能把注意力平均分配于活动当中。足球比赛中由于越位规则的特殊性，判断越位位置是同队队员出球的一瞬间而非接球的时刻，这就要求助理裁判员既要注意传球队员触球又要同时注意另一（或多名）队员是否处于越位位置，因此注意力的分配就显得尤为重要，只关注"越位线"，而不知道球何时传出或者看到传球后再找"越位线"都会导致判罚错误，因此，必须做到人球兼顾，将人和球放在同一视野之内有助于准确判罚越位。

（3）注意力的转移　是指一个人能主动地、有目的地及时将注意力从一个对象或活动调整到另一个对象或活动。现实比赛中，当攻方控球时并不会局限于某一区域的传球，而是会充分利用场地的宽度。对助理裁判而言，近端、中端及远端都会不断有攻守双方队员的位置变化，因此，不能将注意力长时间集中于某一区域，而应在远端、中端、近端之间不断转换，只有这样才能准确地找到守方倒数第二名队员并与之齐平，图4.15即为由于助理裁判员注意力过度集中于中路，而忽略了远端回撤的防守队员导致错判越位的例证。

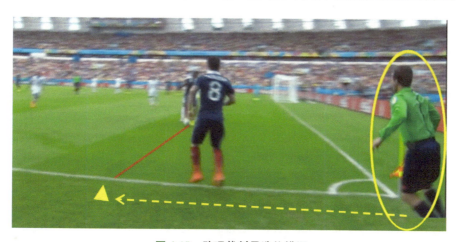

图4.15　助理裁判员选位错误

5）配合意识与团队合作

在传统的观念中，对于越位的判罚都是由助理裁判员做出，因此裁判员与助理裁判员之间出现了"你举旗、我吹哨"的简单配合。但是在比赛中，由于助理裁判员位置的局限性，并非所有的情况都看得非常清楚。例如，双方在中场处于激烈的争抢中，最后触球的是攻方还是守方，此时处于边线的助理裁判员未必能够看清楚，如果是守方触到球，而球又恰巧到了处于越位位置的攻方队员脚下，此时裁判员若能第一时间告知助理裁判员是守方触及的球，则可能避免助理裁判员错误的举旗；又如，当攻方一队员射门时，在对方守门员的身前正好站了一名处于越位位置的同队队员，该队员是否阻碍了守门员的视线而影响了守门员处理球的能力，此情况下裁判员的观察角度往往比助理裁判员更好，此时该队员是否"干扰对方队员"的越位判罚决定由裁判员作出将更有说服力。此外，对于守方队员是有意触球，还是球打身后产生折射的判断，必要时裁判员也可以与助理裁判员进行及时有效的沟通，以便做出准确的判罚。因此，在裁判团队赛前准备会上对于越位犯规的判罚，裁判员与助理裁判员应有良好的沟通与分工，比赛中相互协作、密切配合，只有这样才能保证比赛中越位判罚的准确性。

6）加强对足球运动的理解，紧跟越位规则修订、变化的脚步

足球比赛的魅力在于其千变万化和不可预知，规则无论如何修订、调整也无法穷尽所有比赛中可能出现的情况。因此，裁判员和助理裁判员作为规则的执行者，必须"爱足球""懂足球"，这样才能加深对足球运动的理解，场上的判罚也才能更贴近足球运动的本质，更易于让人接受。国际足球协会理事会每年都会对规则进行修订和补充。作为执法者有必要紧跟最新的规则变化，掌握其核心内容，领会其精神实质。如果每一位裁判人员在比赛中都能做到紧紧围绕规则、切合比赛实际，那么对提高越位犯规判罚的准确性，顺利完成比赛执法会起到积极的促进作用。

5 裁判实践能力

5.1 裁判员比赛前期准备

5.1.1 体能、心理、业务准备

通过对裁判员赛前准备工作的研究分析认为,加强裁判员赛前体能、精力上的准备,心理上的准备,业务上的准备,装备上的准备以及开好赛前准备会,是顺利完成一场比赛的重要保证。

1) 体能准备

足球作为一项长时间、大强度、多间歇、竞争激烈的对抗性运动,对裁判员体能要求极高。一场比赛裁判员跑动距离约 8 千米,除具备良好的耐力基础外,还应具备良好的速度耐力,同样要求助理裁判员经常锻炼保持体能并培养良好的生活习惯。赶赴赛区前,循序渐进、合理安排体能训练,逐步调整身体状态,为比赛做好身体和体能上的准备。若平时没有经常性的体能训练,或达不到比赛体能需求,就无法胜任裁判工作,甚至存在安全隐患。

(1) 体能训练应注意以下几点

① 裁判员随着年龄的增长,身体机能逐渐衰退,此时应自我诊断、自我安排,制订合理的体能训练计划和内容。

② 养成良好的生活习惯,遵守正常的作息制度,提高自我约束力,做到不抽烟、不酗酒,合理安排夫妻生活。

③ 参与本地区的裁判员培训学习班,根据自身情况增加或减少已安排的训练内容,调整运动负荷,完成训练计划。

④ 各地区协会可在年度各项比赛开始之前,组织和安排集中体能训练,时间 2~3 周,每周 2~3 次,每次 2 小时左右,内容包括耐力、速度、柔韧和球类游戏等,并做好个人记录,保证训练质量。

⑤ 参加赛区工作之前,在安排运动负荷时,要循序渐进,内容搭配要合理,要分时分段,逐步调整好身体状态。

2）心理准备

赛前裁判员心理准备是指在比赛之前对该比赛的认识所产生的情绪体验,使身体机能的某些条件反射发生变化。裁判员有了赛前的心理准备,就会以饱满的信心、良好的自我控制能力和正常的心态去执行比赛任务。反之,情绪紧张、信心不足或盲目乐观等都会直接影响工作的效果。

任何一场足球比赛中,裁判员的心理活动始终会处于一种高度敏感、高度兴奋和高度紧张的状态。裁判员要学会随时有效地调节心理状态,进行积极自我的心理活动,加强自我控制能力和自信心,排除一切消极的心理因素。

（1）学习体育运动心理学,掌握基本的心理学常识,了解人类感观、知觉、表象、记忆、想象、思维等心理活动,逐步培养自己"稳定的、恒常的心理品质"。有良好的智慧特征,才能具备较强的意志、智能、性格和气质等心理状态。

（2）学习和实践中,积极巩固已有的冷静、沉着、自信、专注、坚定等心理因素,排除和克服焦躁、慌张、迟疑、涣散等消极的心理现象。在不同的环境中,有效地提高自控能力、适应能力和应急能力。

（3）建立裁判员赛前良好的心理动机。而动机与行为、效果与目的之间又有着复杂的辩证统一关系。如比赛规模的大小、观众的多少、本地与外地、国内与国外、初赛与决赛等情况都会影响裁判员的心理状态,而认真与敷衍、不求出色但求无过、自满自负又想一鸣惊人等不同心理状态,决定着一名裁判员能否胜任其执法工作。

（4）在赛前心理调整中,裁判员应对比赛任务有明确的认识,充分相信自己的能力,以饱满的精神,将注意力集中在临场状态上。这种自我的心理调整,应不断地建立和培养,并以自身的责任感和使命感加以巩固。

（5）裁判员赛前过分激动和盲目自信的心理活动都是执法中的大敌。过分激动会导致情绪体验强烈而紧张、行为失控、注意力不集中和寝食不安。盲目自信又会对即将开始比赛的复杂性以及困难程度估计不足,而且在理论、实践及体力上的准备漫不经心,这必将导致裁判工作的失败。

（6）总结每一场执法工作,应始终保持一种公平竞争的心态,排除杂念,积极开动思维,保持清醒的头脑,面对困难不畏惧。既要敢于肯定自己的长处,又要克服某些短处。

此外,裁判员的心理训练还包括:有目的地进行足球技战术理论的专题讨论;丰富实践中的执法经验;战术与心理状态的有机结合;加强在不同比赛环境下对异常情况的适应能力;在顺境或逆境中,加强自我暗示,增强必胜信念,不断地克服惰性,陶冶情操,使之达到理想境界。

3）业务准备

业务准备包括理论和实践部分。最近3年由于疫情,多采用了网络会议的形式进行学习沟通,因此裁判员需要掌握网络学习、交流的方法和手段,达到最大化的学习效果。

（1）理论部分 近年来,足球规则进行了多方面的修改,制定的新条款更趋于合理、简洁和明了。赛前,重视再次学习越位等规则,研讨新规则,进一步加深理解规则,不断学习、不断充实、不断积累、不断完善,了解规程、判罚尺度以及赛区裁判组的工作要点。

(2) 实践部分　积极参加各种足球比赛活动,总结执法经验和教训,参阅、观摩国内外的有关资料和重大赛事视频,组织探讨国内外的重大赛事,进一步熟悉规则,收集战例等。

(3) 业务准备的途径及方法

① 积极参加中国足球协会主办的由国际足联教师主讲的高级裁判员学习班。

② 积极参加本年度中国足球协会主办的国内中、高级裁判员学习班。

③ 积极参加地方协会各赛事开始前的裁判员学习班。

④ 学习和理解比赛规则及本年度的统一判罚尺度等。

⑤ 组织、收集权威机构下发的有关文件和新规则内容,掌握足坛时事动态。

⑥ 积极参加和通过本地区举办的各级裁判员的规则、英语等项目的考核。

5.1.2　裁判装备、用具准备

1) 裁判用具

(1) 裁判员应选择一款自己喜爱并满足工作需要的工具包。

(2) 工具包中必备的工具包括哨子(备用哨)、红黄牌(各2张)、挑边器、记录卡、笔、胸徽及粘贴、手表(功能手表)、气压表、手旗、记录笔及记号笔等(见图5.1),务必认真检查试用,保持干净卫生,确保可以正常使用。

(3) 还可考虑携带防晒霜、鞋油、梳子及部分化妆品等个人用品。

图 5.1　裁判用具

2) 裁判员装备

(1) 多套不同颜色裁判服、不同天气用足球鞋、毛巾护腕、手帕及多双足球袜及袜箍等。

(2) 夏天防晒肉色薄衬衣、吸汗无领背心。

(3) 冬天保暖内衣,内衣颜色以与裁判服主色调相同为宜(见图5.2)。

注意事项:

裁判员外出执行裁判工作时,所有裁判员装备必须随身携带,不要托运,以免遗失。

图 5.2　裁判员装备

5.2　抵达赛场后的检查工作

除比赛组织机构、比赛监督需对比赛场地、器材等进行检查外,比赛前一天,由裁判长带领全体裁判员对场地、器材进行进一步检查,发现问题则要求主办单位及时处理。

通过检查,裁判员需了解休息室、卫生间、网络办公等设施,还需了解场地、草皮平整度、器材、用具等情况,做到有备无患,确保工作的顺利完成。

5.2.1　场地、器材检查

1）场地检查

目测场地的平整程度,不能有明显的坑洞和凸起,防止球员扭伤。另外,检查是否有可能危害到球员安全的异物,例如球场的喷水设施、丢弃的瓶子等。

（1）场地的区、点、线是否标注正确和完整,技术区域是否符合比赛规则和规程要求。

（2）球门是否安装正确且牢固,如果悬挂球网,要检查球网是否牢固且没有能漏过足球的缝隙,球网要适当撑起（支撑杆不能是白色）,不能影响守门员在球门线附近的活动。

（3）雨天需及时检查场地的点、线、圈以及球网是否符合比赛要求。

（4）检查角旗杆、技术区及第四官员席是否符合比赛要求,杜绝安全隐患。

（5）运动员的准备活动区域安排是否符合比赛要求。

（6）技术区的划定（见图 5.3）、替补席座位等是否符合比赛要求。

2）器材检查

（1）根据比赛规程,确定比赛采用"单球制"或"多球制"比赛。

（2）大会提供比赛用球、气压表及打气筒,将比赛所用球气压控制在同一标准。

（3）检查手旗的旗面与手柄是否牢固,秒表是否有电,确保走时准确。

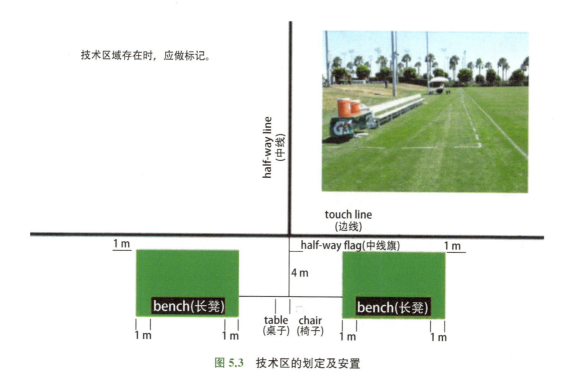

图 5.3 技术区的划定及安置

（4）检查第四官员席用的夹板、秩序册、换人牌、记分牌、审查后队员名单、换人表等是否齐备。

5.2.2 比赛保障检查

以下器材及要求均由比赛监督、裁判长以及赛事主办方协调员协商解决。
（1）根据天气情况，还需考虑准备裁判组的饮用水、冰块及遮阳伞。
（2）裁判员休息室应配备空调、座椅及水，确保裁判员工作需要。
（3）为了工作需要，考虑是否配备对讲机等。

5.3 比赛前的准备

5.3.1 赛前准备会

裁判组准备会一般会在开赛前90分钟召开，一般时长为15～20分钟。地点可在比赛场地裁判员休息室，也可在当天比赛的住宿地召开。

准备会是裁判组执行比赛工作的重要环节，为了让裁判员较全面开好准备会，将比赛中有可能出现的问题以及需要配合交代的事项罗列了一个会议提纲（见表5.1）。一般准备会由主裁判确定时间，第四官员召集裁判组参加会议，并做好记录达成共识。

表 5.1 赛前准备会提纲

时间	序号	主题	内容	相关人员
赛前	1	比赛性质	分析比赛级别、队员年龄、积分排名、红黄牌停赛等情况	TW
	2	气候、场地	阳光、下雨、草的长度及场地平整度,选择比赛用鞋	
	3	技战术打法	进攻与防守的特点,分析关键人物(优秀队员、易犯规球员)	
	4	资格审查	参赛证上的 4 印章是否齐全,确认球队官员名单是否符合资格审查要求	FO
	5	比赛用球	球的形状、气压,比赛中备用球的控制	
	6	队员装备	服装颜色是否与联席会一致,装备(绷带、内衣、首饰、护腿板) AR1 客队名单、R 客队装备、AR2 主队名单、FO 主队装备	TW
	7	替补席	人数、证件、服装颜色、队医、抽烟、信号时机、技巧及方法	FO
	8	入场式	纵队入场、双方握手、合影、挑边、裁判组握手、AR 检查球网	
	9	球出界	清楚:直接给方向;模糊:眼神、信号,跟 R 方向(R 清楚可先鸣哨) 空中出界:上旗、方向,R 漏旗:AR、FO 语言提示	TW
	10	界外球	AR 注意下肢违例,R 注意上肢违规。AR 信号:上旗、方向	
	11	球门球	AR 注意球是否放在球门区内。AR 信号:上旗、语言提示	
	12	大脚开球	AR 注意守门员开球时的位置,AR 信号:上旗、摇动、方向	
	13	角球	球的位置,如 R 鸣哨管理罚球区内队员,AR 上前一步阻拦,R 鸣哨恢复	
赛中	14	越位判罚	等和看,R 漏旗:AR、FO 语言提示;如 R 压旗,观察下一个越位判罚	
	15	协助犯规	区域、攻守方、气氛、纪律处罚,根据情况进场协助、替补席(也包括 FO),协助犯规需考虑有利条款的掌握 球发展到助理裁判员近端时的注意力分配及配合	
	16	罚球区内外	守方犯规——内:AR 跑向角旗;外:AR 罚球区延长线站定、点头、未看清:摇头	TW
	17	人墙距离	R 如需要,示意 AR 可进场协助管理人墙	
	18	是否进球	反弹、模糊——占据好位置。①正常进球:R 鸣哨、回跑。②特殊进球:上旗、R 鸣哨、回跑。③未进:摆手或摇头。④未看清:不做任何表示	
	19	突发事件	近 AR 介入、分隔,远 AR 记录号码,FO 管理替补席、记录号码并及时提示裁判组	
	20	换人	FO 先告知 AR1,AR 上旗,FO 语言提示队员迅速离场;下场队员着其他颜色服装	
	21	治疗护理	明确队医身份,如 2 人须同时入场;担架员等信号方能够入场 治疗队员入场时间、地点;如队员装备存在问题需离场时,R 告知 FO	

(续表)

时间	序号	主题	内容	相关人员
赛中	22	补水、降温	恰当的补水、降温时机，FO 管理主队，AR1 管理客队，语言告知	TW
	23	下半场前	AR1 客队装备、AR2 主队装备、检查球网、FO 有无换人、上场队员—就绪—信号	
	24	比赛时间	比赛开始：R、AR、FO 同时开表，最后 2 分钟，传递加时信号	
	25	罚球点球及决胜负	R 判后 AR、FO 记号码；比赛中：AR 看守门员、球进门；决胜期：AR 只关注球进门	

注：1. 附加助理裁判员、候补助理裁判员及视频比赛官员的相关内容不在此准备会内容当中。
2. 眼神交流、四位一体、相互补台、共同进步、一荣俱荣、一损俱损。

为便于交流和沟通，将裁判组的工作人员的中文名称用英文的首字母简化表述：
(1) 裁判员——Referee(R)。
(2) 助理裁判员——Assistant Referee(AR)。
(3) 第四官员——Fourth Official(FO)。
(4) 裁判组——Team Work(TW)。

5.3.2 赛前热身活动

1) 热身活动区域的选定

(1) 选择看台与场地之间的外侧附近，一般以不在观众以及运动队视线之内为宜。
(2) 如条件允许，也可在场外或裁判员休息室、无参赛队伍及观众经过的走道内完成。
(3) 受赛事条件局限，尤其是赛会制，裁判团队的准备活动可沿比赛场地的中线来回热身。

2) 热身活动的方式

(1) 热身活动需根据天气情况，安排热身的时间和活动量，先做些静态拉伸，然后进行慢跑。
(2) 当身体各部位活动开了后，再作深度拉伸，包括上肢、下肢的各个关节拉伸。
(3) 髋关节、膝关节及踝关节一定要全面活动开，确保能承受比赛即启、即停所带来的负荷压力。
(4) 可选择一些大幅度的前、侧踢腿，交叉步，侧滑步，后退跑练习。
(5) 当身体进入较佳的运动状态时，可适当做些稍大强度的各种跑动练习。
(6) 热身运动一定要在开赛前 15～20 分钟前结束。

3) 热身活动要求

(1) 尽可能不穿裁判服进行热身运动，若场次间隔时间紧除外，但不得随意动球。
(2) 3 人准备活动需协同一致，团队协作，包括热身动作的一致性（见图 5.4）。
(3) 热身时，可以提前关注和熟知准备会中提及的关键人物的相貌特征。

热身活动中可以了解场地情况，包括场地中的点、线、区及球门、球网情况。也可以简单强调一下准备会中的有关配合要求。

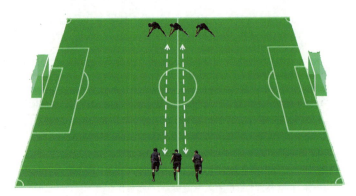

图 5.4　裁判员准备活动示意图

5.3.3　赛前检查工作

（1）队员装备及安全检查。
（2）赛前 5～7 分钟，由主裁判召集比赛队伍，进行上场队员资格审查和装备检查。
（3）主裁判鸣召集哨（嘀——）并配合手势，哨音洪亮有力。
（4）严格执行《足球竞赛规则》第四章——队员装备的具体内容和要求。
（5）比赛球员不允许有文身裸露，必须用与比赛服装主色调一致的紧身衣遮挡。
（6）青少年运动员不可染除黑色以外的其他彩色头发。
（7）运动眼镜不得伤害本人，也不得伤害到其他场上队员。
（8）检查运动员的手指甲、女运动员的发卡等也必须符合比赛要求。
（9）青少年或业余比赛，运动员不允许穿钢钉鞋，也不得穿平底鞋。

5.3.4　比赛程序

1）入场仪式

入场仪式，需按比赛组织工作倒计时程序的时间节点执行。
（1）面向场内　左主、右客。两路纵队入场 10～15 米后，主裁判口令："两路纵队入场。"
（2）列队　主、客队队员及裁判员需面向国旗排成一排。
（3）奏唱国歌　所有人必须驻足，向国旗行"注目礼"。
（4）礼节　先由左侧向右则队员主动握手，表示友谊，比赛结束后也必须这样做。
（5）挑边　挑中一方选择进攻方向或先开球。
（6）运动队间可交换礼物或队旗，到各自技术区前沿拍照留念。
（7）裁判员礼仪　主裁判应主动与两个助理裁判员握手或击掌，重点配合、简单交代，展现默契、自信的团队形象。
（8）助理裁判员及第四官员落位，目光交流后进入工作状态。

2）挑边的三个区域及三种形式

（1）挑边的三个区域

① 召集双方队员在入场大厅内检查资格及装备后挑边。

② 召集双方队员在第四官员席前的场边检查后，在入场前挑边。

③ 召集双方队员检查完并入场 10～15 米处挑边。

（2）挑边的三种方式（见图 5.5）

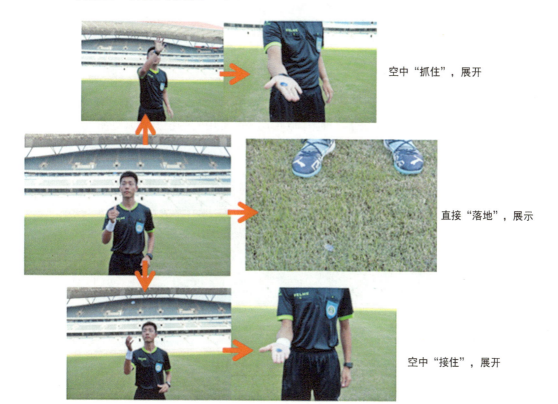

图 5.5　裁判员挑边的三种方式

① 先让双方队长明确各自的正反面后，将挑边器置于大拇指指甲盖处，快速向上弹起，待挑边器落地后，猜中一方优先获得决定权。

② 先让双方队长明确各自的正反面后，将挑边器置于大拇指指甲盖处，快速向上弹起，用单手手掌快速抓住下落的挑边器，然后展示给双方看，猜中一方优先获得决定权。

③ 先让双方队长明确各自的正反面后，将挑边器置于大拇指指甲盖处，快速向上弹起，快速双手合掌抓住下落的挑边器，然后展示给双方看，猜中一方优先获得决定权。

3）助理裁判员常规落位的三种方式

（1）助理裁判员沿中线跑至与边线结合处，目光对视后，沿边线外各自跑向判罚位置（见图 5.6）。

场地器材已确定检查完毕，可以直接进入比赛的落位方式。

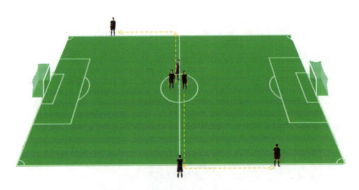

图 5.6　助理裁判员落位方式一

（2）裁判团队带领双方运动员从中线处入场后，握手、挑边仪式后，助理裁判员跑向两个球门，再一次检查球网符合要求后，再跑向判罚位置（常用的落位方式）（见图 5.7）。

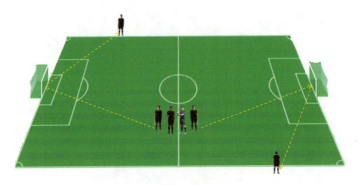

图 5.7　助理裁判员落位方式二

赛会制时，如前面有比赛或有队员热身射门，需再一次检查球网，然后再落位。

（3）助理裁判员由中圈直接跑向各自的判罚位置。这是赛事安排比较紧，后面还有比赛或者天气等因素，为节约时间而采用的落位方式（见图 5.8）。

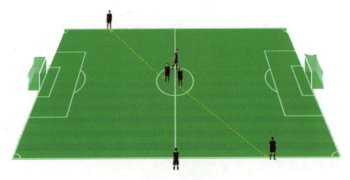

图 5.8　助理裁判员落位方式三

4）比赛中运动员补水、降温

（1）需尊重艰辛比赛的场上队员，赛前根据天气及大会要求，择时安排队员补水或降温。

（2）上下半场各安排一次补水或降温的时间，一般选择半场时间的中间前后2分钟。

（3）当主裁判给出补水信号时，第四官员与第一助理裁判员分别管理主队和客队运动员不得离场。

（4）裁判长也可主动给主裁判、第一助理裁判员补水，第二助理裁判员自行安排。

5）比赛结束后的礼节

（1）比赛终了，助理裁判员应迅速跑向中圈与主裁判会合，握手或击掌示意完成本场比赛的裁判任务，并带回比赛用球。

（2）比赛终了，参赛运动员需在中圈附近列队，相互握手或击掌表示礼貌、尊重和友好，感谢裁判组的工作，同时，双方队员应跟对方及本方教练、队员致谢。

（3）比赛结束后，3位裁判员必须保持良好姿态、队形走到场边与第四官员和裁判长握手或击掌，示意完成本场比赛的裁判任务。

5.3.5　裁判员的执法时间

规则规定的比赛时间分为两个相等的半场，每半场45分钟（特殊情况下经裁判员和双方同意另定除外）。任何改变比赛时间的协议必须在比赛开始之前确定，并要符合比赛规程（如光线不足可减少到40分钟）。中场休息不得超过15分钟，只有经裁判员同意方可改变中场休息时间。裁判员执法的全过程是从裁判员进入比赛场地内开始至比赛结束离开场地的时间范围。但是，以下情况下裁判员要追加比赛时间和补充比赛时间。

（1）根据有关赛制，两队必须决出胜负，而在比赛的常规用时90分钟内没有决出胜负，则需要进行加时比赛30分钟。这30钟就是追加时间。

（2）比赛因故中断，如替换队员、对队员伤势进行估计、将受伤队员移出比赛场地进行治疗等延误时间，以及其他任何原因所损耗时间必须补足。

（3）根据有关赛制，两队必须决出胜负，而在比赛的常规用时、追加用时内仍没有决出胜负，则以互射罚球点球决出胜负的所用时间也属追加用时。

（4）在每半场比赛或每节决胜期结束时，应允许延长时间执行完罚球点球。

5.3.6　裁判员赛场注意事项

（1）裁判组的物品不得占用赛场裁判员的工作区域。

（2）裁判组的私人物品必须集中摆放，且必须摆放规范、整齐。

（3）饮用瓶装矿泉水时，养成做记号的习惯（瓶盖标注姓名拼音），不得浪费。

（4）足球赛事越来越规范，裁判员也必须按大会要求，规范自己的言行。

（5）不得擅自接受任何媒体的采访，规范自媒体行为，传播正能量。

（6）裁判员与运动队官员、队员间交流时，需保持平等、坦诚的态度，坚持良好的职业操守。

5.4 主裁判的哨音与手势

5.4.1 鸣哨

1）哨子的保养

（1）赛前必须先用清水将哨子冲洗1～2次，目的是将哨子吹嘴及空腔湿润，便于更好地使用和提高哨子的发声效果。

（2）赛后也必须将哨子清洗干净，去除哨子在使用过程中吹嘴及空腔中的食物残渣和唾液，甩干后储藏，避免下次使用时哨子有异味。

2）持哨方法（见图5.9）

（1）挂脖哨　篮球、排球裁判员采用这种方式较多，而足球裁判员一般不太使用这种方式。

（2）腕哨　用绳将哨套在手腕上，可释放双手，但鸣哨后，会影响手势方向和速度。

（3）指夹哨（单哨）　用"T"子指夹与哨子相连，用手指夹哨，而且可以换手，使用较为方便。足球裁判员使用指夹哨比较普遍。

（4）手持哨（单哨或双哨）　将两个哨子拴在一起，手拿、指夹均可，运用较为方便和随意，是多数裁判员喜欢使用的一种方法。

（5）指套哨　哨子尾部有固定的指套，用中指和无名指插入套中，也可以释放双手，一般冰球裁判员使用较多。

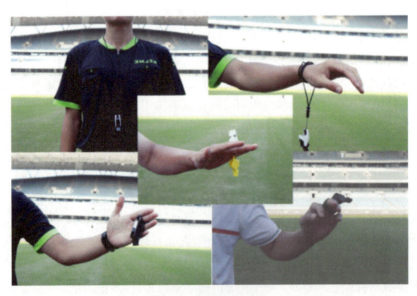

图5.9　各种持哨方法

3）哨子使用方法

（1）捏哨　捏哨时尽可能不要捏哨子的空腔部位，这样虽不会阻碍气流在空腔中震动，但会影响到哨音的效果，应捏哨子的末端部位。

（2）含哨　用牙齿咬住哨子的吹嘴端，随时都可以进行鸣哨管理或判罚。

（3）吹哨　吹哨时，需将咀嚼肌屏紧，保证嘴唇完全包裹哨嘴且不漏气，集中胸腔气流吹入哨子空腔中。

4）鸣哨要求

（1）比赛中需要鸣哨的情况

① 开始比赛：常规时间的上下半场和加时赛、进球后恢复比赛。

② 停止比赛：判罚任意球或罚球点球、比赛需中断或终止以及各半场结束。

③ 恢复比赛：在需要退出规定距离的任意球时、罚球点球；因警告或罚令出场、队员受伤以及替换队员暂停比赛后恢复比赛时。

（2）比赛中不需要鸣哨的情况

① 停止比赛是为了示意球权归属明确的球门球、角球、界外球或明显的进球。

② 以下方式恢复比赛时：多数情况下的任意球、球门球、角球、界外球或坠球。

裁判员过于频繁或不必要的鸣哨，会在需要鸣哨时削弱哨音的作用。

如果裁判员错误鸣哨停止了比赛，则以坠球恢复比赛。

5）常用哨音的含义

（1）召集哨　开赛前，需鸣哨召集比赛队伍。鸣哨声音铿锵、洪亮能体现裁判员的威严。

（2）纠错哨　当球员对球权归属出现错误时，必须及时给出纠正球权的哨声——"嘀嘀"。

（3）管理哨　需要退出规定距离的任意球、双方队员有可能发生冲突时，必须用哨声及时予以管理——"嘀嘀嘀"可连续。

（4）换人哨　停止比赛时方可换人，裁判员必须给出明确的哨音让场上、场下所有的人员明确换人程序——"嘀（短）—嘀——"。

（5）信号哨　为了管理和维持规定距离时，要求获得球权的一方队员必须听主裁判的哨音后才能恢复比赛——"嘀"。

（6）不明显进球哨　助理裁判员需到位，主裁判必须用规范的进球哨音和手势（右手），告知全场——"嘀～～嘀"，声音婉转。

5.4.2　手势

1）主裁判手势手型要求

裁判员手型要求，大拇指贴紧或扣紧食指呈一个完整的掌面，掌心向前，形成良好的视觉效果（见图 5.10）。不建议掌心向下或用单指给出的方向手势，以免产生误会而带来麻烦。

2）裁判员常用手势

（1）界外球　单臂侧举，身体、手势呈一个平面且尽可能与边线平行。若界外球快发时

图 5.10 裁判员手型要求

可降低要求,手势与地面的角度一般保持在 42～45 度之间,身高矮的裁判员建议 45 度左右,身高高的裁判员建议 43 度左右。

(2) 罚球点球　通常裁判员鸣哨的同时,单臂向前斜下举,手指向罚球点,可以跑向该处,并观察助理裁判员是否明确判罚和罚球点选位(见图 5.11)。

(3) 间接任意球　单臂上举,掌心向前(见图 5.12)。下手势时机(新规)为：间接任意球罚出后,不牵涉到球进门时,就可以将手放下。

图 5.11　判罚球点球手势　　　　图 5.12　间接任意球手势

(4) 直接任意球　手势同界外球相似,单臂前上平举,身体、手臂在同一平面并保持与边线平行(见图5.13)。只要给出进攻方向手势,不建议提前引导射门方向手势。

(5) 有利 1　双手上举过肩,保持良好姿态(交代清楚),并配有语言提示[见图 5.14(a)]。

(6) 有利 2　单手上举过肩,一般在快速跑动中使用,同样要有良好的姿态和语言提示[见图 5.14(b)]。

图 5.13　直接任意球手势

(a) (b)

图 5.14 双手、单手有利手势

(7) 角球　近端角球用左手、远端角球用右手,单臂斜上举,指向执行角球的角球区(见图 5.15)。选位根据场上攻守双方队员的站位略有区别。

(8) 球门球　必须用左手打出手势,左手单臂向前斜下,指向执行球门球的球门区(见图 5.16)。目光需与助理裁判员保持联系和沟通。

(a) 主裁判近端角球手势　　(b) 主裁判远端角球手势

图 5.15　近端、远端角球手势　　　　图 5.16　球门球手势

(9) 进球手势　正常进球,与助理裁判有目光交流确定后,随即用右手指向中圈(见图 5.17)。不明显进球还必须配有"婉转的长哨音"。

图 5.17　进球手势

（10）出示红黄牌手势　一手持牌直臂上举（见图5.18）。出牌要规范且保持适当距离，记录时必须站在犯规地点，并关注球及场上队员。

图5.18　出示红黄牌手势　　　　　图5.19　回看手势

（11）查看、回看分析手势　一手指耳，另一手臂张开（见图5.19）。

3）比赛规则中没有明确，但必须掌握的手势

（1）更换比赛用球　当需要更换比赛用球时，主裁判会向第四官员席方向"双手做出球状手势"以表示更换比赛用球（见图5.20）。

（2）换人提示　停止比赛的情况下，主裁判鸣哨的同时，单手指向第四官员席方向，向全场示意进入"换人程序"（见图5.21）。

主裁判：给出手势，队员到各自技术区前补水

图5.20　更换比赛用球手势　　　图5.21　换人提示手势　　　图5.22　补水提示手势

（3）补水或降温　选择好时段、时机及场区（技术区附近的死球或受伤队员需要护理时），鸣哨并给出手势安排队员到场边补水（1分钟）或降温（1.5～3分钟）（见图5.22），但场上队员不得离场，场外不得向场内扔水，一般第四官员管理主队队员，第一助理裁判员管理客队队员。

（4）队医上场　主裁判评估受伤队员需要队医上场护理时，鸣哨和语言提示该队队医，并用"单手"给出"队医进场手势"（见图5.23）。

（5）担架上场　主裁判评估受伤队员需要移出场外护理时，鸣哨提醒担架工作人员，并用"双手"给出"担架队进场手势"（见图5.24）。

图 5.23　提示队医进场手势　　　　　图 5.24　提示担架进场手势

（6）补时　各半场最后 2 分钟时段，主裁判会向第四官员给出补时手势，伸出食指和中指，指向前下方（见图 5.25）。一般按准备会约定执行即可。

（7）场外队员进场　先区分"死球"（场外任何地点均可进场）和"活球"（只能在边线处进场），裁判员必须观察进场队员的"地点"和"时机"，用"单臂"给出"进场手势"（见图 5.26）。

图 5.25　补时 2 分钟手势　　　　　图 5.26　场外队员进场手势

（8）要求守方队员退出规定距离　当以定位球恢复比赛时，主裁判一般会用单手或双手要求守方队员退出规定距离（见图 5.27），必要时可配哨音进行管理。

 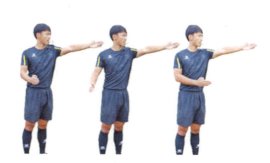

（a）主裁判：面对面退出规定距离　　　（b）主裁判：侧面退出规定距离

图 5.27　要求守方队员退出规定距离手势

(9) 平复队员情绪　当裁判员判罚犯规后,双方队员可能有不满情绪时,此时裁判员应适当用"手势"(见图 5.28)和"语言"介入管理,目的是为了平复队员的不满情绪。

(a) 主裁判:单手做平复手势　　　　(b) 主裁判:双手做平复手势

图 5.28　平复队员情绪手势

(10) 劝离双方队员　当双方队员有可能出现或即将出现身体接触时,主裁判必须迅速移动到两队员之间用"哨音"和"双手前伸再向两侧分开手势"劝离双方队员(见图 5.29)。

(11) 比赛结束　比赛时间终了,主裁判一般鸣哨(一短——一长婉、两短——一长婉)的同时,用单手或双手配合哨音完成指向中圈的手势动作(见图 5.30)。

图 5.29　劝离双方队员手势

(a) 主裁判:双手比赛结束手势　　　　(b) 主裁判:单手比赛结束手势

图 5.30　比赛结束手势

(12) 中圈开球、开表　单手平伸,指向进攻方向或指向中点的球,同时鸣哨、开表及检查表是否正常走动(见图 5.31)。

(13) 坠球处理　坠球时,单手托球向前平伸,不要将球向上抛起,应让球自由下落(见图 5.32)。由主裁判原因改变球权时,需将球坠给原球权方,对方队员需退出 4 米以上距离(在罚球区内坠球时,将球权坠给守门员)。

图 5.31　中圈开球手势

图 5.32　坠球方法

5.5　赛事记录

5.5.1　临场记录

1）记录方式

（1）开赛前，在记录卡上标注两个队伍的队名、衣服颜色等信息。

（2）进球记录，确定进球队员号码后，需迅速回到中圈开球位置进行记录。采用平视记录法（见图 5.33），尽可能将球及场上队员放在视线内，记录进球队员号码、进球次序及进球时间。

图 5.33　裁判员平视记录法

（3）红黄牌记录，快速到达犯规地点，管理好队员和球，记录处罚队员号码、红牌（R）、黄牌（Y）及处罚时间。记录进球、红黄牌时间时，建议以分钟为单位。

（4）助理裁判员、第四官员，也必须按主裁判的要求记录比赛进球与红黄牌。

（5）"乌龙球"记录方法：由防守方队员将球攻入自家球门的进球记录法，如："4号、②、

89´、OG(own goal)"。

（6）"比赛时间"及离场前"红、黄牌处罚"时的记录方法：例如，常规比赛时间为90分钟，下半场加时"3分钟"，当加时到第2分钟时，主队11号黄牌警告，时间记录为："11号、黄牌(Y)、90´+2"。

2）裁判员记录卡示例

（1）该场比赛结果：2：2平局。

（2）记录卡记录方法见图5.34。

3）核对方法

（1）上半场比赛结束，裁判组需及时核对上半场比赛的记录情况。

（2）整场比赛结束(包括罚球点球决胜负)，裁判组需仔细核对，确保记录准确无误。

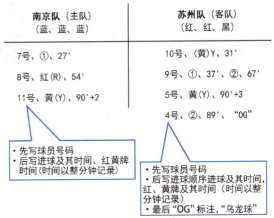

图5.34 裁判员记录卡示例

4）加时赛及罚球点球决胜负记录

（1）常规比赛时间内仍是平局，按照赛事比赛规程规定，进入加时赛阶段

① 裁判员结束常规时间的比赛后，一般会给双方运动员短暂的补水时间，但运动员不得离场。

② 加时赛的上下半场间隙不得休息，但裁判员会根据天气情况，给双方队员有个补水机会。

③ 加时赛的上下半场以及上下半场间隙，均可行使额外的替换名额3+1或(3+1)+1。

（2）按照赛事比赛规程规定，加时赛阶段仍然打平，则需采用罚球点球方式决定胜负

① 召集双方队长进行掷币，第一次掷币决定选用哪个球门，第二次掷币选择先罚还是后罚。

② 罚球点球决定胜负时，双方队员人数必须相等，多出人数的一方，必须安排队员下场。

③ 参加罚球点球的队员顺序无须告知裁判员，裁判组会记录双方踢球队员以及进球与否。

④ 如果前5轮没能决出胜负，就必须继续进行1+1罚球点球，直到一方明显胜出，比赛结束。

（3）罚球点球决胜负的两种记录方式示例

① 2：2(4：2)：常规时间2：2打平，罚球点球主队获胜。这种记录方式是按比赛时间顺序记录成绩。

② 2：4(2：2)：常规时间2：2打平，罚球点球客队获胜。这种记录方式是按比赛结果记录成绩，这也是裁判员最常用的记录方式。

两种记录方式中，常规时间的比分不得与罚球点球的进球数相加。

足球比赛的比赛规程中,都需要统计比赛的进球数和净胜球数,所以罚球点球的进球数不得与常规比赛的进球数相加(见图 5.35)。

罚球点球[Penalty Kick (PK)]

轮　次:	一	二	三	四	五	六	七	八	九
南京队:	7	11	5	6					
(先)	√	×	√	×					
苏州队:	10	9	4	3					
(后)	√	√	√	√					

- 常规比赛比分: 2:2
- 罚球点球比分: 2:4
- 记录比赛结果: 2:4(2:2)
- 客队（苏州队）获胜

图 5.35　罚球点球的记录方式

5.5.2　赛事文件的填写

1)《裁判员报告》填写

(1)《裁判员报告》的重要性

①《裁判员报告》是记录比赛过程及结果的重要的原始文件。

②《裁判员报告》是运动员评定"运动等级"的重要依据。

③《裁判员报告》是所有赛事必须收集和保存的重要性文件。

(2)《裁判员报告》的填写要求

① 填写《裁判员报告》必须做到:及时、准确、规范和整洁。部分具体要求见表 5.2。

② 将准确无误填写好的《裁判员报告》交给裁判组资料收集人(拍照留存)。

2)《比赛事件报告》填写

(1)《比赛事件报告》的重要性

①《比赛事件报告》是比赛开始前、比赛过程中和比赛后发生的重大事件或错误的记录。

② 此报告不仅涉及比赛双方队员、替补队员、教练员以及其他官员等,而且包括比赛裁判员及其他裁判官员。

③ 填写《比赛事件报告》时,用词必须规范、准确;组委会、纪律委员要根据报告的内容,作出相应的处罚决定,会直接影响到报告中所涉及的相关队伍、球员以及相关官员。

(2)《比赛事件报告》的填写。

《比赛事件报告》见表 5.3。

表 5.2 裁判员报告

比赛名称：_____

比赛队：主队_____ 客队_____

比赛时间：____年____月____日 场序号：_____

地点：_____市_____县(市、区)_____体育场

比赛情况： 90 分钟内比分：_____ 获胜队：_____
　　　　　　加时赛结果：_____ 获胜队：_____
　　　　　　罚球点球决胜结果：_____ 获胜队：_____

① 首发队员

队员	号码	主队	号码	客队
守门员				
场上队长				
队员				
替补队员名单				

② 替换队员

主队						客队					
进场队员姓名	号码	出场队员姓名	号码	时间		进场队员姓名	号码	出场队员姓名	号码	时间	

③ 警告队员

队名	号码	队员姓名	时间	原因(必须写清楚)

④ 罚令出场队员

队名	号码	队员姓名	时间	原因(必须写清楚)

⑤ 进球队员

主队			客队		
姓名	号码	时间	姓名	号码	时间

罚球点球情况说明：
_____
_____

错漏判情况说明(时间、场区、具体情况等)：
_____
_____

裁判员：_____ 助理1：_____ 助理2：_____ 第四官员：_____

表 5.3　比赛事件报告

➢ 比赛名称：_____
➢ 比赛球队：主队：_____　　　　客队：_____
➢ 比赛时间：_____年___月___日　　场序号：_____
➢ 地点：_____省_____市_____县(市、区) 体育场：_____
➢ 裁判监督：_____裁判员：_____助理1：_____助理2：_____
第四官员：_____

序号	时间	事件分类	事件说明
1			
2			
3			
4			
5			
6			
7			
8			

裁判员：_____助理1：_____助理2：_____第四官员：_____（签名）

《比赛事件报告》填写要求：

第一栏　填写"时间"：手动填写

第二栏　填写"事件分类"。常见事件分类举例如下，培训内容可以加入事件分类中：

判罚球点球正确：正确依据

判罚球点球错误：原因说明。

漏判罚球点球：原因说明。

严重犯规：错判、漏判、没判以及反判及其原因说明。

暴力行为：漏判、没判及其原因说明。

战术犯规 DOGSO：判罚正确或判罚错误，四个条件（与球门的距离、大致方向、控制球或得到控球权的可能性、位置和人数），进行比对。

明显越位犯规判进球有效：原因说明。

明显不越位犯规取消进球：原因说明。

明显球进门被取消：原因说明。

明显球未进门判进球：原因说明。

其他事件。

第三栏　事件说明，设置可填写30项。

5.6　主裁判场上移动与选位

目前，现代足球运动裁判员所采用的裁判法——"对角线裁判制"，一般比赛是由一位主裁判、两名助理裁判以及一名第四官员组成一个团队来完成比赛的执法工作。

裁判员的移动是指裁判员根据球的发展所采用一种活动方式。裁判员的选位是指裁判员根据球的发展,在既便于裁判员观察,又不影响比赛的情况下选择的最佳位置。裁判员的移动是其选位的基础,裁判员的选位是其观察准确的关键。

5.6.1 主裁判场上移动的区域

(1) 裁判员移动的重要性　当今足球比赛的日趋激烈,对裁判员的工作提出了更高的要求,裁判员的责任更为重大,他要为提高比赛质量、促进足球技战术的发展、保护双方队员的健康谨守职责。为做到这一点,裁判员就必须提高控制比赛的能力及判罚的准确性。积极的移动、恰当的选位是提高控制比赛能力及判罚准确性的重要因素之一。

(2) 裁判员的活动区域　裁判员的活动区域是指比赛过程中裁判员的正确、有效活动范围,包括"深度""宽度"。裁判执法的区域是以足球场内实际赛场的范围所确定的。根据国际足联比赛规则,裁判员职责和权力的有效性是在比赛场内。

(3) 主裁判移动时必须重视三个区域　关键区域(罚球区)、次关键区域(两技术区前沿)、灰色地带(主裁判近端角球区附近)。

5.6.2 主裁判场上移动的方法

主裁判的移动方法包括跑动和走动,不论采用哪种移动方法,其基本的要求是始终面向球,因为双方队员争夺的焦点是球。一般情况下,裁判员在球的进攻方向后面时采用正面。在球的进攻方向前面时采用倒退跑,在球的进攻方向侧面时侧向跑。由于场上情况千变万化,裁判员的移动方法也要随之变化。

主裁判的移动方式为走动和跑动。

(1) 主裁判的"走动"　主要有走、快走、后退走、侧身并步走、交叉步走等(见图5.36)。

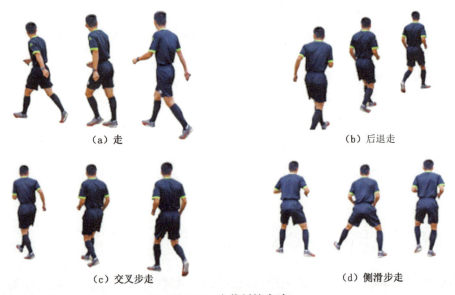

(a) 走　　　　　　　　　　　(b) 后退走

(c) 交叉步走　　　　　　　　(d) 侧滑步走

图 5.36　主裁判的走动

（2）主裁判的"跑动"　主要有慢跑、匀速跑、加速跑和冲刺跑（见图 5.37）。主裁判的"跑姿"主要有正面跑、侧身跑、侧滑步跑、后退跑等。

（a）冲刺跑　　　　　　　　　　　（b）加速跑

（c）侧滑步跑　　　　　　　　　　（d）侧身跑

（e）后退跑　　　　　　　　　　　（f）匀速跑

图 5.37　主裁判的跑动

5.6.3　主裁判场上移动的目的和注意事项

1）主裁判场上移动的目的

（1）选位　选位是裁判员在场上的一种移动意识的体现。一名优秀的裁判员能够深入阅读比赛的进程，预见比赛形式，判断比赛的争夺焦点，在最需要的时候出现在最佳的位置。

（2）抢位　抢位是裁判员在比赛场上的一种移动行动的体现。裁判员因比赛焦点的瞬间转换和特殊区域的原因，为避免其在移动过程中过于"卷入"现实比赛中不能预先到达理想位置，而采取的一种被动跟进的方法。

2）主裁判场上移动注意事项

（1）选位第一，抢位第二，选抢结合。

（2）预见球的发展路线，快速通过中场区域。

（3）"死角"区域应做到"进退"自如。

(4) 阅读比赛场上形势的变化，做到"勤移动""勤变换"。

(5) 合理分配体能。

5.6.4 主裁判场上移动的路径

主裁判在场内的基本移动路线是沿球场的对角线，称为对角线裁判制（见图5.38）。主裁判所能到达的大致区域见图5.39。移动的基本原则是：裁判员的位置一般保持在球的左侧后方，距球10～15米，与助理裁判员密切保持目光或信号联络，不应影响队员的活动与传球路线，避免与双方队员的位置重叠，要快速通过中场。

对角线裁判制是沿球场的对角线方向活动，但是，并不意味裁判员的活动不能离开这条线，而应根据不同情况采用不同的移动方向。

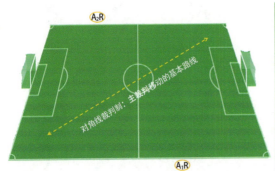

图5.38 主裁判移动的路线

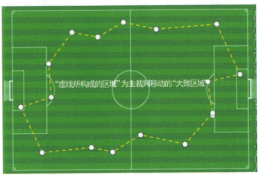

图5.39 主裁判移动的大致区域

1) 主裁判的移动路径一般归纳为4种形式

(1) 大"S"形移动　大"S"形移动路径见图5.40。

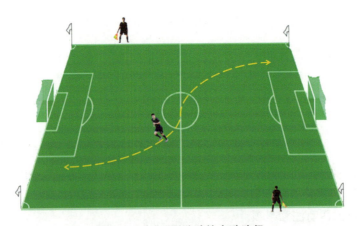

图5.40 大"S"形移动的大致路径

这种移动路径使裁判员保持在球的左侧后方，与助理裁判员保持密切的联系，球在进攻方向的左侧发展时能与球保持较近的距离。采用这种移动方式，一般情况下预先向前插入多，所以裁判员基本上不会影响运动员的活动和传球路线。但当球队快速反击时往往距球较远。球在右边发展时，裁判员向右路靠近较少，因此，距球也越远，一旦在右路判罚犯规后很难及时到位。

（2）小"S"形移动　小"S"形移动路径见图5.41。

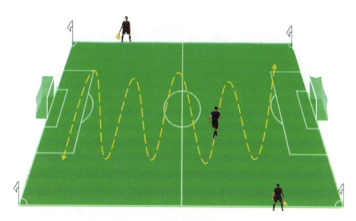

图5.41　小"S"形移动的大致路径

这种移动路径使裁判员与球保持较近的距离，在中路或右路发展时能在球的左侧后方，且与助理裁判员保持联系；球在左路发展时裁判员往往背向助理裁判员。采用这种移动路径，裁判员可根据球的发展提前插到球运行的前方，球发展到罚球区内能及时跟上。小"S"形移动较为节省体力。

（3）直线移动　直线移动路径见图5.42。

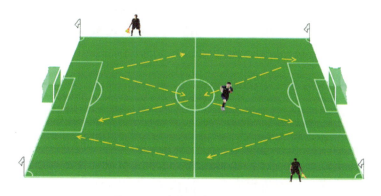

图5.42　直线移动的大致路径

这种移动路径与小"S"形移动大体上相似，由于基本上是处于两个罚球区之间的直线跑动，对左右两侧都保持较近的距离，因此，对左右两侧的情况观察的较清楚，判罚后能及时到位。由于是处于两个罚球区之间的活动，因此，裁判员容易把握罚球区内的判罚。直线移动较节省体力，但球在左路发展时裁判员往往背向助理裁判员。

(4)跟踪移动　跟踪移动的路径见图 5.43。

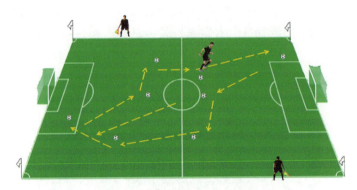

图 5.43　跟踪移动的大致路径

这种移动没有固定的路线,裁判员是以球为中心跟踪移动,最大的优点是始终与球保持较近的距离,但当球由左路转移时裁判员不能始终面向助理裁判员方向,有时影响队员的活动和传球路线。这种跟踪移动对体力要求相当高,一般不宜采用。每个球队都有自己的技战术特点和风格,他们往往根据不同的对象来改变自己的打法。因此,裁判员在比赛过程中也应具有应变能力采用不同的移动路线。

2)移动路径的选择

(1)大"S"形移动　适用于比赛对抗激烈,转移球速度快、范围大,需选择角度,裁判员需有较好体能。

(2)小"S"形移动　适用于比赛队员有对抗、较激烈,但转移球速度不快、范围不大,需选择判罚角度,裁判员需有体能保证。

(3)直线移动　适用于比赛场地不大,比赛较激烈,裁判员需有体能保证。

(4)跟踪移动　适用于比赛队员有对抗、激烈,转移球速度快,需选择角度,裁判员需有良好体能。

5.6.5　主裁判场上选位要考虑的因素

现代足球运动的发展趋势之一就是突出一个"快"字。因此,要求裁判员在执法过程中也要移动"快",到位"快"。但在实践中大多数裁判员还跟不上球的速度。因为裁判员的移动是根据球的移动而移动,他们往往是被动的。若要变被动为主动,就要求裁判员有预见性,也就是说裁判员要预见球的发展方向,提前移动。如裁判员能提前移动几米,就可以弥补跑速跟不上球速的弱点,从而变被动为主动。

裁判员具有预见性就可以紧跟球的发展,与球保持较近的距离,但距离近不等于裁判员就能看清楚双方队员的动作,裁判员还应当选择正确位置,为观察打好基础。

选位时,裁判员反应要快,移动方式多样化,经常调整自己的位置;在移动中要防止与双方队员位置重叠,要考虑观察角度、跟踪距离等因素(见图 5.44)。

选位时还要做到以下几点:

① 选位要准确、勤移动。
② 选位与场上"焦点"要"兼顾"。
③ 选位与判罚时机要"吻合"。

5.6.6 主裁判选位常用的方法

通常情况,裁判员在场上移动选位常用的方法有 6 种,即"等""抢""绕""让""躲"及"跟",目的都是为了距球近、判罚角度好以及不影响双方队员的技战术发挥。

图 5.44　裁判员选位需要考虑的因素

(1) 等　裁判员预判到控球方的传球路线,从而做出的短暂停止移动行为(见图 5.45)。

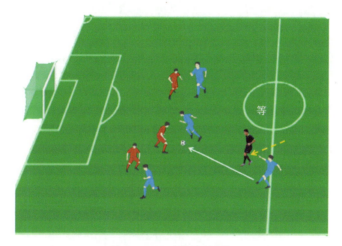

图 5.45　移动选位的"等"

(2) 抢　裁判员预判到控球方的传球路线,为了尽可能接近球,而采用的主动快速移动行为(见图 5.46)。

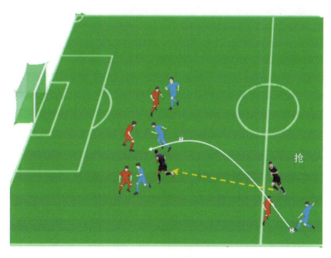

图 5.46　移动选位的"抢"

（3）绕 裁判员预判到控球方的传球路线，裁判员的移动路线受阻时，为了不影响正常比赛，采用主动的横向或后撤的移动行为（见图5.47）。

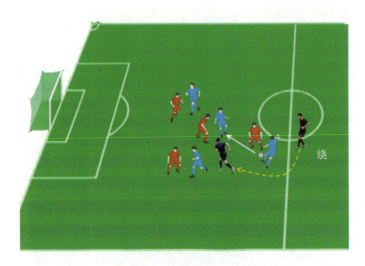

图 5.47 移动选位的"绕"

（4）让 裁判员处于最佳跟球距离以及角度，但裁判员所选择的位置在攻守双方争抢或传球路线上而采用的主动移动避让方式（见图5.48）。

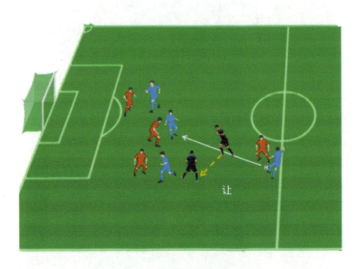

图 5.48 移动选位的"让"

（5）躲 是指裁判员在移动选位过程中，置身于双方抢截的区域内，一时无法撤出，为了不被球击中，主动藏身于队员身后的一种选位方式（见图5.49）。

（6）跟 是裁判员常用的移动选位方式，也是基本的移动方式，为了距球近、角度好而采用的跟踪移动方式（见图5.50）。

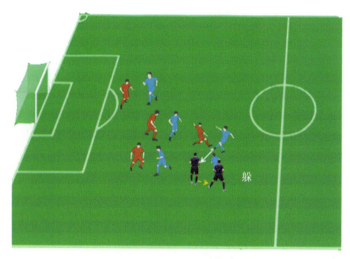

图 5.49 移动选位的"躲"

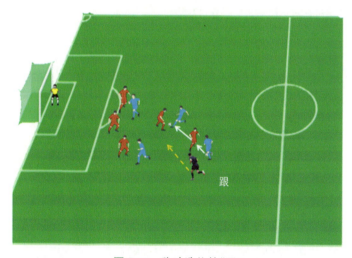

图 5.50 移动选位的"跟"

5.7 主裁判定位球时的基本选位

5.7.1 中圈开球时,裁判员的选位

1) 选位区域(见图 5.51)

(1) 站在进攻方向的"左后侧方":这种选位规范、常用。

(2) 站在进攻方向的"左正侧方"。

(3) 站在进攻方向的"左前侧方"。

2) 选位依据

(1) 新规则修改后,开球队员可将球踢向任意方向,所以,裁判员的站位也应随之改变。

图 5.51 中圈开球时的选位

（2）裁判员的选位前提是尽可能"不影响"开球方队员开出球的运行路线。
（3）不影响双方队员移动路线。
（4）方便裁判员快速移动到准确判断位置。

5.7.2 球门球恢复比赛时，裁判员的选位

1）选位区域

选位区域如图 5.52 所示，中圈上下两条虚线间的区域，一般采用球门球开球方向的"左侧中圈附近"。

图 5.52 球门球恢复比赛裁判员的基本选位

2）选位依据

（1）开出的球远近可以快速移动到位，而且可以面对助理裁判员。
（2）场上 3 位裁判员都能有较好的观察角度（三位一体、团队配合）。

5.7.3 角球时，裁判员的选位

（1）近端角球选位　选位区域见图 5.53。选位依据如下：
① 需观察球是否放置在角球区内（视线"1"），确定后，视线转到"1"。

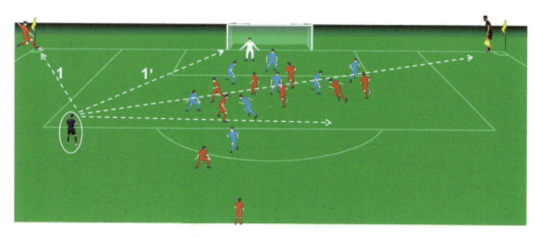

图 5.53 近端角球裁判员选位

② 管理防守队员是否退出规定距离。
③ 将罚球区内的双方队员放在视线范围内。
④ 防止角球开出后,裁判员被卷入比赛当中。
⑤ 观察面宽,能观察到远端的助理裁判员的判罚。
(2)远端角球选位　选位区域见图 5.54。选位依据如下:

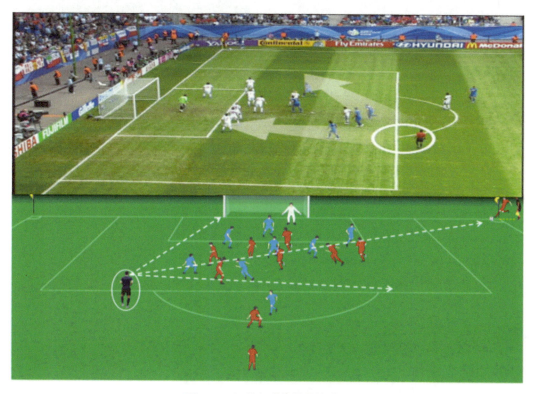

图 5.54 远端角球裁判员的选位

① 与近端角球的区别，就在于第①、②条观察内容是由助理裁判员来完成。
② 将罚球区内的双方队员放在视线范围内，选择好的观察角度。
③ 防止角球开出后，裁判员被卷入比赛当中。
④ 注意力分配和转移，能兼顾到远端的助理裁判员的判罚。
观察角度、判罚距离、与助理裁判配合是选位的主要依据。

5.7.4 任意球时，裁判员的选位

1）前场任意球的选位

（1）近端任意球选位　前场近端任意球选位见图 5.55。

图 5.55　前场近端任意球的选位

① 需观察球是否放置在犯规地点。
② 管理防守队员是否退出规定距离（攻防队员站位需离开对方人墙至少 1 米的距离）。
③ 罚球区内的双方队员是否在你的视线范围内（观察角度）。
④ 防止任意球开出后，被卷入比赛当中。
⑤ 需观察到对面助理裁判员的判罚。

（2）中端任意球选位　前场中端任意球选位见图 5.56。

① 需观察球是否放置在犯规地点。
② 管理防守队员是否退出规定距离。
③ 罚球区内的双方队员是否在你的视线范围内（观察角度）。
④ 防止任意球开出后，被卷入比赛当中。
⑤ 需观察到对面助理裁判员的判罚。

图 5.56　前场中端任意球的选位

（3）远端任意球选位　前场远端任意球选位见图 5.57。

图 5.57　前场远端任意球的选位

① 助理裁判员可进场，确定球是否放置在犯规地点。
② 助理裁判员进场管理防守队员是否退出规定距离。
③ 罚球区内的双方队员是否在你的视线范围内（观察角度）。
④ 防止任意球开出后，被卷入比赛当中。
⑤ 需观察到对面助理裁判员移动到位，并注意对越位的判罚。

2）中后场任意球的选位

（1）中场任意球的选位　一般直接射门得分可能性不大，裁判员需预判罚球方意图提前选位。

① 需交代犯规地点，预判罚球方可能的传球路线，选择所要移动的方法和位置。

② 选位一般靠近对角线和犯规地点，在判罚地点的前面或附近。

③ 尽可能与助理裁判员保持较好的观察角度。

（2）后场任意球的选位　一般移动到进攻方的前方位置（见图 5.58）。

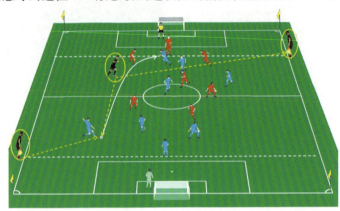

图 5.58　后场任意球的选位

① 后场任意球判罚后，交代清楚犯规地点后，主裁判需提前向进攻方向移动选位。

② 可采用"远距离管理"任意球判罚地点；在助理裁判员一侧时，助理裁判员也可以参与管理。

③ 后场任意球的犯规地点认定，不必过于苛刻，防止落入拖延时间"陷阱"。

④ 当任意球被踢出时，需判定球的落点及区域，将助理裁判员放在自己的视野范围内。

⑤ 主罚队员判罚间接任意球时，主裁判必须单臂上举，随即可以放下。

⑥ 当主罚队员罚球时，必须再一次单臂上举，球被踢出且无进门或可能球已越出比赛场地，即可放下（新规）。

5.7.5　罚球点球时，裁判员的选位

1）比赛过程中的罚球点球选位（见图 5.59）

（1）需观察球是否放置在罚球点上。

（2）管理攻守双方队员是否退出规定区域和距离。

（3）主罚队员、守门员以及双方队员是否在你的视线范围内（与助理裁判员有具体分工）。

（4）裁判员站位不能太靠近罚球点和球门线，防止罚球点球踢出后，未进球而被卷入比赛当中。

（5）选位时一般罚球点与裁判员连线大约与球门线平行，且避开罚球区外的攻守双方队员的移动路线。

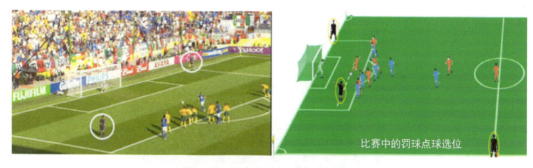

图 5.59　比赛中的罚球点球的选位

（6）需观察到对面助理裁判员的判罚。

（7）助理裁判员站在罚球区与球门线交接的点上，一旦球未进门得分，需快速选择判罚位置。

（8）一般助理裁判员需观察守门员一只脚是不是踩在球门线上，还要看球是否进门。

2）罚球点球决胜负的选位（见图 5.60）

图 5.60　罚球点球决胜负的选位

（1）需观察球是否放置在罚球点上。

（2）助理裁判员站在垂直于球门线的交叉点上，并管理好身后守门员。

（3）主罚队员、守门员需在你的视线范围内（与助理裁判员有具体分工）。

（4）裁判员可靠近罚球点和球门线一点，几乎成"等腰三角形"站位（"对等"）。

（5）裁判员鸣哨后，需站立不动（不干扰双方队员）。

（6）需观察到对面助理裁判员的判罚。

5.7.6　界外球时，裁判员的选位

（1）界外球的选位需根据场上的具体情况选择具体的位置。

（2）主罚界外球队员掷出距离，就是裁判员需关注的圆区域半径。

（3）攻方、守方中场界外球时，主裁判的选位一般是在进攻方向的前方，主罚界外球队员的违规判罚以主裁判为主（见图 5.61）。

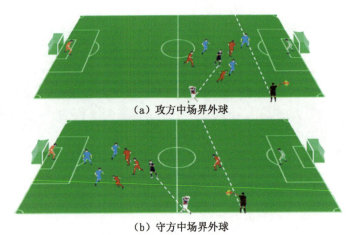

(a) 攻方中场界外球

(b) 守方中场界外球

图 5.61　攻方、守方中场界外球的选位

(4) 攻方前场、守方后场界外球时，主裁判的选位一般是平行球门线或进攻方向的前方，对主罚界外球队员的违规判罚以助理裁判员为主(见图 5.62)。

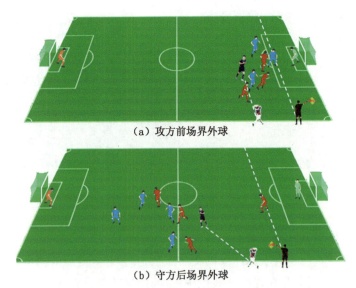

(a) 攻方前场界外球

(b) 守方后场界外球

图 5.62　攻方前场、守方后场界外球的选位

5.7.7　坠球时，裁判员的选位

坠球是足球运动中恢复比赛的一种方法，不属于定位球范畴。比赛中，当裁判员因故暂停比赛而球又未脱离比赛(即未越出边线或球门线)时，就应由裁判员在暂停时球所在的地点执行"坠球"恢复比赛。

当裁判员所持的球自然下坠着地时即恢复比赛，如下坠的球未着地前，队员先行踢球或触球或球着地后在队员未触及前出界，则应重新坠球。

(1) 以下情况下，裁判员停止比赛时，"坠球"给防守方守门员：
① 停止比赛时，球在罚球区内。
② 最后触球点在罚球区内。
(2) 如果在罚球区外停止比赛，球将被坠给比赛停止前最后一次触球的球队队员，地点在该队员最后触球的地点。
(3) 所有坠球情况，其他所有队员（包括双方队员），必须距离"坠球"地点至少 4 米直至比赛恢复。当球触及地面，比赛即为恢复（见图 5.63）。

图 5.63　坠球时的选位

(4) 出现如下情况时，需重新坠球：
① 球在触及地面前被队员触及。
② 球在触及地面后，未经队员触及而离开比赛场地。
(5) 如果坠球后，球未经至少两名场上队员触及而进入球门，有以下两种情况：
① 球进入对方球门，则以球门球恢复比赛。
② 球进入本方球门，则以角球恢复比赛。

5.8　助理裁判员的手旗使用规范

5.8.1　助理裁判员的职责

(1) 当出现如下情况时，给予示意：
① 球的整体离开比赛场地，应由哪一队踢角球、球门球或掷界外球。
② 处于越位位置的队员可被判罚越位。
③ 申请队员替换。
④ 在踢罚球点球时，守门员是否在球被踢出前离开球门线，以及球是否越过球门线。

如果比赛选派附加助理裁判员,则助理裁判员的选位应在与罚球点齐平的位置上。

(2)助理裁判员的协助职责也包括监管队员替换程序。

(3)助理裁判员可进入比赛场地管理9.15米的距离。

(4)助理裁判员执裁区线的表述见图5.64。

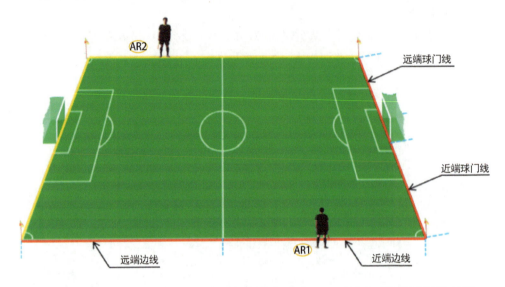

第一助理裁判员(AR1)——管理"红色"的一条边线和球门线,靠近 AR1 一侧称之近端边线和近端球门线;
第二助理裁判员(AR2)——管理"黄色"的一条边线和球门线,靠近 AR2 一侧称之近端边线和近端球门线。

图 5.64　助理裁判员执裁区线

5.8.2　手旗使用方法

赛前必须检查手旗旗面与手柄连接是否牢固,旗面是否干净、整洁。

比赛开始前,尽可能将手旗卷起(见图5.65),不用展开,赛前将比赛用具包括手旗提前放置到第四官员席,以防遗忘。

1)握旗方法

(1)用右手的大拇指与中指捏住手旗的手柄后,无名指与小拇指顺势握住手柄,手柄与手掌间留有空隙,食指抵住旗杆(见图5.66)。

(2)右手握旗时掌心向左或左上,左手握旗时掌心向右或右上。建议掌心不要向下,要让手旗、手腕和手臂保持在一条直线上。

(3)助理裁判员在移动过程中,手旗都必须面向场内,握旗手臂自然下垂。移动过程

(a)卷旗

(b)持旗

图 5.65　卷旗与持旗

图 5.66 握旗方法

中,前后摆动幅度不宜过大,做到自然、放松和协调。

2)旗示技巧

球队指示、方向及方位指示的旗示方式见图 5.67。

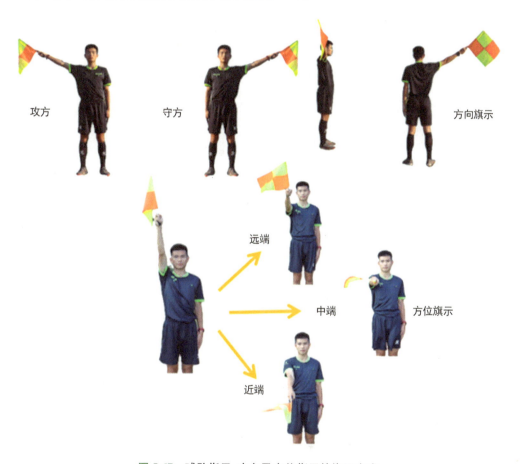

图 5.67 球队指示、方向及方位指示的旗示方式

(1)所有的旗示,要求一次性到位,尽可能不做二次调整,尤其不要用自己的视线调整旗示。在打方向旗示时,必须做到旗示与身体在一个平面上,而且与边线平行。

(2)规范性旗示需反复训练,通过自身的本体感受器形成动力定型。

（3）出旗需自然、果断，顺从手臂的各个关节依次发力到位，杜绝过于紧张、机械和僵硬，这不仅影响美观而且容易出错。

（4）判罚"死球"，助理裁判员不能准确判定攻守方球权时，需及时上旗示意，通过与主裁判的"引导判罚"后，需要换手指示方向时，建议从身体前侧倒手换旗，而不建议在上方直接倒手换旗给方向。

3）协助判罚的旗示要求

（1）近端角球时，有先打旗示再选位和先选位再打旗示两种方式（见图5.68）。

（2）当出现球门球、角球时，尽可能靠近角旗杆2米处打旗示。

（3）判罚球门球时，可正面对或半面对（与主裁判目光交流）球门区打旗示（见图5.69）。

（4）出示越位犯规判罚旗示后，听到主裁判的哨音后，应立即给出具体的越位犯规位置旗示。

（5）越位位置方位旗示只有三种，必须按要求打出规范的旗示。

（6）助理裁判员协助判罚时，必须快速摇旗，可通过语言向主裁判提示，主裁判鸣哨后，快速给出方向。

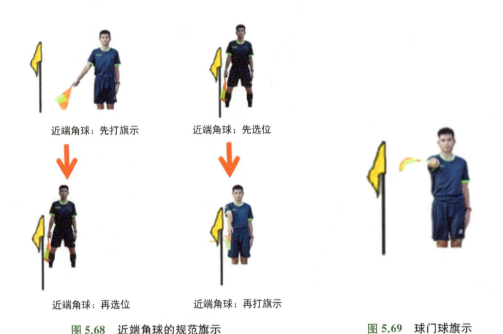

图 5.68　近端角球的规范旗示　　　　图 5.69　球门球旗示

5.9　助理裁判员场上移动与选位

5.9.1　助理裁判员移动区域及通常进场区域

助理裁判员的移动一般是沿半场边线外移动，必要时也可进场协助维持任意球规定距离。

助理裁判员管理一条边线和球门线（见图 5.70）。助理裁判员所在边线称为"近端边线"。助理裁判员跑动时一般不越过中线，中线外的边线称之为"远端边线"。助理裁判员到球门间的球门线称为"近端球门线"，球门到远端角旗杆之间球门线称之为"远端球门线"。裁判组在执法过程中有具体的职责与分工。

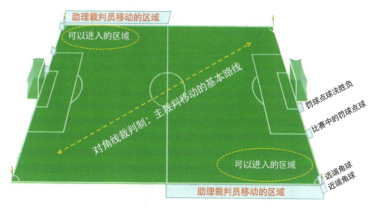

图 5.70　助理裁判员移动及可以进入的区域

5.9.2　助理裁判员的移动方法

1）助理裁判移动方式——"走动"和"跑动"

（1）助理裁判的走动　包括走、快走、交叉步走、后退走、侧身并步走（见图 5.71）。

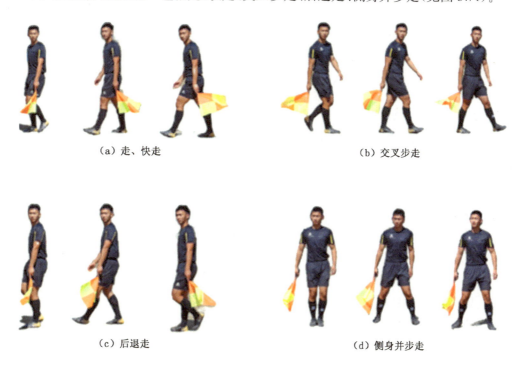

图 5.71　助理裁判员的走动方式

(2)助理裁判的"跑动" 包括慢跑、匀速跑、冲刺跑。

(3)助理裁判的"跑姿" 包括正面跑(即正面慢跑和正面冲刺跑)、侧身滑步跑、后退跑(见图 5.72)。

(a)正面慢跑　　　　　　　　(b)侧身滑步跑

(c)正面冲刺跑　　　　　　　　(d)后退跑

图 5.72　助理裁判员的跑动方式

5.9.3　助理裁判员场上移动要领

1)助理裁判员场上移动的目的

(1)正确选位　选位是助理裁判员在场上的一种跑动意识的体现,准确、及时选择位置是观察准确的关键。

(2)抓住观察时机　处于越位位置的队员,在同伴队员传球的"一瞬间""卷入"现实比赛中,是判罚越位的关键;当符合判罚的三个条件之一,即可判罚。

2)助理裁判员场上移动的要求

(1)助理裁判移动过程中,手旗和目光要始终面向场内,始终兼顾倒数第二名防守队员位置、球及主裁判。

(2)其职责中,越位判罚是第一位,近端界外球判罚是第二位。

(3)主裁判的"死角"区域的犯规,应及时给予协助判罚。

(4)阅读比赛,预判场上形势的变化,做到"勤观察"。

(5)合理分配体能。

5.9.4 助理裁判员选位注意事项

（1）观察面要宽，时刻"紧盯"倒数第二名防守队员，与其"连线"保持与球门线平行。
（2）通常情况下，兼顾"球"和倒数第二名防守队员，"焦点"位于自己的视野内。
（3）处于越位位置的队员，在同伴队员传球的"一瞬间"的位置是关键。
（4）速度要快，包括反应速度和移动速度快，侧身并步跑、后退跑速度要快。
（5）预见性要强，通过观察阅读比赛，预判球将要发展的位置。
（6）位置选择要准，便于观察球是否出界或球进门，以及协助主裁判执行规则。

5.9.5 定位球时助理裁判员的选位

助理裁判员的移动与选位是决定助理裁判员执行4项职责的重要环节，尤其是越位犯规判罚准确性的重要保证。助理裁判员与倒数第二名防守队员的连线始终要与球门线保持平行的位置。移动不及时、选位不恰当，可能造成判断失误而影响到比赛的胜负关系，所以，助理裁判员的移动与选位是裁判团队准确判罚的重要因素。

1）中场开球时，助理裁判员的选位

开始比赛时，主裁判鸣哨后，球明显移动时，助理裁判员必须及时开表计时。

中场（中圈）开球时，助理裁判员一般是选择与倒数第二名防守队员的连线与球门线平行的越位判罚位置。

2）球门球时，助理裁判员的选位

（1）当球被进攻方球员踢出球门线时，需判罚球门球恢复比赛。
（2）做出球门球判罚时，必须与主裁判有眼神的交流和沟通，避免出现"顶牛"情况。
（3）快速移动到离角球杆2米以内的位置，并打出"球门球旗示"，这样更有说服力。
（4）球门球恢复比赛时，需观察球是否放在球门区内，并呈静止状态，若需协助判罚时必须与主裁判有眼神沟通（见图5.73）。

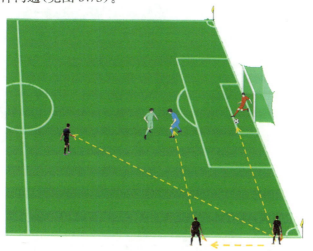

图5.73 球门球时助理裁判员的选位

3）角球时，助理裁判员的选位

（1）近端角球的选位　在角旗杆后，球门线延长线1.5米处，以不影响球员踢角球为宜。

近端角球时，助理裁判员的两种选位与旗示方法：

① 先打旗示后选位：获得角球机会的一方不急于恢复比赛时，常采用这种方法［见图5.74(a)］。

② 先选位后打旗示：获得角球机会的一方急于恢复比赛时，为避免影响主罚队员快速将角球罚出，助理裁判员为不丢失观察角度和判罚位置而采用的方法［见图5.74(b)］。

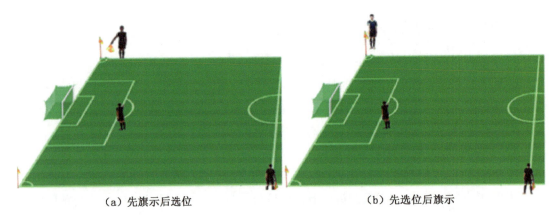

（a）先旗示后选位　　　　　　　　（b）先选位后旗示

图5.74　两种近端角球的旗示方法

（2）远端角球的选位　一般选择站角旗杆前方的球门线上。这不会影响到远端角球的罚出，便于更好地观察罚出的角球是否越出比赛场地（见图5.75）。

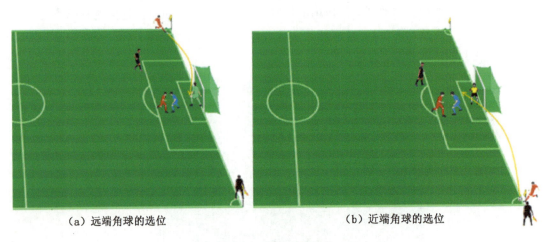

（a）远端角球的选位　　　　　　　　（b）近端角球的选位

图5.75　角球时的选位

① 助理裁判员与主裁判对于角球的判罚，在准备会中会有明确的约定，一般近端由助理裁判员判罚为主，远端以主裁判判罚为主，但准确判罚是共同的目的。

② 当角球被罚出时,若球在空中出界,助理裁判员上旗要快,主裁判也要有观察的习惯。

4)界外球时,助理裁判员的选位

(1) 近端界外球恢复比赛时,助理裁判员正常选择判罚位置。

(2) 确定球出界的地点,适当管理场上对方队员退出规定的距离,使比赛顺利恢复。

(3) 球一旦进场,需注意有无犯规或相互触球再一次出界,并由哪一方掷界外球。

(4) 关注主罚队员是否有违规现象(界外球技术、罚球地点),并协助判罚(见图5.76)。

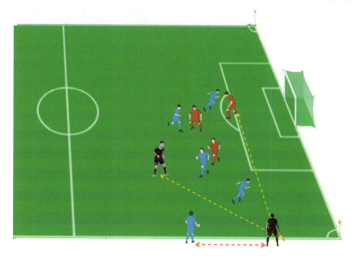

图 5.76　界外球时的选位

(5) 远端界外球时,一般情况下不宜协助主罚队员界外球违规的判罚。

5)任意球时,助理裁判员的选位

主裁判判罚任意球包括直接任意球和间接任意球两种。当以任意球恢复比赛时,首先必须将球放置在判罚地点,且保证球呈静止状态。

(1) 前场任意球的选位　前场任意球会出现越位和进球的可能,所以,助理裁判员的合理选位,能确保判罚的准确性。必须要有良好的职业习惯和要求,确保判罚位置的准确性。

① 选择"判罚越位犯规的位置",即助理裁判员与倒数第二名防守队员的连线与球门线平行(见图5.77)。

② 同时兼顾主罚队员"脚触球的时机",也是判罚越位犯规的时间节点。

(2) 后场任意球的选位　后场任意球恢复比赛时,助理裁判员判罚难度较小。

① 确定判罚任意球的地点,对近端任意球的地点可作适当管理和提醒。

② 对于远端的任意球地点还是由主裁判来进行远程管理。

③ 快速移动,选择与倒数第二名防守队员的连线与球门线平行。

6)罚球点球时,助理裁判员的选位

(1) 比赛中的罚球点球　当主裁判判罚球点球后,助理裁判员需迅速到位。站在近端罚球区与球门线交叉点上(见图5.59),观察守门员脚的站位,以及是否进球。

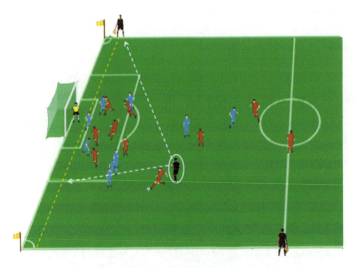

图 5.77　前场任意球的选位

(2) 决胜负罚球点球(见图 5.60)

① 当以罚球点球决胜负时,裁判组需有具体的职责和分工。

② 助理裁判员需选择近端球门区与球门线交叉点上,观察守门员脚的站位,以及是否进球。

③ 管理好身后主罚队员的同队守门员,防止对对方守门员有干扰。

④ 准备会若有要求,需帮助主裁判记录好轮次、进球,准确无误判定胜负。

7)坠球时,助理裁判员的选位

坠球不属于定位球范畴,当出现坠球情况时,助理裁判员选择常规位置即可(见图 5.63)。

5.9.6　助理裁判员监管队员替换程序

(1) 当第四官员需执行换人程序时,首先通知第一助理裁判员。

(2) 比赛成死球时,第一助理裁判员择机上"换人旗示"告知主裁判(见图 5.78)。

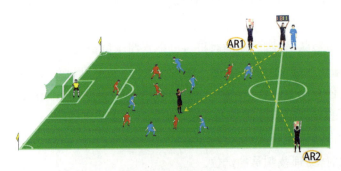

图 5.78　监管队员替换程序的配合方式

(3)当主裁判没能观察到第一助理裁判员的旗示时,第二助理裁判员应快速给出换人旗示,体现团队配合。

(4)若受到场内外干扰因素影响,不能流畅执行换人程序时,也可采用呼喊的方式来执行。

(5)死球情况下,主裁判给出明确信号后,执行替换程序。

5.9.7 助理裁判员执行规则的判罚决定

(1)裁判实践中,通常把助理裁判员执行规则判罚决定的情况,称为"协助判罚"。

(2)裁判员的权力和职责,关于纪律处罚解释中有:"对于自己未看到的情况,根据其他比赛官员的建议做出判罚决定"的条款。

(3)虽然助理裁判员职责中,没有明确助理裁判员有执行判罚决定的条款,但助理裁判员是有权力"协助判罚"的。

(4)助理裁判员"协助判罚"的前提条件如下:

① 确定场上队员的犯规行为在主裁判"视野"范围之外。

② 场上队员犯规在助理裁判员的视野范围内,不存在掌握有利的情况。

协助判罚时需考虑队员犯规区域、比赛情况、主裁判的移动距离、观察角度以及判罚时机等因素。

(5)执行"准备会"中关于"协助判罚"的约定

① 协助判罚需考虑区域、攻守方、气氛、纪律处罚,以及第四官员对技术区内的替补席管理情况。

② 根据情况进场协助管理和判罚,协助犯规判罚需考虑有利条款的掌握。

③ 球发展到助理裁判员近端时,需合理分配注意力,关注越位位置、球及时机的把控。

④ 重点执行助理裁判员的4项工作职责,尤其是对越位犯规的判罚。

⑤ 充分体现"团队配合",共同维护比赛的顺利进行,贯彻一荣俱荣、一损俱损理念。

⑥ 罚球区内,除越位犯规外,助理裁判员一般不协助判罚;但特殊情况(除主裁判外,全场大多数人均看到的犯规),助理裁判员必须协助判罚(见图5.79)。

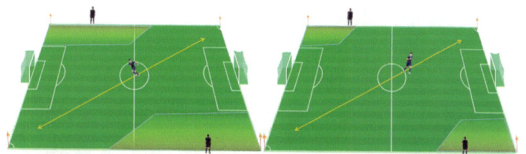

(a)助理裁判员可以"协助判罚"的约定区域　　(b)助理裁判员可以进场"协助管理9.15米"的约定区域

图5.79　助理裁判员协助判罚及进场管理的约定区域

5.10 第四官员的职责与工作方法

现在足球比赛的裁判团队,除主裁判外,可选派其他比赛官员(两名助理裁判员、一名第四官员、两名附加助理裁判员、候补助理裁判员、视频助理裁判员,以及至少一名助理视频裁判员助理)执法比赛,他们根据比赛规则协助主裁判管理比赛,但最终决定必须由主裁判作出。

低级别足球比赛,还是采用四人组成的裁判团队参与工作,比赛中主裁判和助理裁判员的职责相对清晰,责任划分比较明确,但第四官员的职责及工作流程并不是很清楚;然而对于每一个裁判员来说,必须首先学会做好第四官员的工作,才能有助于裁判事业更好的发展。

第四官员要和其他裁判员一样做好赛前各项准备工作;协助主裁判召集裁判组开好准备会;认真检查、阅读秩序册审核过的队员资格、替补人数、技术区替补席人员情况等。第四官员在比赛前应将自己的裁判服装、鞋袜及执法用品准备齐全,在裁判员不能继续担任临场工作的情况下,按照赛前组委会的规定,及时上场担任比赛的裁判工作。

5.10.1 第四官员工作内容

1)赛前准备工作

(1)按比赛规程中规定时间节点,由比赛监督收取双方教练员签字后的队员和替补队员名单,检查、核实后交给第四官员(一般在开赛前40~60分钟收取)。

(2)仔细核查双方名单是否符合"组委会资格审查后的名单"要求,不符合要求名单需由比赛监督再一次与运动队的教练员核实与修改(见图5.80)。

图 5.80　赛前准备工作

（3）双方队伍到达赛场后，面向场内，按左侧主队、右侧客队安排就位。通常情况下，比赛日程安排前面为主队，后面为客队。

（4）技术区内人员、人数按比赛规程要求执行。

2）赛前检查工作

（1）配合裁判员检查场地、球的气压（0.6～1.1 kPa）、手旗、秒表及换人牌等。

（2）赛前5～7分钟时，由主裁判鸣哨召集比赛队伍，按队长、守门员及其他队员顺序排列。

（3）队员持参赛证或身份证，按秩序册核对队员的姓名、号码，对装备、饰物等进行安全检查。

（4）裁判员、比赛队员就位后，第四官员需站在场外中线延长线约1.5米处，等裁判员鸣哨，球动开表计时，并检查确保秒表走时正常（建议双开表，本人手表同时开启计时模式）。

3）技术区及场下管理工作

（1）技术区及场下管理工作内容

① 核对替补队员、技术官员资格是否符合规程要求，技术区人员服装需区别于场上队员。

② 劝离技术区多余人员，阻止技术区人员向场内递饮料或其他物品。

③ 未经裁判员同意，场外任何人不得进入比赛场地，包括受伤队员重新入场。

④ 管理技术区官员、队员不得干扰比赛；管理其他干扰或影响比赛的情况。

⑤ 管理替补队员须在规定区域内热身，不得动球、不得穿正式比赛服装。

⑥ 劝离比赛区域摄影记者，不得随意走动和拍照，以及违反夜间使用闪光灯的规定。

⑦ 比赛暂停补水过程中，第四官员要负责管理左侧主队比赛队员不得出场。

⑧ 记录比赛中的进球、红黄牌及替换队员姓名、号码及时间。

⑨ 下半场比赛前，协助主裁判核查场上比赛人数及完成替换程序。

⑩ 发生突发事件时，提供裁判员未看到的情况，协助裁判员执行工作。

（2）比赛过程中，技术区及场下管理工作的具体方法和技巧

① 场下工作过程中，"视线"尽可能不离开比赛场地。

② "管理用语"，多用"请……"，不对抗，达到管理为目的。

③ "管理面部表情"多采用"微笑或中性"，不对抗，让对方能够接受。

④ "管理肢体语言"，采用"礼貌手势"，不对抗，让犯规者意识到自己的不当行为。

⑤ "管理时机"，采用"等待"和"暗示"，不对抗，使对方有缓冲时间。

⑥ 技术区人员干扰比赛且管理无果时，可通知裁判员给予"劝诫"或"纪律处罚"。

⑦ 对场上、场下的突发事件，必须看清楚"人和号码"，直接告诉主裁判给予纪律处罚。

⑧ 做到勤观察，统筹兼顾、明察秋毫，管理及时、有理有节，保持良好的平和心态。

5.10.2 《足球竞赛规则》中"第四官员工作职责"内容

《足球竞赛规则》中，只是明确了第四官员的6项工作职责，但在整场比赛中，却承担着

大量的工作任务。第四官员工作的好坏，直接影响比赛质量，也是确保比赛是否顺利进行的重要环节。

（1）监管队员替换程序。

（2）检查场上队员、替补队员的装备。

（3）在裁判员示意或同意后让场上队员重新进入比赛场地。

（4）监管用于更换使用的比赛用球。

（5）在各半场（包括加时赛）结束时，展示裁判员将要补足的最短补时时间。

（6）将技术区域人员的不当行为告知裁判员。

5.10.3 监管队员替换程序

1）队员替换程序

替补队员替换场上队员时，必须遵从如下规定：

（1）替换前必须通知裁判员。

（2）被替换的队员，经裁判员许可离开比赛场地，除非其已在比赛场地外，否则必须从距离最近的边界线离场，除非裁判员示意其可以立即从中线或其他地点离场（需考虑到安全和受伤因素）。

（3）被替换队员必须立即前往技术区域或更衣室，且除非允许返场替换，否则不得再次参加该场比赛。

（4）如果被替换队员拒绝离开比赛场地，则比赛继续。

（5）替补队员遵从如下规定方可进入比赛场地：

① 在比赛停止时。

② 从中线处。

③ 被替换的队员已离开比赛场地。

④ 在得到裁判员的信号后。

当替补队员进入比赛场地，替换程序即视为完成。从此时起，替补队员成为场上队员并可执行任一恢复比赛的程序；所有已替换下场的队员和替补队员，无论其是否上场参赛，裁判员均可对其行使职权。

2）监管队员替换程序的工作方法与技巧

（1）当第四官员观察到有热身队员或教练员填写替换队员名单，并明确替换队员的号码时，可提前将换人牌上翻好上场队员号码。

（2）当接到替换名单时，先在换人单上标注以下"主队或客队"，检查替补手续是否符合要求（需教练员签字），检查参赛证（或身份证）及上场队员名单，审查替换队员信息是否符合上场资格。

（3）当替换队员送回证件间隙，需快速翻出被替换队员号码的换人牌。

（4）面向场内，检查替补队员装备符合比赛要求后，将替换队员带至比赛场地的中线延长线1.5米处，并通知第一助理裁判员，等"死球"时执行换人程序。

(5) 比赛成"死球"时,第一助理裁判员给出换人信号,主裁判同意(鸣哨)执行换人程序(若裁判员没看见信号时,也可让队员呼喊裁判员)。

(6) 当有两人次替换时,可正反面分别翻好对应的人员号码;一旦超过两人换人时,可选择不翻牌,在监管好替换队员的同时,让替换上场的队员呼喊被替换下场的队友。

(7) 经裁判员同意后,被替换下场的队员就近离场。替补队员需从中线处入场,严格执行"先下后上"原则。

(8) 执行换人程序时,提前设计好上牌路径后,上一步举牌示意(见图 5.81)。一般主队换人,选右手持牌左手管理替补队员;客队换人则反之(见图 5.82)。

图 5.81 换人程序举牌示意

(9) 完成换人程序后,需"退回"到工作区,视线尽可能不离开比赛场地,并将换人牌翻回。

(10) 及时记录好替换队员号码、时间,建议用"整分钟"记录。

(a) 主队换人:右手持牌,左手管理替补队员　　(b) 客队换人:左手持牌,右手管理替补队员

图 5.82 主客队换人牌持法

3) 比赛规则中队员替换规定的解读

(1)《足球竞赛规则》明确规定,加时赛时,可启用"第四个替换名额"。

(2) 国际足联、各洲际联合会或各国足球协会赛事,最多不能超过"5 人次"替换。

(3) 顶级联赛球队及国家队的男子、女子赛事,最多可进行"3 人次"替换。

(4) 比赛规程必须明确:可提名的替补队员人数是"3～12"名。

(5) 返场替换(已替换下场的队员,可重新上场比赛),仅允许在青少年、年长人士、残障人士以及草根足球比赛,前提是得到国家足球协会、洲际联合会或国际足联许可。

(6) 青少年、业余赛事中的换人设置,比赛规程会规定具体的"替补队员人数"(有大、小年龄组别要求)和"替换人次"。

(7) "3+1"是指:在常规比赛时间内,各队最多能有"3 次"换人,但在上下半场间,可增加"1次"换人,但换人人数须符合比赛规程规定。第四官员必须认真核对、检查。

5.10.4 检查场上队员、替补队员的装备

（1）队员装备检查,必须严格执行《足球竞赛规则》第四章具体内容以及比赛规程要求。

（2）开赛前,裁判组会对上场队员装备进行检查,下半场开赛前也同样需要检查人数和装备,对不符合装备要求的队员,需离场整理,不得影响比赛的正常开球。

（3）助理裁判员及第四官员均需对就近离场整理装备的队员进行检查,符合要求并得到裁判员许可方可进场。

（4）替换队员的装备是由第四官员负责检查,符合要求方能进场比赛。

5.10.5 在裁判员示意或同意后让场上队员重新进入比赛场地

（1）场上流血的队员必须到场外进行护理,护理结束后,得到裁判员同意后方能入场。

（2）场外护理队员死球情况下可从任何地点入场,比赛进行中只能从边线处入场。

（3）要求场外护理往往是拖延时间为目的的"圈套",要注意甄别,谨防拖延时间战术得逞。

（4）当主裁判同意担架或队医进场时,受护理的队员"必须离场"护理。

（5）队员进入或重新进入场地,都必须得到裁判员同意后,方能进出比赛场地,擅自进出场地都将会得到纪律处罚——黄牌警告。

（6）比赛中,如果双方队员为争抢球而冲出场地外的情况,不在此处罚范围内。

（7）出场护理队员在第四官员工作区域附近时,需适当给予管理,不得私自入场。

5.10.6 监管用于更换使用的比赛用球

（1）比赛过程中,只有裁判员有权力更换比赛用球,其他任何人无权更换比赛用球。

（2）无论采用单球或多球制比赛,第四官员都必须管理好备用球,随时准备更换。

（3）多球制比赛过程中,不同场区的球童会第一时间向场内提供比赛用球。

（4）当主裁判做出提供比赛备用球"手势"时,第四官员需快速提供备用球,且尽可能减少耽误比赛时间。

（5）更换比赛用球的具体情况

① 球越出比赛场地较远,影响比赛的恢复。

② 球的气压不足。

③ 比赛中球有损坏情况等。

（6）第四官员提供备用比赛用球时的具体方法:建议手抛或脚内侧踢给场内距离最近的队员,不建议由第四官员将球踢向恢复比赛地点。

5.10.7 在各半场（包括加时赛）结束时,展示裁判员将要补足的最短补时时间

（1）补足"最短补时时间"的解释:就是裁判员比赛结束时,所补时的时间一定是"大于

或等于"第四官员展示的补时时间。

（2）补时的依据（《足球竞赛规则》）：裁判员对每半场所有因如下情况而损耗的时间予以补足：

① 队员替换（30 秒）。

② 对受伤队员的伤情评估和（或）将其移出比赛场地（1 分钟）。

③ 浪费的时间（酌定）。

④ 纪律处罚（酌定）。

⑤ 比赛规程允许的医疗暂停，例如"补水"暂停（不超过 1 分钟）和"降温"暂停（90 秒至 3 分钟）。

⑥ 与视频助理裁判"查看"及"回看分析"有关的延误（酌定）。

⑦ 任何其他原因，包括任何明显延误比赛恢复的情况（如庆祝进球）（酌定）。

⑧ 第四官员在每半场最后 30 秒时展示裁判员决定的最短补时时间。裁判员可增加补时时间，但不得减少。

⑨ 裁判员不得因上半场计时失误而改变下半场的比赛时长（裁判员无权改变比赛规程规定的比赛时间）。

（3）展示裁判员将要补足的最短补时时间的工作方法与技巧

① 正常比赛上下半场最后 2 分钟内，主裁判会根据比赛情况给出具体的"补时"时间。

② 第四官员需起身站在中线延长线外 1.5 米处。

③ 第四官员必须保持良好的身体姿态和精神风貌，时刻关注主裁判可能给出的加时手势。

④ 明确主裁判的具体"加时"后，应快速翻出加时牌，面向场内放置在桌前，便于主裁观察到。

⑤ 当比赛进行到最后 30 秒时，持牌站在中线延长线外 1.5 米处，最后 10 秒时上步举牌示意（见图 5.83）。

⑥ 先面向场内举牌，顺序为图 5.83 中①→②→①→③→①，然后退回工作台前，并保持站立工作状态。

⑦ 关注场上情况，当比赛结束时，应主动到场边迎接下场裁判员并做好服务工作，充分体现团队合作的良好精神风貌。

⑧ 及时核对场上的进球、红黄牌等信息，并于"中场休息时间"告知主裁判。

图 5.83　第四官员举牌补时

5.10.8　将技术区域人员的不当行为告知裁判员、球队官员

如果无法准确辨别是哪名球队官员违规，则该违规行为及纪律处罚将由该技术区域内最高职务的教练员承担。

1）劝诫

下列违规行为通常应进行劝诫，如果反复或过于明显的违规，则应警告或罚令出场：

（1）以有礼貌或非对抗的态度进入比赛场地。

（2）不配合比赛官员，如无视助理裁判员或第四官员的指令或要求。

（3）轻微或较低程度地（以语言或行动）对裁判员的决定表示异议。

（4）偶尔离开技术区域，且无其他违规行为。

2）警告

应警告的违规行为包括（但不仅限于）以下几种情况：

（1）清晰或持续地违反技术区域的限制。

（2）延误本方球队恢复比赛。

（3）故意进入对方技术区域（非对抗性地）。

（4）以语言或行动表示异议，包括：

① 扔或踢饮料瓶或其他物品。

② 做出明显对比赛官员缺乏尊重的动作（如讽刺性地鼓掌等）。

（5）进入裁判员回看分析区域。

（6）过分或持续地做出出示红黄牌的动作。

（7）过分地做出要求回看分析（比画电视屏幕）的信号。

（8）做出挑衅或煽动性的动作或行为。

（9）持续做出不可接受的行为。

（10）表现出对比赛缺乏尊重。

3）罚令出场

应罚令出场的违规行为包括（但不仅限于）以下情况：

（1）延误对方球队恢复比赛如持球，将球踢走，妨碍队员的移动等。

（2）故意离开技术区域，并且有以下行为：

① 抗议或指责比赛官员。

② 表现出挑衅或嘲讽的态度。

（3）以侵略性或对抗性的态度故意进入对方技术区域。

（4）故意向场内扔或踢物品。

（5）进入比赛场地，并且有以下行为：

① 与比赛官员进行对抗（包括在半场及全场比赛结束时）。

② 干扰比赛、对方队员或比赛官员。

（6）进入视频操作室。

（7）对对方场上队员、替补队员、球队官员、比赛官员、观众或任何其他人（如球童、安保人员或比赛官员等）实施肢体侵犯或侵略性行为（包括吐口水或咬人）。

（8）在一场比赛中受到第二次警告。

（9）使用攻击性、侮辱性或辱骂性的语言和（或）动作。

（10）使用未经授权的电子或通信设备和(或)在使用电子或通信设备时做出不当行为。

5.11 裁判组赛后总结

5.11.1 比赛结束后的工作内容

（1）裁判员与助理裁判员、第四官员核对进球队员姓名、号码、时间，以及被出示黄牌、红牌队员的队名、姓名、号码和时间。

（2）由裁判员约定时间主持召开赛后裁判工作总结会。

（3）按要求填写《裁判员报告》，并在规定的时间内交给主管部门。

（4）如在比赛中出现因故终止比赛、运动员或运动队有严重违纪行为，或其他严重事件等情况，裁判员应立即召集参与该场比赛工作的助理裁判员、第四官员开会，把发生的事件或情况核实清楚后，立即写出详细的书面报告，在 24 小时之内报主管部门。

5.11.2 赛后总结的内容和方式

随着足球运动的不断发展，裁判员的临场执法水平也应不断提高，以适应足球比赛的需要。在比赛结束后进行裁判工作总结是非常必要的，可促使裁判员们从实践中学会和掌握过硬的本领，摸索足球运动的发展规律，时刻总结经验和教训，力争上一个新台阶。

1）赛后总结内容

（1）评价自我心理状态。

（2）来自场内外的运动员、教练员、观众、工作人员等的干扰。

（3）比赛中对于出示红牌、黄牌的掌握，始终不受任何影响。

（4）比赛双方或主、客场因素的影响。

（5）比赛的性质、级别及激烈程度。

（6）裁判员的年龄、履历情况，是否适应场上激烈程度。

（7）执法中受挫折后心理活动的变化。

（8）天气及环境的影响。

（9）对比赛中场内外发生的突发事件的处理。

（10）评价执行规则、控制引导比赛的能力。

（11）坚决贯彻执行中国足协裁判委员会的统一判罚标准的力度。

（12）能否正确地理解和运用规则(新规则)。

（13）学会利用规则，懂得机械与机智运用规则的区别。

（14）应变能力，以不变应万变，提高驾驭比赛的能力。

（15）全场的判罚尺度与赛场的气氛。

（16）裁判员、助理裁判员的信心、风度、勇气、果断。

（17）裁判员控制、引导比赛的能力及全场跑动范围与距离。

（18）裁判员的视角与助理裁判员的配合，点、面、线、区的照顾。

（19）裁判员有利条款的掌握，助理裁判员协助区域的判罚。

（20）尖子运动员与肇事运动员的掌握、管理与处罚。

（21）评价关键球的把握及判罚的准确性。

（22）以规则为依据，不违反规则条例，"准"字上下功夫。

（23）进球得分、罚球点球、空中进球得分的配合。

（24）红牌、黄牌的处罚。以条例为准绳，掌握时机，恰到好处。

（25）判罚球点球的尺度。距离近，角度好，犯规清，在区内追加处罚。

（26）越位的判罚。裁判员与助理裁判员的配合有无错、漏判的现象。

（27）识别真假犯规动作的能力。运动员的受伤、佯装、欺骗行为。

2）赛后总结的方式

赛后应全方位地进行全面总结，方式有以下几种：

（1）专题讨论，选择1~2个内容重点进行。

（2）大组讨论，抓重点或较普遍存在的问题展开。

（3）小组讨论，有的放矢，区别对待。

（4）战例分析，利用本场或已有的教材进行讲解，积极讨论，加深理解。

（5）反复观看录像，分析讨论，总结提高。

5.11.3 裁判组团队合作

裁判员并非仅仅代表个人，还是集体的代名词。所有裁判员要有一荣俱荣、一损俱损、相互提高、共同进步的团队意识。

团队合作不仅体现在赛中，还包括赛前、赛后的方方面面。赛前准备会的召开，共同分析比赛形势，分析两队比赛风格，预计比赛的激烈程度、特殊情况及对策，了解两队主力队员和易肇事队员及教练员和工作人员的特点，预计采用的方法和对策，分工时取长补短等都是团队相互合作的表现；赛前裁判员一起热身、检查场地器材不仅是团队合作的表现，还是优良风气的体现；赛中越位、球出界、关键区域、得失分关键球、协助犯规、罚球区内外、替换人、时间的提示、手势的表达、突发事件的配合，赛后的核对工作、赛后总结也都是团队合作的表现。

相互信任、齐心协力、团结协作，加强责任感和使命感，共同努力使比赛达到公正、公平，保证比赛的圆满顺利是团队合作的追求，也是所有裁判员为之努力的方向。

6 裁判实操技能实训教程

6.1 主裁判实操技能实训

6.1.1 实训目的与要求

（1）实训目的　使学员能规范地掌握主裁判执法过程中的所有实操技能。
（2）实训内容　持哨、握哨、鸣哨、移动与选位、犯规性质及判罚手势、赛中管理等。
（3）实训方法　教师先示范，学员进行模拟练习，也可让动作规范的学员带领练习。
（4）实训组织　将学员分成若干组别，轮换教学；可采用多种教学队形，做到互不干扰。
（5）实训要求　熟练掌握规范的鸣哨、手势、跑姿、正确的移动与选位。
（6）学时安排　根据学员学习的实际情况，增减学时数。

6.1.2 实训内容

【实训 6.1.1】 持哨、握哨、鸣哨

（1）采用常规的教学队形，静止状态下，介绍不同的持哨、握哨及鸣哨技巧。
（2）教师先示范不同的哨音，让学员模仿练习。
（3）学员两人一组，相互学习、相互提醒及相互纠错。
（4）教师巡回纠错，并不断提高练习要求，使学员逐步提高鸣哨水平。
（5）找出有代表性错误的学员，现场分析错误原因，示范正确动作。
（6）布置课后练习作业，下次上课时检查。

【实训 6.1.2】 裁判手势

（1）采用常规的教学队形，静止状态下，介绍比赛规则明确规定的手势及要求。
（2）在教师的带领下，进行教师示范、学员模仿练习。
（3）将学员分成若干个小组，相互学习、相互提醒及相互纠错。
（4）教师巡回纠错，强调手势动作的顺畅和到位，注重手型、手势的规范性。
（5）介绍规则中没有明确规定，但必须掌握的一些手势及要求。

（6）要求课后加强练习，下次上课时检查。

【实训6.1.3】 裁判员移动与选位

1）实训要求

（1）教师讲解裁判员基本的移动路线以及所到达的区域，配合手势练习。

（2）介绍定位球时的基本站位，以及管理人墙、出牌、有利等手势。

（3）教师带领学员到达定位球地点，明确定位球时的大致站位及注意事项。

（4）学员跟随教师进行站位、手势练习，学会观察，尽可能做到不相互干扰。要求选位不影响队员移动和传球路线，手势规范，并考虑手势的力度和速度。

（5）学时安排：学员练习1个学时，不断反复练习，学员间相互纠错，不断提高规格和水平。

2）实训内容1：裁判员的移动教学

根据裁判员在执法过程中通常经过的区域，设置了6个移动练习的方法和路径；目的是让学员熟悉场地环境以及空域概念，养成良好的职业习惯。

（1）分别按照图6.1至图6.6所示，在场地上带箭头虚线上放置标志盘，盘间距5~10米。

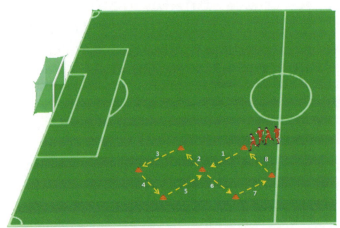

1—走；2—快走；3—侧身走；4—后退走；5—侧身交叉步走；
6—后退走；7—侧身并步走；8—快走。

图6.1 主裁判"走"——练习1

（2）如果人数较多，可设置两个练习场地。

（3）学员按图6.1~图6.6所标注的路径和练习内容，轮流进行移动练习。

（4）教师可根据学员的移动情况，逐个点评和纠错，并提出具体要求。

（5）在学习移动过程中，要有观察，视角选择需点、面结合。

（6）走动时需挺胸抬头，高重心，双手自然摆动，保持良好的身体形态。

练习1："走"（见图6.1）。

练习 2:"跑一"(见图 6.2)。

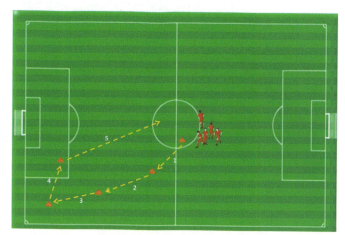

1—正面慢跑;2—侧滑步跑;3—正面快跑;4—侧滑步跑;5—慢跑。

图 6.2　主裁判"跑一"——练习 2

练习 3:"跑二"(见图 6.3)。

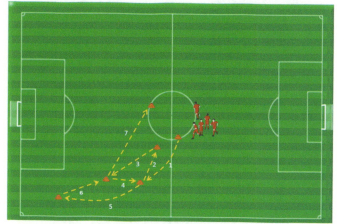

1—正面跑;2—后退跑;3—正面跑;4—后退跑;5—侧身跑;
6—后退跑;7—侧身跑。

图 6.3　主裁判"跑二"——练习 3

练习 4:"跑三"(见图 6.4)。
练习 5:"跑四"(见图 6.5)。
练习 6:"移动"(见图 6.6)。

3)实训内容 2:裁判员的选位

练习 1:定位球的选位

(1)场地设置、内容安排　按图 6.7 所示号码 1～10 放置若干个两种颜色标志盘。教师带领学员明确各号码位置定位球的基本选位。

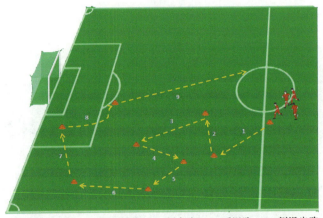

1—正面匀速跑；2—正面慢跑；3—侧向跑；4—后退跑；5—侧滑步跑；
6—正面加速跑；7—冲刺跑；8—侧身交叉步接并步跑；9—冲刺跑。

图 6.4　主裁判"跑三"——练习 4

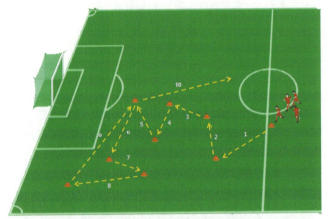

1—正面跑；2—侧滑步跑；3—侧身跑；4—侧滑步跑；5—正面跑；
6—侧滑步跑；7—后退跑；8—侧身交叉步接并步跑；9—正面跑；
10—侧身跑。

图 6.5　主裁判"跑四"——练习 5

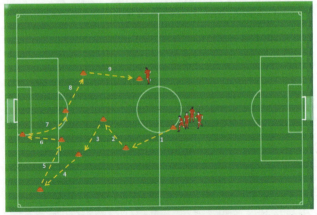

1—正面慢跑；2—正面走；3—侧身走；4—正面快跑；5—侧滑步走；
6—冲刺跑；7—侧滑步走；8—侧身走；9—后退跑。

图 6.6　主裁判"移动"——练习 6

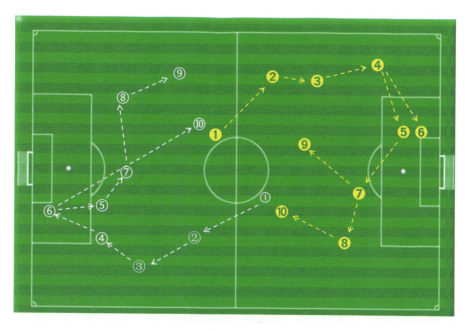

图 6.7 主裁判"定位球"选位

(2) 白色标号各标号选位对应的定位球　①中圈开球;②界外球;③越位球;④近端角球;⑤远端角球;⑥球门球判罚;⑦后场任意球;⑧后场界外球;⑨中场任意球;⑩球门球站位。

(3) 黄色标号各标号选位对应的定位球　①中圈开球;②中场任意球;③界外球;④越位球;⑤比赛中的罚球点球;⑥罚球点球决胜负;⑦前场任意球人墙管理;⑧更换比赛用球;⑨越位;⑩后场任意球。

练习2:移动中的选位

移动中的选位需要裁判员能判断场上进攻的意图及传球路线,还要观察队员的实际动作意图,提前移动和选位才能保证判罚的准确性。

(1) 教师介绍并示范各种移动方法及"跟""让""等""抢""绕"及"躲"等选位方法。

(2) 根据比赛的实际情况,设置了4个区域的移动选位练习(见图6.8),正确处理好移动与选位。

(3) 黄色标志桶、黄色实线是球运行路线,红色标志盘、白色虚线是裁判员移动与选位的路线。

(4) 4个区域里标注的数字,是实际比赛中经常出现的移动和选位方式标号(见表6.1)。考虑到现实比赛场景和场区,移动中的选位练习设计较为烦琐,请分区域阅读和理解。

(5) 学员可在教师的指导下,反复练习,直至掌握各区域可能要采用的移动和选位方法。

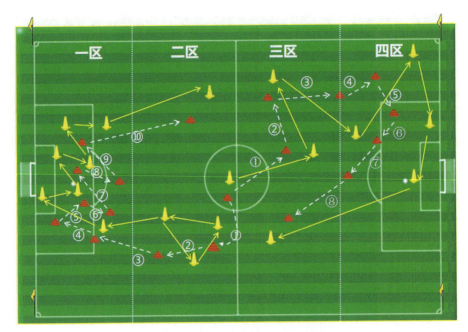

图 6.8 移动中的选位——练习设置

表 6.1 各区域常见裁判员移动选位方式

一区		二区		三区		四区	
标号	移动选位	标号	移动选位	标号	移动选位	标号	移动选位
4	冲刺跑	1	绕跑	1	等传后跑	4	侧身跑
5	侧滑步移动	2	抢跑选位	2	侧身跑	5	侧滑步
6	后退跑	3	快速跟跑	3	抢跑	6	交叉及并步跑
7	跟跑	10	侧身跑	8	后退跑	7	并步跑
8	后退跑						
9	跟进跑						

【实训 6.1.4】 主裁判移动路径

练习 1：

（1）移动方法　①走；②跟进快走；③匀速跑；④冲刺跑；⑤快速冲刺跑；⑥侧身快速跑；⑦侧滑步跑；⑧侧身跑；⑨后退跑；⑩跟进跑；⑪匀速跑；⑫绕跑；⑬跟进跑；⑭快速跑；⑮侧身跑；⑯侧滑步跑；⑰侧身跑；⑱后退跑。

（2）练习路径　见图 6.9。

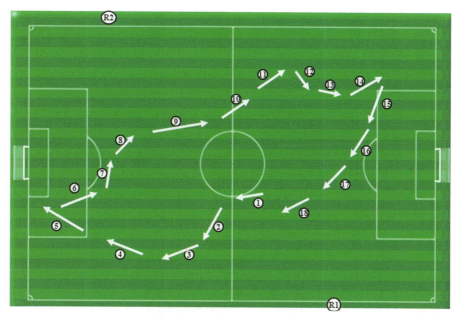

图 6.9　移动路径——练习 1

（3）教学组织　根据学员人数、教学场地、器材等实际情况，分组练习。

练习 2：

（1）移动方法　①走；②跟进快走；③匀速跑；④小冲刺跑；⑤快速冲刺跑；⑥侧身快速跑；⑦侧滑步跑；⑧侧身跑；⑨跟进跑；⑩跟进跑；⑪匀速跑；⑫绕跑；⑬跟进快走；⑭快速跑；⑮侧身跑；⑯侧滑步跑；⑰侧身跑；⑱跟进跑。

（2）练习路径　见图 6.10。

（3）教学组织　根据学员人数、教学场地、器材等实际情况，分组练习。

练习 3：

（1）移动方法　①走；②跟进快走；③匀速跑；④小冲刺跑；⑤快速冲刺跑；⑥侧身快速跑；⑦侧滑跑；⑧后退跑；⑨跟进跑；⑩快速跟进走；⑪侧身跑；⑫侧滑步跑；⑬跟进跑或快走；⑭快速冲刺跑。

（2）练习路径　见图 6.11。

（3）教学组织　根据学员人数、教学场地、器材等实际情况，分组练习。

练习 4：

（1）移动方法　①走；②跟进快走；③匀速跑；④小冲刺跑；⑤快速冲刺跑；⑥侧身快速跑；⑦侧滑步跑；⑧侧身跑；⑨跟进跑；⑩反身冲刺跑；⑪跟进跑或走；⑫绕跑；⑬跟进跑；⑭快速跑；⑮侧身跑；⑯侧滑步跑；⑰跟进跑；⑱反身冲刺跑。

（2）练习路径　见图 6.12。

（3）教学组织　根据学员人数、教学场地、器材等实际情况，分组练习。

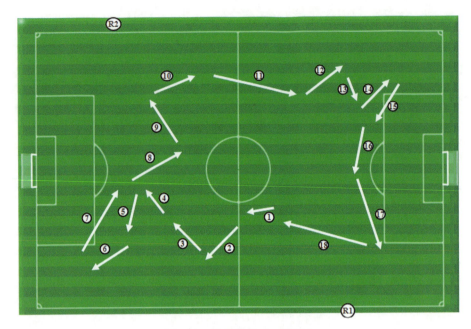

图 6.10 移动路径——练习 2

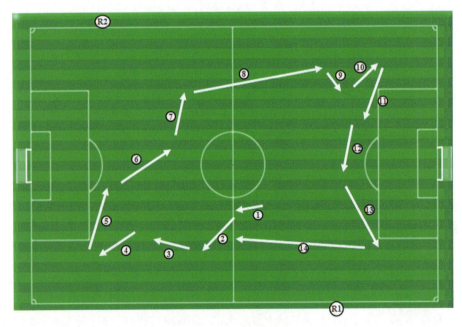

图 6.11 移动路径——练习 3

【实训 6.1.5】 裁判员的鸣哨、手势及移动路径组合练习

1) 实训组织及要求

主裁判执法过程中可能涉及的实操技能见表 6.2。

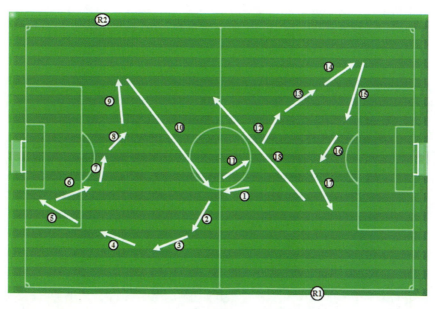

图 6.12 移动路径——练习 4

表 6.2 主裁判执法实操技能

序号	实操技能	序号	实操技能
1	召集双方队员	21	出示黄牌警告
2	对队员资格、装备检查	22	红牌罚令出场
3	入场仪式	23	坠球处理
4	挑边（三种形式）	24	安排补水（时机、场区）
5	开球前（裁判间、守方守门员间配合）	25	安排降温及补水（时机、场区）
6	中圈开球、开表	26	技术区管理
7	界外球	27	加时信号传递
8	越位犯规	28	队员出场护理
9	草率犯规	29	医务担架入场
10	严重犯规	30	护理人员入场
11	直接任意球	31	对受伤队员评估
12	换人（哨音及手势）	32	球门区内间接任意球判罚
13	罚球点球（比赛中）	33	突发事件处理与报告
14	近端角球站位	34	特殊事件处理与报告
15	远端角球站位	35	暴力行为、严重犯规判罚与控制
16	罚球点球（决胜负）	36	群拥事件处理与报告
17	明显进球	37	视频回看（裁判寻求场外视频回看）
18	不明显进球	38	视频回看回场后判罚
19	有利（比赛继续）	39	比赛结束
20	任意球（人墙管理）	40	赛后裁判员出场

（1）对于初学裁判的学员，必须熟悉场地空间概念。本练习的移动路径均设置在场地裁判执法过程中经过最多的移动路径。虽然设置了相对固定移动路径，但每个点可以根据练习设置不同的实操技能（见图6.13）。

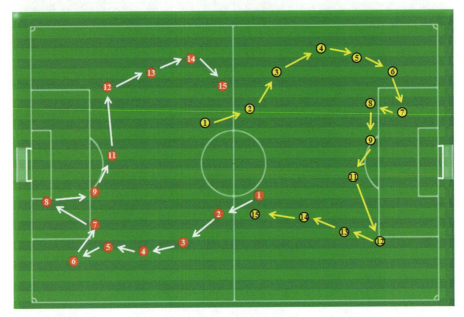

图 6.13　移动路径设置

（2）学员在实操技能练习时，要理解和模拟实际比赛的场景需要。

（3）教师可根据学员的实际表现，加以纠错、改正和提高，以达到最佳的教学效果。也可以让动作相对规范的学员带领大家反复练习。

（4）教学目标是让学员能在规范掌握哨音和手势的前提下，不断提高移动技巧。

2）练习内容

练习1：按照表6.3设置内容开展练习。

表 6.3　组合练习1

练习	❶	❷	❸	❹	❺
内容	中圈开球开表	界外球	犯规直接任意球人墙管理	界外球	越位犯规
练习	❻	❼	❽	❾	❿
内容	跟进灰色地带	近端角球	不明显进球	远端角球	侧滑步
练习	⓫	⓬	⓭	⓮	⓯
内容	跟进跑	侧身跑	坠球恢复比赛	后犯规向前选位	快速通过中场

练习2：按照表6.4设置内容开展练习。

表 6.4　组合练习 2

练习	❶	❷	❸	❹	❺
内容	中圈开球开表	界外球	草率犯规直接任意球	界外球	越位犯规
练习	❻	❼	❽	❾	❿
内容	跟进灰色地带	近端角球	快速插入门前看是否进球	远端角球	侧滑步
练习	⓫	⓬	⓭	⓮	⓯
内容	跟进跑	侧身跑	侧滑步跑	跟进	快速通过中场

练习 3：按照表 6.5 设置内容开展练习。

表 6.5　组合练习 3

练习	❶	❷	❸	❹	❺
内容	记录进球中圈开球、开表	界外球	鲁莽犯规直接任意球、黄牌警告	换人	越位犯规
练习	❻	❼	❽	❾	❿
内容	一般犯规	罚球点球	对伤势评估担架进场	远端角球	侧滑步
练习	⓫	⓬	⓭	⓮	⓯
内容	跟进跑	换球信号传递	跟进	草率犯规直接任意球	快速通过中场

练习 4：按照表 6.6 设置内容开展练习。

表 6.6　组合练习 4

练习	❶	❷	❸	❹	❺
内容	中圈开球开表	界外球	严重犯规直接任意球、红牌警告	有利继续比赛	越位犯规
练习	❻	❼	❽	❾	❿
内容	一般犯规	明显进球手势	近端角球	球门球手势	侧滑步
练习	⓫	⓬	⓭	⓮	⓯
内容	跟进跑	侧身跑	跟进	补时信号传递	比赛结束哨音、手势

6.2　助理裁判员实操技能实训

6.2.1　实训目的与要求

（1）实训目的　使学员能规范地掌握助理裁判员执法过程中的所有实操技能。

（2）实训内容　握旗、持旗、移动与选位、各种旗示以及赛中管理等。
（3）实训方法　教师先示范后，学员进行模拟练习，也可让动作规范的学员带领练习。
（4）实训组织　将学员分成若干组别，轮换教学；可采用多种教学队形，做到互不干扰。
（5）实训要求　学员熟练掌握各项实操技能，规范地打出旗示以及正确的移动与选位。
（6）学时安排　根据学员学习的实际情况，安排学时。

6.2.2　实训内容

【实训6.2.1】　持旗、握旗及静态旗示

（1）持旗、握旗及旗示的要求在第5章中都已讲解，在此不再重复。

（2）在静止状态下，教师示范，学员模仿，也可让动作规范的学员带领练习。

（3）可两排或两人一组，按口令、要求相互学习，并找出各自存在的不足并提出改进措施。

（4）助理裁判员只有守方的界外球需要"左手打旗"，其他旗示都是"右手打旗"。

（5）要求所有的旗示必须规范且一次到位，上旗、下旗必须自然、流畅。

（6）在进行越位旗示练习过程中，可配合哨音练习（越位旗示—主裁判哨音—随即打越位方位）。

（7）教师需巡回进行纠错，及时改正学员错误动作。

【实训6.2.2】　助理裁判员的移动

（1）助理裁判员持旗移动时，旗及视线需尽可能面向场内，眼神需与主裁判有交流。

（2）学员呈两排横队，两两一组面对面，在边线上分别进行侧身走、后退走、侧滑步、后退跑及冲刺跑等移动练习。

（3）沿着比赛场地边线外和场地内5米处，与边线平行的两条虚线上，间隔5～7米相对位置放置白色、黄色志盘Ⓐ到Ⓖ（见图6.14）。

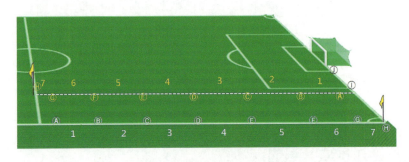

图6.14　助理裁判员移动路径设置

（4）按照场地标记进行教学内容的安排与设计，反复练习表6.7的设置内容。

表 6.7　助理裁判员的移动设置

进攻方				防守方			
标记	路段	移动方式	要求	标记	路段	移动方式	要求
Ⓐ-Ⓑ	1	走	左转头面向场内	Ⓖ-Ⓔ	6、5	快跑	及时就位
Ⓑ-Ⓒ	2	后退走	旗面向场内	Ⓔ-Ⓓ	4	侧滑步	左右移动
Ⓒ-Ⓓ	3	交叉步走	转身交叉步	Ⓓ-Ⓒ	3	快走	找准判罚位置
Ⓓ-Ⓔ	4	侧滑步	左右移动	Ⓒ-Ⓑ	2	慢跑	跟进
Ⓔ-Ⓕ	5	侧滑步	左右移动	Ⓑ-Ⓐ	1	走	不越过中线
Ⓕ-Ⓗ	6	冲刺跑	球是否出球门线	中线	—	站立	不越过中线

（5）学员要求持旗做移动练习，移动中的摆动幅度不宜过大，做到自然、放松。

（6）助理裁判员的侧滑步移动方式是重点，必须加大练习。

（7）对于射门或向前传的球，尤其出了球门线的球，助理裁判员必须冲刺跑到位，这样判罚才有说服力。

（8）注意移动时的身体姿态，不宜夸张。

【实训 6.2.3】 助理裁判员移动中旗示

（1）助理裁判员根据场上实际情况，进行有效的移动，并及时、规范地打出各种旗示。

（2）静态旗示较为简单，但在移动中需通过观察、判断及旗示，难度较大，需要反复练习。

（3）学员在移动的过程中，通过观察教师给出的信号（语言、哨音或手势）给出规范的旗示。

（4）助理裁判员对越位的判罚是主要职责，其选位尤为重要，具体要求及做法见第 5 章，不再重复。

（5）助理裁判员移动的区域及路径较为固定，可按图 6.14 设置练习内容。

（6）练习内容见表 6.8，可增加或删减。

表 6.8　助理裁判员旗示练习内容

进攻方				防守方			
标记	移动	旗示	要求	标记	移动	旗示	要求
Ⓐ	1	攻方界外球	快速选位	Ⓗ	7	角球、球门球	靠近旗杆
Ⓑ	2	守方界外球	快速选位	Ⓕ	6	球门球	球放位置
Ⓒ	3	协助犯规判罚	旗示、选位	Ⓔ	5	守方界外球	快速选位
Ⓓ	4	越位远端	旗示、选位	Ⓓ	4	攻方界外球	快速选位
Ⓔ	5	越位近端	旗示、选位	Ⓒ	3	越位中端	旗示、选位
Ⓕ	6	换人旗示	四官、选位	Ⓑ	2	越位远端	旗示、选位
Ⓗ	7	角球、球门球	靠近旗杆	Ⓐ	1	换人旗示	四官、选位
Ⓘ		比赛中罚球点球选位	快速到位、回位	Ⓙ		罚球点球决胜负选位	到位、记录

6.3 第四官员实操技能实训

6.3.1 实训目的与要求

（1）教学目的　使学员规范地掌握第四官员执法过程中的所有实操技能及管理。
（2）教学内容　替换程序、加时、管理等操作程序及技巧。
（3）教学方法　教师先示范后，学员进行模拟练习，也可让能力强的学员带领练习。
（4）教学组织　将学员分成若干组别，轮换教学；可采用多种教学队形，做到互不干扰。
（5）教学要求　学员熟练掌握实操技能，规范工作程序及形象，勤观察、善管理。
（6）学时安排　根据学员学习的实际情况，适当安排学时。

6.3.2 实训内容

【实训6.3.1】　赛前准备工作内容及流程

（1）让学员明确赛前准备工作的内容、时间节点以及具体方法，包括比赛用球、气压计、换人牌、手旗、比赛用表、证件及运动员参赛证等。
（2）明确资格审查的具体步骤及方法，了解检查时应注意的事项。
（3）检查队员姓名、年龄以及衣服号码是否正确，官员名单是否在秩序册中。

【实训6.3.2】　开赛、技术区资格检查

（1）入场仪式结束后，裁判员、运动员均已进入赛前状态时，第四官员须站在中线延长线1.5米处。
（2）主裁判鸣哨开球、球动时，第四官员养成开双表计时习惯，确保走时无误。
（3）半侧身位检查技术区官员、队员，检查的内容包括人数、资格、着装、言行举止等。视线尽可能关注场上的情况。
（4）组织学员两人一组，反复模拟练习，且学员间相互纠错，达到共同提高。

【实训6.3.3】　监管队员替换程序

（1）第四官员养成勤观察习惯，发现需要替换队员时，事先翻好上场队员号码。
（2）翻牌时，视线尽可能不离开场地，在检查完替补队员资格后，在换人单上标注时间。
（3）在替补队员送回参赛证间隙，将被替换下场的队员号码翻出。
（4）主动联系第一助理裁判员，将替补队员带至中线延长线1.5米处等待比赛停止。
（5）主裁判鸣哨给出换人信号时，第四官员上步举牌换人，注意"先下后上"。
（6）换人程序结束后，将换人牌翻回原样。
（7）学员反复练习，熟练掌握翻牌、举牌、管理等技能，尽可能保证比赛的"净打时间"。

【实训 6.3.4】 裁判员示意或同意后让场上队员重新进入比赛场地

（1）场上一旦有队员受伤，第四官员必须起身站在场地边上，关注主裁判的手势，同时管理技术区人员不得擅自入场，当明确主裁判的信号后，迅速传达队医或担架进场。

（2）在第四官员一侧护理的场外队员，第四官员必须检查，并得到主裁判同意后方能重新进场。

（3）管理时要注意语言技巧，灵活运用方法手段，不对抗，以达到管理的目的。

（4）将注意力放在管理上，时刻与主裁判有眼神交流，至于受伤队员的伤势不是第四官员管辖范围。

（5）官员穿着有血迹的比赛服装不得上场比赛，可用冷水冲洗后，无明显血迹方可上场。

（6）学员几人一组，演练各种违规情况，第四官员快速作出反应，并进行管理。

【实训 6.3.5】 展示裁判员将要补足的最短补时时间

（1）比赛最后 2 分钟时，第四官员一定要站在中线延长线 1.5 米处，时刻关注主裁判的加时信号。

（2）第四官员可正反面预先翻出两个加时的数，一旦主裁判给出加时数与自己翻出的数相同时，立刻回应给主裁判看（动作幅度要小，尽可能不让他人看见）；若数字不相同，可快速用手势回应后，将修改好的号牌放置在第四官员席前方，让主裁判能够看到。

（3）两人一组，互给信号、翻牌、手势回应。

（4）演示最后 10 秒钟举牌动作，动作及姿势要规范、大气。

6.4 裁判员实操技能实训教学方法

6.4.1 理论教学

（1）自主阅读　自主阅读关于足球裁判的相关书籍、文献、资料，从中了解、掌握裁判员在足球比赛中的职责。

（2）知识讲座　相关机构开展各种线上或线下的足球裁判知识讲座，授课教师带领学员共同学习最新的《足球竞赛规则》。学员明确裁判员在赛前、赛中、赛后担任的角色以及需要完成的任务。

（3）视频学习　观看关于足球裁判教学视频、足球比赛视频，学习他人经验。从视频资料中了解裁判员的职责和做法。

6.4.2 实践教学

1) 直观演示法

（1）教师带领学员做静态单项技能教学。

(2）由静态过渡到移动中的动态技能模仿教学。

(3）裁判组组合实操教学。

(4）模拟实战演练教学。

2）专题讲座法

教师带领学员参与单元知识讲座，从理论到实践系统剖析，理解《足球竞赛规则》精神。

3）视频教学法

教师带领学员观看各类比赛中出现的各种案例，分析案例成功或不足之处，让学员建立起正确的判罚概念，也包括裁判员的姿态、举止等，不断提高实操水平。

4）实操技能组合教学

(1）主裁判、助理裁判员及第四官员在各自的场地位置，进行各自不同的练习。

(2）主裁判按照图6.13的移动路径，完成表6.3～表6.6的练习内容。助理裁判员在各自半场，跟随主裁判平行移动，并配合完成主裁判相应的练习内容，第四官员同样练习。

(3）主裁判在按照图6.13移动路径移动的过程中，助理裁判员按图6.14的移动标记点完成表6.7、表6.8的练习内容。主裁判、第四官员也要完成相应的练习内容。

(4）组合练习中，强调裁判间的观察，养成眼神交流习惯。

(5）练习过程中出现的问题，教师须及时予以纠正，养成好的习惯。

5）跟踪教学法

(1）将学员分成若干3～4人组，在教练员带领下参与实战练习。

(2）小规模地模拟比赛裁判实践，逐渐过渡到大场地实战，教师、学员全程参与教学过程。

(3）跟踪学——教师做，学员跟踪学[见图6.15(a)]。

(4）跟踪教——学员做，教师跟踪教[见图6.15(b)]。

6.4.3 教学组织

1）双人合作练习

(1）当练习人数较多或器材、装备不充足时，可采用两人合作练习。

(2）设置不同的练习内容和项目，让每个小组轮流练习。

(3）可以让操作规范的学员带领大家进行练习。

(4）教师也需要巡回观察，发现问题及时讲解和纠错。

2）小组合作练习

(1）需要模拟实际比赛中可能出现的情况时，也可采用小组合作练习。

(2）教师将不同的练习内容分配给若干组，规定练习时间，再进行交换练习。

(3）任命小组长组织、分工，模拟足球场上可能发生的情况，让学员轮换练习。

(4）教师也需要巡回观察，发现问题及时讲解和纠错。

3）集体练习

(1）单元实操技能教学时，可采用集体模仿练习。

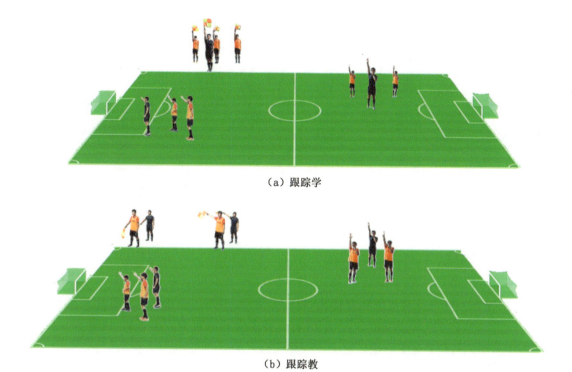

(a) 跟踪学

(b) 跟踪教

图 6.15　跟踪教学

（2）分成主裁判、助理裁判员及第四官员 3 个单元，设置每个单元的练习内容进行集体练习。

（3）根据学员人数，可将每个单元的练习内容再分成 3 个组，轮换练习。

（4）教师也需要巡回观察，发现问题及时讲解和纠错。

4）模拟比赛跟踪练习

（1）"跟踪练习"是指教师在场上跟踪学员的裁判实习过程，作简单讲解和必要纠错。

（2）当学员完成所有裁判员实操技能学习后，可模拟比赛进行裁判实习。

（3）可安排 7～11 人制比赛，按照《足球竞赛规则》要求，配备多名裁判员、助理裁判员以及第四官员参与工作。

（4）主裁判、助理裁判员以及第四官员均配有教师及时给予讲解和纠错，也可让业务水平好的学员担任教师角色。

（5）培养学员的自信心，大胆判罚；消除学员对教师的判罚依赖。

（6）模拟比赛裁判实习过程中，教师可轮流到各个点进行讲解和纠错。

7 足球比赛的组织与编排

7.1 比赛筹备工作

足球比赛主办单位应根据比赛性质、规模的大小,召集各有关部门成立比赛的领导机构——组织委员会(或筹备委员会)。组织委员会将比赛的组织工作方案、比赛规程、比赛工作计划、组织机构等重要问题提交上级领导机构审定。

7.1.1 讨论和确定组织工作方案

根据上级单位的比赛工作计划和比赛的性质来确定组织工作方案,一般包括以下内容:

(1) 比赛的名称、目的和任务 根据上级单位对比赛提出的任务和要求来确定。

(2) 比赛的规模 根据比赛的目的来确定,主要内容应包括主办单位、承办单位,参加单位和运动员人数、比赛地址和日期等。

(3) 比赛的组织机构 根据实际需要建立,内容包括比赛的组织机构形式,工作人员的名额,组织委员会下设的主要工作部门及负责人名单等。

(4) 比赛的经费预算 应本着勤俭节约的原则,从实际需要出发制定预算。内容包括比赛场地的修建(租借)、器材设备、奖品、交通、食宿、接待、医药、奖金、工作人员补贴金等项目的经费预算。

7.1.2 成立组织机构

组织机构的形式与规模应与比赛规模相适应,根据工作需要来组建。

全国性或地区性的比赛,一般是由中国足协或省、市足协主办。基层单位的比赛应在有关系统和单位党政组织的领导下,由有关部门负责人组成领导机构,机构的设置应本着精简的精神。

下面介绍大小不同比赛规模的两种组织机构形式:

1) 大规模比赛的组织机构形式

大规模比赛的组织机构设置见图 7.1。

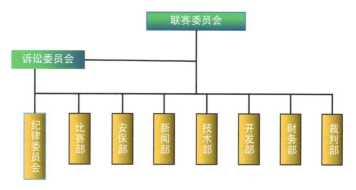

图 7.1　大规模比赛的组织机构设置

联赛委员会各部门负责人由秘书长提名报常委会批准,并由秘书长全面领导,联赛委员会及各部门具体职责如下:

(1) 联赛委员会

① 执行比赛规程的各项规定。

② 编排联赛日程。

③ 执行规定的罚款,收取报名费。

④ 处理异议(诸如运动员参赛资格等)。

⑤ 处理抗议(诸如场地、接待等问题)。

⑥ 兴奋剂检查。

⑦ 替换退出比赛队。

⑧ 监督检查商务合同和商务行为。

⑨ 更改比赛日期、地点、场地和开球时间。

⑩ 审核比赛用球、场地和设施标准。

⑪ 宣布最佳赛区、公平竞争优胜队、最佳运动员和最佳射手。

(2) 诉讼委员会　负责受理按规定对纪律委员会决定的书面上诉。

(3) 纪律委员会　负责处理比赛过程中的任何违纪事件。

(4) 比赛部　负责报名、审查资格、颁发比赛许可证、印制秩序册、检查比赛场地、收报异议或抗议等文函,发送联赛委员会及各部门的决定及通知,组织赛区评选,下发停赛通知以及其他比赛日常事务。

(5) 安保部　负责报批委员会的统一工作证件,指导协调各赛区保卫工作。

(6) 新闻部　负责管理联赛期间的各类新闻事宜。

(7) 技术部　负责规划联赛期间的调研工作,提名各赛区调研人员报常委会批准,编写印发比赛资料,撰写联赛技术报告,组织联赛公平竞争球队、最佳运动员、最佳射手等评选。

(8) 开发部　负责开发联赛的商务项目,落实中国足球协会与各赛区签署的有关协议,指导各赛区经营开发工作。

(9) 财务部　全面管理联赛账务工作,收取联赛中的各项罚款,汇总并检查赛区和俱乐部的各项财务报表。

（10）裁判部　负责联赛裁判员和裁判监督的提名，负责裁判报表和红黄牌的审核登记，对裁判员违纪事件上报处理意见。

2）较小规模比赛的组织机构形式

较小规模比赛的组织机构设置见图7.2。

（1）组织委员会　领导大会的筹备、进行和总结工作。运动会联系面比较广，所以组织委员会成员应包括各有关方面的领导，以便解决大会各方面的工作问题。

① 掌握比赛的方针。

② 研究和批准比赛规程。

③ 研究和批准比赛的工作计划。

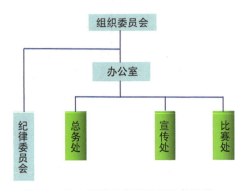

图7.2　较小规模比赛的组织机构设置

④ 赛前听取筹备工作汇报，研究解决有关问题。

⑤ 赛后批准大会总结或处理有关问题。

（2）办公室

① 根据组委会的决议，组织配备各部门的工作人员。

② 拟订工作日程计划。主要内容有：组织委员会会议，裁判员报到日期，场地器材的准备，动员工作，开幕式和闭幕式，各代表队领队会议，组织学习报告或经验交流，大会总结等各项工作。

③ 制定各种规章制度与须知。

④ 负责对外联系。

⑤ 召开有关会议，统一解决各组之间的问题。

⑥ 统筹预算等事宜。

（3）宣传处

① 组织好大会的宣传报道工作。

② 组织通讯报道与编辑会刊。

③ 组织大会党团活动。

④ 研究制定先进队和先进个人的评选条件和细则。

⑤ 准备学习资料，组织学习和讨论。

⑥ 组织有关参观等活动。

（4）比赛处

① 筹备裁判工作，制定裁判员计划，包括人数、来源等。当裁判组到位后，在裁判长领导下开展裁判工作。

② 组织报名，编印秩序册。

③ 准备场地和各种器材。

④ 召开有关会议，解决有关比赛的各种问题。赛前要召开裁判长、裁判员联席会议。比赛期间必要时召开有关会议，解决比赛中出现的问题。

⑤ 安排各队练习，组织交流经验、座谈等。

⑥ 最后排出各队名次。

（5）总务处

① 统筹大会期间的经费预算。

② 做好大会的物资准备，如交通、食宿、医药、文具及其他用品等。

③ 大会的生活管理工作，及时召开各单位管理人员的会议，解决大会中有关生活方面的问题。

7.2 制定比赛规程

7.2.1 比赛规程的内容

比赛规程是比赛组织者和参加者的基本文件，是根据比赛计划而制定的具体实施某一项（届）赛会的政策与规定。比赛规程是在比赛前由主办单位制定，并提前发给有关单位以便做好准备工作。比赛规程一般包括以下内容：

（1）比赛的名称。

（2）比赛的目的、任务。

（3）主办单位。

（4）比赛日期和地点。

（5）参加单位和各单位人数及资格等。

（6）报名和报到日期。

（7）比赛办法。

（8）裁判员。

（9）采用的规则和用球。

（10）录取名次和奖励办法以及其他事宜。

7.2.2 足球比赛规程案例

为了说明足球比赛的组织与开展，下面摘取了"中国足协元老联谊会"足球赛事比赛规程的部分内容作为参考。该规程内容全面、框架结构合理、行文规范，能为各级各类足球比赛规程的制定提供参考。

《××杯足球比赛规程》

第一条　比赛宗旨

➤ 社会足球：

"发展体育运动,增强人民体质";加强友谊、交流感情、健康锻炼、团结奉献。

➢ 校园足球:

育人为本、重在普及、面向全体、积极参与。

第二条 主办、承办单位

一、主办单位:

二、承办单位:

第三条 比赛日期、地点、联系人及年龄要求

第四条 报到、离会时间

一、参赛队均提前一天(××:××前)报到,并派人参加当天晚上(××:××)的联席会。

二、各队到达赛区后,需提交参赛队员身份证原件及费用,保证参赛前完成制作参赛证工作。

三、各组参赛队离会时间,均安排到最后一天比赛日离会。

第五条 参赛资格及相关规定

一、各年龄组要求(男女生混合参赛等)。

二、报名队员只能参加同一年龄组代表一支球队参加比赛(比赛年级、班级)。

三、参加比赛的队员必须持有"适合参加此项目运动"的医院体检证明,无证明者不得参赛(安全性要求)。

四、参加比赛的所有队员必须购买人身意外保险,无投保证明者不得参加比赛。参与本次比赛的各类人员在比赛期间,因健康原因涉及的一切问题后果自负。

五、参加比赛的队员必须持二代身份证原件,没有二代身份证不得参加比赛。

第六条 报名办法

报名参赛队不受地区限制可以跨省、市、自治区自由组队(跨年级、跨院系等)。

一、每赛区(每个年龄组)只能接待×支球队参赛。

二、如赛区报名队伍超过16支时,同省、市、自治区足球协会只限一支队伍报名参加同一组别的比赛,如该协会两支以上队伍参赛,协会内需先进行选拔赛,选出符合赛区需要的队数参加××杯比赛。

三、每队可报×人(领队1人,教练2人,队医1人,运动员×人),领队、教练、医生可兼运动员,但必须符合年龄规定,同时必须在运动员名单中注明"兼"字样。

四、各年龄组参赛队员报名人数不得少于×人,不符合各组别年龄规定的队员一律不得参赛(一名赞助商除外)。

五、各参赛队必须填写大会统一印制的报名表,报名表一式两份,一份电子版、一份纸质版(名单、号码、身份证号必须采用打印方式)。

六、报名表纸质版统一邮寄或传真到承办单位比赛部门,电子版发给主办单位联系人和承办单位比赛部门。

七、各参赛队报名时必须向大会相关部门交纳"报名保证金"×元,如距比赛开始前×

天大会没收到"报名保证金"视为不参加比赛;交纳"报名保证金"后,距比赛前×天内退出比赛扣除全部"报名保证金"。

八、第一次报名时间根据各组比赛时间提前×天报名,以便确认参赛队数。

九、第二次报名为正式报名,截止日期为比赛前×(过期不予补报),报名同时将全体队员集体照片邮寄或电子邮件的方式发到承办单位比赛部门,以便印制秩序册。

第七条 比赛办法

一、根据各组报名队数决定比赛方法。

二、比赛中取消平局,如当场平局则直接互踢罚球点球决出胜负。

第八条 比赛规则与规定

一、比赛采用11人制标准足球场进行比赛。

二、比赛用球:标准五号足球。

三、老年组别每场比赛时间为60分钟,上、下半场各30分钟,中场休息15钟。

四、常规组别每场比赛时间80分钟,上、下半场各40分钟,中场休息15分钟。

五、各比赛组别,开赛前提交给第四官员的首发和替补名单,最多不能超过20人。

六、每场比赛首发上场队员11人,当场比赛可替换人数不限,但总人次不能超过×次,每名队员全场比赛只能有2次上场机会,被替换下场后只能再上场1次(返场替换)。

七、比赛服装

(一)每队必须准备两套深浅不同颜色的服装,守门员的服装颜色应与运动员有明显区别,报名时要填写服装颜色。

(二)运动员比赛服装必须有号码,号码不得出现"0"号(最大号码不得大于30号),应与报名表号码相符,不符不予参加比赛。

(三)场上队长必须自备6厘米宽与上衣有明显区别的袖标。

(四)运动员必须佩戴护腿板、护袜,不得穿铁钉足球鞋。

八、本次比赛除特殊规定外,执行国际足球协会理事会制定的最新《足球竞赛规则》。

九、执行《中国足球协会纪律准则》外,执行本规程相关要求和规定。

十、老年组比赛中双方争抢球时不允许冲撞,不允许铲球,违者将被判罚犯规。

十一、赛前核对参赛资格,无参赛证者不得参赛。

十二、各参赛队报到后"报名保证金×元"自动转为"比赛保证金",如全部比赛中未出现"违规违纪"现象,比赛结束后如数退还。

十三、各参赛队报到时需向大会相关部门交纳×元比赛经费。

十四、违反大会规定的球队及球员将给予如下处罚:

(一)报到后经审查不符合本次年龄规定的球队或球员按超编人员交纳费用。

(二)比赛中发现某队运动员有冒名顶替行为,必须在比赛结束前向纪律委员提出申诉书面材料,并同时提交有说服力的证明材料,申诉时需交×元申诉费,申诉成功申诉费如数退还,未成功申诉费扣除并向被申诉运动队道歉;当场比赛结束后提出申诉,纪律委员会均不受理。

（三）比赛开始前或比赛中换人时，如有队员持他人胸卡冒名顶替企图参赛，经裁判员资格验证查出，将由执场裁判员没收违纪运动员的参赛胸卡，取消持该卡运动员的参赛资格。

（四）比赛中或比赛后，经纪律委员查证属实：某队确有1名队员冒名顶替、弄虚作假等，将取消该队该场比赛成绩，对方3∶0获胜。被处罚违规违纪队员将取消全部比赛资格，扣除部分比赛保证金×元，剩余队员人数符合规则和规程规定的可继续参加比赛。

（五）比赛中或比赛后经纪律委员会查证属实：某队有2名以上队员有冒名顶替、弄虚作假等现象，将取消该队全部比赛资格，扣除全部比赛保证金×元，已赛场次和未赛场次均以0∶3负于对方，并取消下一年度参赛资格。

十五、如某队无故弃权，判罚该队所有比赛成绩为每场0∶3负于对方（包括已赛和未赛的场次）扣除全部比赛保证金×元，并按《中国足球协会纪律准则》和全国足球元老联赛有关规定进行相应的处罚。

十六、遵守大会离会时间，提前离会，比赛日程不予调整，作为自动弃权和扣除部分比赛保证金。

十七、领队、教练员、运动员、工作人员在比赛前、比赛中或比赛后（场上或场下）不服从裁判员的判罚并对裁判员、工作人员、对方运动员有侮辱、谩骂、殴打等行为者，经纪律委员会调查属实，将视情节轻重给予相应的处分：如1人出现"违规违纪"行为扣除总积分的×分，罚款×元；2人违规扣除总积分的×分，罚款×元；3人及以上违规停止该队全部比赛，罚款×元。由纪律委员会对"违规违纪"队员做出停止若干场以至全部比赛资格，情节严重、影响极坏的将取消参加××杯比赛资格。

十八、运动员在比赛中被裁判员出示红牌或累计两张黄牌将自然停赛一场比赛（纪律委员会有追加处罚时除外）。如该组比赛分为两个阶段，第一阶段判罚的黄牌、红牌带入第二阶段计算。

十九、各年龄组在比赛期间，纪律委员会对运动队或运动员的追加处罚，在下一阶段比赛则依然有效。

二十、在同一项比赛中，同一名运动员被出示黄牌的，应并处罚款，第一张黄牌×元，第二张×元，第三张×元，以此类推，加倍计算。

二十一、在同一场比赛中，得到第二次警告（红牌），在同一项比赛中，同一名运动员被直接出示红牌的，应并处罚款。第一张红牌×元，第二张红牌×元，第三张红牌×元，以此类推，加倍计算。

第九条　计分和决定名次办法

一、各队胜一场得3分，负一场得0分，积分多者名次列前。

二、全场比赛为平局直接罚球点球决胜负，胜的队得2分，负的队得1分。

三、如遇两队或两队以上积分相等，以积分相等队之间相互比赛的下列顺序决定名次：

1. 相互间胜负关系，胜者名次列前。
2. 相互间净胜球数，多者名次列前（互罚球点球数除外）。

3. 相互间进球总和数,多者名次列前(互罚球点球数除外)。
4. 全部比赛净胜球数,多者名次列前(互罚球点球数除外)。
5. 全部比赛进球总和数,多者名次列前(互罚球点球数除外)。
6. 如仍相等,则采用抽签方法确定名次。

第十条 录取名次及奖励

一、参赛队在10支及以上录取前6名,各颁发奖杯一座。其余参赛队均发纪念或优胜奖杯一座。

二、参赛队在8支及以下录取前3名,各颁发奖杯一座。其余参赛队均发纪念或优胜奖杯一座。

三、可以设"体育道德风尚奖",但必须要有评选办法。

四、也可以设"优秀裁判员奖",按裁判人数的比例设置名额。

第十一条 食宿及交通

一、承办单位负责每队到达承办城市市内接送火车站或机场各一次。

二、各参赛队到达赛区后吃、住、行等问题采取以下解决方案:

(一) 由承办单位解决参赛队吃、住、行

1. 由承办单位负责安排各参赛队在赛区的吃、住、行,标准×元/天。
2. 各参赛队食宿费直接交予所住宾馆,承办单位不介入此项工作。
3. 运动队所住宾馆必须采用"自助餐"形式就餐。
4. 比赛期间住地到赛场步行距离超过15分钟,由大会统一免费派车接送。

(二) 由参赛队自行解决吃、住、行

承办单位赛前应提供不同级别(高、中、低3种档次)宾馆,说明每天每人吃住标准及住宿条件(标准间、单间、洗澡水、电视、能否上网等情况),并注明各档次宾馆到达比赛场地的距离及时间,供各参赛队参考、选择。

(三) 自行联系吃、住、行的参赛队相关事宜

1. 赛区交通自行解决。
2. 比赛中途提出大会接待,一律不予受理。
3. 按时参加赛前联席会及大会组织的相关活动。
4. 各队在比赛开始前30分钟到达比赛场地,在比赛开始前15分钟未到作为弃权。

第十二条 承办单位负责相关事宜及费用

一、相关事宜

(一) 正副裁判长、纪律委员会成员每人一间标准房,裁判员两人一间标准房。

(二) 运动队人员均为两人一间标准房。

(三) 大会秩序册发放各参赛队不少于×本。

(四) 比赛场地必须备有电源插座,以便安装使用身份证检验机及其他设置。

(五) 保证比赛时有足够的饮用水。

(六) 比赛期间场地必须备有救护车、担架及抬担架的人员。

（七）各参赛队的医疗费、保险费自理。

二、相关费用

（一）参加大会组委会工作，酬金按纪律委员会成员标准发放。

（二）纪律委员会委员、正副裁判长如带家属，其家属交通费、伙食费自理（×元/天）。

（三）承办单位接待日

1. 纪律委员会委员、正副裁判长从第一场比赛前×天到最后一场比赛结束后1天，一般情况下为9个接待日（按实际到达赛区天数计算）。

2. 裁判员从第一场比赛前1天到最后一场比赛结束后1天，一般情况下为8个接待日（按实际到达赛区天数计算）。

（四）纪律委员会委员、正副裁判长、裁判员的往返出发城市市内交通（公交、地铁、出租车票）、差旅费、食宿费及工作酬金×元/天（如中国足协另有规定参照执行）。

第十三条　嘉宾邀请

一、邀请嘉宾由主办单位、承办单位协商确定名单，人数控制在×人以内。

二、高龄嘉宾可考虑带家属一人，费用由大会负责。

第十四条　纪律委员会委员、裁判长、裁判员选派

一、纪律委员会委员由赛事主管组委会负责选派，身体健康且能胜任此项工作者。

二、正、副裁判长，裁判员由足球协会负责选派就近地域合适人员。

第十五条　裁判人数根据报名球队数决定，不足部分由当地足球协会选派一级以上裁判员补充（人数不得超过所需裁判员总数的一半）。

第十六条　未尽事宜

一、本规程的修改、解释权属于赛事组委会。

二、未尽事宜另行通知。

7.3　比赛组织方法

7.3.1　循环制

（1）基本概念　循环制可分为单循环、双循环和分组循环3种。

单循环就是所有参加比赛的队，在比赛中都要相遇一次，最后按各队在单循环赛中的全部成绩排定名次。

双循环就是所有参加比赛的队在比赛中都要相遇两次，即进行两次单循环，最后按各队在双循环赛中全部比赛成绩排定名次。

分组循环就是将参加比赛的队分成若干个小组，各组先进行单循环，排出小组名次后，再按比赛规程规定的方法进行第二阶段的比赛，最后排定名次。

（2）特点　循环制的特点是参赛各队相遇的机会多，有利于互相学习，共同提高技术水平。由于各队比赛总场数相对较多，因此名次的排定较客观，较能反映各队真实的技战术水平。当参赛的队数较多而又受时间限制时采用分组循环的方式进行比赛；参赛队数不多而时间又允许时则可采用双循环或单循环的方式进行比赛。

7.3.2　淘汰制

（1）基本概念　淘汰制有单淘汰、双淘汰和主客场制淘汰 3 种方法。在比赛中失败一次即失去比赛资格的方法称为单淘汰；失败两次即失去比赛资格的方法称为双淘汰；按主客场两次比赛成绩之和而失败的队即失去比赛资格的方法称主客场制淘汰赛。

（2）特点　单淘汰比赛对参赛队力争胜利起着积极促进作用。在比赛过程中，技战术水平高的队趋向集中，比赛逐渐形成高潮。这种方法可在参赛队数多、场地少、时间短的情况下采用。缺点是有些队参赛场次少，实践锻炼机会少，不利于互相学习。同时，单淘汰的偶然性也较大，名次评定难以完全公平合理。双淘汰给初次失败的队增加了一次机会，这样产生的名次较单淘汰相对合理些。上述种种原因导致实践中较少采用单淘汰制。

7.3.3　混合制

（1）基本概念　混合制是在一次比赛中分为两个阶段进行，前一阶段采用循环制，后一阶段采用淘汰制。或先采用淘汰制，后采用循环制。较为常用的是先循环制后淘汰制的混合制。

（2）特点　混合制综合了循环制与淘汰制的优点，弥补了两者的不足，较全面地兼顾了比赛各方面的要求。它有利于参赛队的相互学习和交流，激励运动员的比赛热情，最大限度地减少比赛胜负的偶然性，因而使比赛名次的排定较为合理、客观。同时，随比赛进程的推进，比赛逐渐进入高潮，精彩激烈。

7.4　比赛赛序编排

7.4.1　循环制赛序编排

1）单循环

（1）比赛总场数和轮数的计算方法

$$单循环比赛总场数 = 参加比赛队数 \times \frac{(参加比赛队数 - 1)}{2}$$

单循环比赛轮数：若参赛队的队数是单数，则比赛轮数等于参赛队数。若参赛队数是双数，则比赛轮数等于参赛队数减 1。

(2) 比赛轮次表的排列　比赛轮次表的排列可采用轮转法。

编排的方法:不论参赛队是单数或双数,一律按双数编排,若参赛队为单数时用一个"0"号代表一个队,使之成为双数,各队碰到"0"号队即为轮空。

编排时先以号数代表队数,将其平均分为两半,前一半号数由1号起自上而下写在左边,后一半号数自上而下写在右边,然后再把相对的号数用横线连接起来,这就是第一轮的比赛。轮转的方法一般有逆时针轮转法和顺时针轮转法两种。

参赛队为双数时,轮转方法是1号位置固定不动,其他位置每轮按逆时针方向轮转一个位置,这样可排出各轮比赛顺序。

参赛队数为单数时,可用"0"代表轮空,补成双数。一般"0"号位置固定不变,其他位置每轮按顺时针方向轮转一个位置。

(3) 确定各队赛序,编写比赛日程表　轮次排定之后,还应明确各参赛队的代表号码数,将各队队名按其代表号码数填到轮次表中,然后编写比赛日程表。

决定参赛代表号码数的方法一般有两种:

① 抽签法:赛前召集各队代表一起抽签,以明确各个号码分别代表何队。

② 直排法:根据上届比赛名次,直接将队名填于相应号码处,若上届排名中有不参加本届比赛者,则将其后名次队名依次上升;若本届比赛有若干新增加队,则将新队按报名先后或其他比赛名次的高低,依次排在上届比赛最后一名之后。如有同一地区或单位有两队以上参加比赛应安排第一轮先打。

2) 双循环

双循环最显著的特点就是增加了各参赛队之间的比赛机会,使足球比赛胜负的偶然性大大减少,比赛名次的排定更合理、客观。

双循环可分为集中赛会制和主客场制两种形式。

(1) 集中赛会制双循环　是指各参赛队集中到某一赛区,在一定时间内进行双循环比赛,适用于参赛队数较少且时间和经费又允许的情况下使用。

(2) 主客场制双循环　是指各参赛队在进行双循环比赛时,需分别与所有对手在本队所选场地(主场)和对手所选场地(客场)各赛一场,最后以各队全部比赛成绩排定名次。

主客场制的特点是赛中间歇时间及整个赛期持续时间长,便于练、赛结合,提高水平。增加各参赛队获取地利与人和之优势,满足当地球迷观看主队比赛的需求,推动足球市场开发,适合职业化或半职业化球队之间的比赛。

集中赛会制和主客场制这两种循环在编排上没有区别,均以单循环方法为基础。两次循环的赛序可以相同也可以根据需要而改变第二循环的赛序。实践中以两次循环的赛序相同最常见。

例如:5个队不同赛序双循环,第一循环以左上角"0"号位定位逆时针轮转,第二循环以右上角"0"号位定位顺时针轮转(见表7.1)。

表 7.1　双循环不同赛序比赛轮次表

循环	第一轮	第二轮	第三轮	第四轮	第五轮
第一循环	0—5 1—4 2—3	0—4 5—3 1—2	0—3 4—2 5—1	0—2 3—1 4—5	0—1 2—5 3—4
第二循环	1—0 2—5 3—4	2—0 3—1 4—5	3—0 4—2 5—1	4—0 5—3 1—2	5—0 1—4 2—3

3）分组循环

分组循环的特点在于它既保留了循环制中各队相遇机会较多的优点，又可缩短比赛时间。但因其只能确定出各队分组赛中的名次，所以一般在非单一循环复合赛及混合制复合赛中采用。

分组循环比赛时，为了使分组比较合理，能反映出比赛的实际水平，一般采用种子队编排法或蛇形编排分组办法。如有同一地区或同一单位两队以上参加，应分别排进各组。

（1）种子队编排法　首先应确定种子队。种子队应在领队会议上，根据参赛队的水平或上届比赛的名次协商确定。第一步种子队先抽签，把种子队经抽签分到各组中去，然后再用抽签的方法确定其他各队在各组的位置。种子队的数目应该与分组数相当，或者是分组的倍数，8个队分两组可设两名种子队。如果每组有两名种子队时，应把第一名种子队与最后一名种子队编在一个组内；第二名种子队与倒数第二名种子队编在一个组内，以此类推。例如分4个组设8名种子队时，种子队的编排见表7.2。

分组循环的比赛总场数等于每组的比赛场数之和。

表 7.2　分组循环种子队编排表

第一组	第二组	第三组	第四组
1	2	3	4
—	—	—	—
8	7	6	5

（2）蛇形编排法　蛇形编排法是按照上届比赛的名次进行分组，例如16个队分成4组时，排列的方法见表7.3。

表 7.3　分组循环蛇形编排表

第一组	第二组	第三组	第四组
1	2	3	4
8	7	6	5
9	10	11	12
16	15	14	13

7.4.2 淘汰制赛序编排

1）单淘汰

（1）总场数和轮数的计算方法

$$单淘汰比赛总场数 = 参赛队 - 1$$

（2）比赛轮数　若参加比赛队数等于2的乘方数（2^x），则比赛轮数等于2的指数；若参加比赛队数不是2的乘方数，则比赛轮数为略大于参赛队数的2的指数。

例如：8个队参加比赛，总场数则为8-1=7，轮数则因8是2的3次乘方，即比赛为3轮。又如5个队参加比赛，总场数为5-1=4。轮数是略大于5的2的乘方数，8是2的3次乘方，所以比赛也为3轮。

（3）轮空队的编排　如果参加比赛的队是2的乘方数（4、8、16、32），则第一轮比赛没有轮空，所有的队都参加比赛。如参加比赛的队数不是2的乘方数时，则必须在第一轮的比赛中有一部分队轮空，使第二轮的比赛队数成为2的乘方数。因此，应先计算出第一轮的轮空队数。

$$轮空队数 = 略大于参赛队数的2的乘方数 - 参赛队数$$

根据淘汰制的特点，为了能较准确地反映出比赛的实际水平，实力较强的队较晚或最后相遇，使末轮比赛更加精彩，要把轮空位置安排在种子队的旁边。

为了编排方便，并考虑一次比赛或一个比赛组一般在不超过32个队的情况下，可按表7.4轮空位置表安排。

表7.4　淘汰制比赛轮空位置表

2	31	18	15	10	23	26	7
6	27	22	11	14	19	20	3

查表方法：用略大于参赛队数的2的乘方数作为最大位置号码数，再根据轮空队数，在轮空位置表上由左向右依次找出小于最大位置号数，就是轮空位置。与轮空位置相遇的队就是第一轮的轮空队。

（4）种子队的编排和比赛表的分区　为了避免实力较强的队在第一轮比赛相遇而过早被淘汰，可采用设置种子队的方法编排比赛秩序。把实力较强、技术较好的队定位"种子"，并把种子队合理地分别排入各个不同的区内，使他们最后相遇，这样在比赛中产生的名次较为合理。

确定种子队时，主要依据其技术水平或最近参加的主要比赛所取得的成绩。一般情况下应根据参赛队数的多少来确定种子队数目。单淘汰赛一般以5~8个队设立1名种子队为宜。16个队或少于16个队则可设2名种子队，17~32个队参赛时可设4名种子队。种子队应分布在各个区内。单淘汰赛的区是指全部号码位置所分为的若干相同的部分。例如有32个号码位置时可划分为1~16号和17~32号上下两个部分，即为上下两个半区

(1～16 号为上半区，17～32 号为下半区)。上下半区的 16 个号码的位置还可划分为相同的两个部分(上半区分成 1～8 号和 9～16 号，下半区分成 17～24 号和 25～32 号)。这样所分成的 4 个部分分别为 1/4 区。

为了安排种子队的位置方便、合理，可用查表方法确定种子队位置(见表 7.4)。

查表方法：按比赛所设种子队数，在种子队位置表上由左向右依次找出小于或等于比赛号码未知数的号码即为种子队位置号码。

种子队的队数和位置确定后，再让非种子队抽签，根据抽签号码确定其比赛秩序。

（5）附加赛　附加赛是采用淘汰制的情况下，除了要决出冠亚军队外，还要确定其他名次而采用的方法。运用附加赛决定名次的办法应在比赛规程中规定。例如 8 个队参赛，附加赛办法是复赛中失败的两个队比赛一场，胜者为第 3 名，负者为第 4 名。在预赛中失败的 4 个队进行附加赛，决出第 5～8 名。

2）双淘汰

（1）总场数计算方法

$$总场数 = 2 \times (参加比赛队数 - 1)$$

例如 9 个队参赛：

$$总场数 = 2 \times (9 - 1) = 16(场)$$

（2）编排方法　双淘汰的编排方法基本和单淘汰相同，只是进入第二轮后，要把失败队放在左半区(横向编排时)或下半区(纵向编排时)编排起来再进行比赛，胜者继续参赛，败者则被淘汰。若最后决赛的两个队都是各败一场，需再比赛一场决定冠亚军。

（3）主客场制淘汰赛

① 总场数计算方法：总场数计算方法和双淘汰赛相同，比赛规程另有规定除外。

② 编排方法：比赛编排原则上按照上一年度各队名次蛇行排列分为上下两个半区，进行主客场淘汰赛。

7.4.3　混合制赛序编排

（1）混合制交叉赛　例如第一阶段分 A、B 两组进行单循环赛，决出各组的名次。第二阶段淘汰时，可将两组的第 1、2 名进行交叉赛。即 A 组第 1 名对 B 组第 2 名，A 组第 2 名对 B 组第 1 名进行比赛，然后两组的胜者进行决赛，胜者为冠军，负者为亚军。若要排出 3、4 名时，两组的负者进行附加赛，胜者为第 3 名，负者为第 4 名。各组的第 3、4 名同样采用此方法决出第 5 至第 8 名，依此类推。若有 4 个或者更多组的第 1 名或第 2 名参加第二阶段的淘汰赛，可以相邻组进行交叉赛，即 A、B 两组的第 1、2 名，C、D 两组的第 1、2 名进行交叉赛，也可隔组交叉，即 A、C 两组的第 1、2 名，B、D 两组的第 1、2 名进行交叉赛。

（2）混合制同名次赛　第一阶段可分为 A、B 两组进行单循环赛，排出各组名次；在第二阶段淘汰赛时，两组的第 1 名比赛决出第 1、2 名，两组的第 2 名比赛决出第 3、4 名，依此类推。

如果第一阶段是分成4个组循环赛时,先有4个组的第一名进行半决赛,然后胜队与胜队进行决赛,负队与负队进行附加赛,决出第1至第4名。

7.5　比赛期间及比赛结束相关工作

7.5.1　比赛期间的工作

（1）比赛期间要不断地进行思想教育,端正比赛态度,正确对待胜负,正确对待裁判员,正确对待观众,表扬先进队和运动员。

（2）大会有关成员应经常深入球队中去,征求意见及时改进工作。比赛组每天及时公布成绩。

（3）场地组应经常对比赛场地、器材和设备进行检查和管理,保证比赛顺利进行。

（4）如遇特殊情况,需更改比赛日期、时间和场地时,比赛组需及时通知有关部门和比赛各队。

（5）治安保卫组注意住宿和比赛场地的安全和秩序。

（6）大会各部门应经常与各参赛队联系,听取意见改进工作。必要时召开领队、教练员、裁判长联席会议,及时处理和解决比赛中所发生的问题。

7.5.2　比赛的结束工作

（1）各部门总结大会期间的工作。
（2）组织和举行闭幕式,做大会总结报告和颁发奖品。
（3）安排和办理各队离会的有关事宜。
（4）组织委员会向上级汇报工作情况。

7.6　裁判队伍管理

中国足球协会赛区裁判工作管理规定

第一章　总则

第一条　为了更好地加强赛区裁判工作管理,严格裁判工作要求,严肃赛区裁判人员工作纪律,高度警惕预防裁判工作中的不正之风和腐败现象,不断提高我国裁判人员的裁判工作水平,特制定本《规定》。

第二条　本《规定》适用于中国足球协会主办的各级全国性足球比赛、全国综合性运动会足球比赛、中国足球协会的会员协会主办的地方各级足球比赛、中国足球协会或会员协会主办的双边和多边足球比赛以及其他由中国足球协会选派裁判人员的足球比赛。

第三条 凡由中国足球协会选派裁判人员的足球比赛,其赛区裁判工作由中国足球协会裁判办公室直接领导,如是赛会制比赛,同时接受赛区组织委员会领导。

第二章 赛区裁判长

第四条 赛区裁判长和副裁判长按照《中国足球协会足球比赛裁判人员选派办法》中的有关规定进行选派,副裁判长在正裁判长的领导之下,协助正裁判长进行工作。

第五条 裁判长的工作职责

(一) 全面负责赛区的裁判工作,制定《赛区裁判工作计划》和作息时间,解决赛区裁判工作中出现的各种问题。

(二) 坚决贯彻"严肃、认真、公正、准确"的裁判工作方针,保证比赛公正进行。

(三) 坚决贯彻执行中国足球协会有关比赛、裁判工作的各项管理和纪律等规定,提倡文明赛风,严肃赛风赛纪,净化赛场风气。

(四) 加强赛区裁判员的思想政治工作和职业道德与纪律教育,加强对裁判员裁判工作的指导和总结,努力提高裁判员的职业素质和业务水平。

(五) 组织检查与比赛和裁判有关的各项准备工作,如场地、设施、器材是否符合规定,比赛与裁判工作表格是否齐全等。

(六) 组织向参赛队伍宣讲《足球竞赛规则》和《中国足球协会足球比赛严格执法的规定》及有关要求。

(七) 负责安排裁判员的裁判工作任务,确保比赛顺利进行。

(八) 按中国足协的要求对裁判员进行体能测试和规则、裁判法及英语考试。

(九) 在联席会上明确提出执法尺度和有关要求,检查、确认运动员资格,核对各队比赛服装颜色。

(十) 负责裁判员生活和纪律管理,对违规违纪的裁判员及时向中国足球协会裁判办公室(地方比赛向主办协会)提交报告和处理建议。

(十一) 对赛区每个裁判员的职业道德修养和业务水平进行客观评估、排序,连同赛区裁判工作文件一并上报中国足球协会裁判办公室(地方比赛报主办协会)。

(十二) 对赛区裁判工作中出现的问题和影响裁判工作正常进行的问题应及时向中国足球协会裁判办公室报告(地方比赛报主办协会),争取尽快和有效解决。

(十三) 与赛区各部门协调工作关系,共同完成赛区任务。

(十四) 实事求是地向中国足球协会裁判办公室报告赛区裁判和比赛工作的情况。

第六条 裁判长的工作要求

(一) 要本着对中国足球事业健康发展,对中国足球协会赛区裁判工作任务和参赛队高度负责的精神投入工作。

(二) 努力加强自身的政治和业务学习,不断提高自身的思想和业务水平,确实具备指导和培养裁判员的能力。

(三) 严格履行裁判长的工作职责,创造性地开展工作,带领和指导裁判员高水平完成赛区裁判工作任务。

（四）在工作中及裁判员的任务安排上要坚持原则，不讲私情，出以公心，绝不允许拿原则做交易。

（五）不得收受裁判员的任何钱、物和接受裁判员的宴请。

（六）对赛区裁判员要严格管理、严格要求，使赛区成为培养"德技双高"裁判员的培训班；树立足球裁判队伍的良好形象。

（七）以身作则、为人师表，做裁判员的楷模。

第七条 裁判长的工作程序

赴赛区前的准备工作：

（一）认真阅读任务通知，掌握任务的时间、地点、赛别并了解赛区裁判员和参赛队的情况。

（二）准备学习文件，如《足球竞赛规则》《中国足球协会足球比赛严格执法的规定》《中国足球协会裁判工作手册》等，做好赛前宣讲规则和严格执法规定的准备。

（三）准备好《中国足球协会赛区裁判工作文件（样本）》《各类工作表格等》。

（四）做好裁判员思想政治和职业道德教育备课，探讨赛区裁判员思想政治工作和职业道德教育的途径与方法，根据形势的发展和党中央的精神准备好有关学习文件。

赴赛区报到后至赛前的工作：

（五）赴赛区报到后，立即与赛区组委会取得工作联系，了解比赛工作准备情况、裁判员报到情况、需要解决的主要问题等并尽快报告中国足球协会裁判办公室（地方比赛报主办协会）。

（六）认真研究《竞赛规程》和参赛队伍情况，制定《赛区裁判工作计划》和作息时间。

（七）组织裁判员进行政治和业务学习，明确本《规定》中的赛区裁判工作纪律和有关要求，提高职业道德素质水平，加深对《足球竞赛规则》和《中国足球协会足球比赛严格执法的规定》的理解，严格统一判罚尺度。

（八）组织裁判员进行身体训练和体能测试。

（九）组织向参赛队伍宣讲《足球竞赛规则》和《中国足球协会足球比赛严格执法的规定》及有关要求。

（十）检查比赛所用的场地、设施、器材等是否符合《足球竞赛规则》和《竞赛规程》的要求，如比赛场地及备用场地的规格和条件，运动员和裁判员休息室的条件，运动员和裁判员入场通道的情况，替补席、裁判席、监督席的设置情况，担架及医务救护措施，比赛用球、气筒、气压表、手旗、换人牌等的准备情况等。

（十一）参加赛区联席会并进行如下工作：

1. 介绍裁判组的情况。
2. 强调《足球竞赛规则》的重点章节、严格执法的有关规定与要求和判罚尺度等。
3. 讲明替补席就座人员的资格与要求，技术区域指挥的要求，饮水的规定等。
4. 确认各队参赛队员的名单和号码。

5. 如带上一阶段红、黄牌进入本阶段比赛,核对参赛队员红、黄牌记录。

6. 如两场比赛连续进行,规定下一场比赛队伍准备活动的地点和要求。

7. 确定赛前检查运动员装备的时间、地点。

8. 提出运动员入场和退场仪式的要求。

9. 核对每场比赛双方运动员服装颜色。

10. 根据当时、当地的情况,讲明与比赛和裁判工作有关的其他问题。

赛中的工作:

(十二)根据裁判员选派原则和任务情况安排裁判员。

(十三)组织裁判员赛前准备会和赛后总结会。

(十四)对每场比赛执法情况进行评估、分析,提出改进办法。

(十五)有针对性地组织裁判员身体训练、业务学习和进行规则、裁判法及英语考试,有效解决裁判员执法中存在的问题。

(十六)填写裁判工作有关表格,搞好数据统计和工作记录。

(十七)在赛中联席会上对裁判工作进行阶段总结,提出队伍中存在的问题和下一阶段比赛的有关要求。

比赛后期的工作:

(十八)把握关键场次比赛裁判员的安排。

(十九)按比赛主管部门和组委会的有关规定,办理赛区裁判工作财务事务。

(二十)征求赛区组委会对裁判工作的意见,组织开好赛区裁判工作总结会。

(二十一)填写裁判员工作手册。

(二十二)填写《中国足球协会赛区裁判工作文件》中的各种技术报表、裁判员评估表和撰写赛区裁判工作总结等,在比赛结束后三天内报至中国足球协会裁判办公室(地方比赛报主办协会)。

第三章 赛区裁判员

第八条 赛区裁判员按照《中国足球协会足球比赛裁判人员选派办法》中的有关规定进行选派。

第九条 裁判员的工作要求:

(一)以高尚的职业道德、严肃认真的态度、对中国足球协会或主办会员协会所赋予的任务和参赛队及自身人格高度负责的精神投入裁判工作。

(二)严格履行《足球竞赛规则》赋予裁判员的权力和职责,在比赛中严格执行《足球竞赛规则》条文的规定及其精神和《中国足球协会足球比赛严格执法的规定》,严肃赛风赛纪,净化赛场风气。

(三)要严格统一判罚尺度并坚决做到:不同场次的判罚尺度要统一,主队与客队的判罚尺度要统一,知名队员与不知名队员的判罚尺度要统一,上下半场尺度要统一,比分大小尺度要统一,罚球区内外尺度要统一,公正、准确地执法,保证比赛公正、顺利地进行。

(四)始终保持良好的身体和技术状态,无条件地服从中国足球协会裁判委员会或赛区裁判长分配的裁判工作任务,在赛前要认真做好裁判员装备和用具等的准备。

（五）要树立裁判员、助理裁判员和第四官员"四人一体"的裁判工作观念,团结协作和严格履行各自的职责,共同完成裁判工作任务。

（六）在临场执行裁判任务中要衣着整洁、精神饱满、动作规范,表现出裁判员的风范和执法尊严。

（七）认真参加赛区裁判长组织的政治和业务学习、赛前准备会和赛后总结会,讲学习、讲政治、讲正气,不断提高自身的思想和业务水平。

（八）在赛区会议和公共场所要衣着整洁,言语文明,举止端庄,表现出良好的思想修养和外在形象。

（九）认真、工整、实事求是地填写《裁判员报告》等有关文件。

（十）对于贿赂裁判员或用其他方式做裁判员"工作"等违背公平竞争精神和体育道德的非法的或恶劣的行为,应及时向中国足球协会举报。

第十条 全国各级主、客场比赛裁判员的工作程序

（一）全国各级主、客场比赛目前有:全国足球甲级队联赛,中国足球协会杯赛,全国足球乙级队联赛和全国女子足球超级联赛。

（二）裁判员接到任务通知后,应尽快与赛区接待人员联系并按《竞赛规程》中的有关交通规定将交通方式和到达时间告知接待人员。裁判员应于比赛前一天中午前抵达赛区向比赛监督报到并在比赛监督的领导下进行工作。

（三）裁判员将抵达赛区的飞机票（或火车票）和市内交通票据各装在一信封内交比赛监督,报销及领取酬金统一由比赛监督负责办理。

（四）裁判员参加赛前联席会,由比赛监督在会上宣布当场比赛裁判员名单及分工;裁判员在联席会上应将执法要点和有关问题向比赛队进行说明。联席会后裁判员同比赛监督一起检查比赛场地。

（五）赛前在下榻饭店参加由比赛监督召集的裁判组赛前工作会议,进一步明确中国足球协会及其裁判委员会对裁判员执法工作的要求和严格执法的有关规定,认真分析两队情况,明确该场比赛有关注意事项等。

（六）裁判组到赛场后,再次检查比赛场地和器材等,如发现问题及时通过比赛监督协调解决。

（七）检查场地后,在裁判员休息室由裁判员主持召开裁判组赛前准备会（比赛监督可以参加）,进一步明确和统一判罚尺度,明确职责分工与配合环节等;检查自身装备和用具等,做好比赛执法的充分准备。

（八）运动员入场前检查运动员装备是否符合规则的规定。

（九）比赛中,裁判组四人要严格履行各自的职责并密切配合,共同执行裁判任务。

（十）中场休息时,裁判组由裁判员主持,认真对上半时的执法情况进行小结,找出问题与不足,提出改进办法,保证下半时比赛顺利进行。遇特殊情况时,比赛监督可以参加中场休息时的裁判工作小结,以帮助裁判员更好地顺利完成工作任务。

（十一）赛后,裁判组同比赛监督一起认真对全场比赛进行全面总结,对有争议和把握性差的判罚认真进行录像分析并得出客观、明确的结论,为以后提高执法水平积累经验。

（十二）填写《裁判员报告》等有关文件,交由比赛监督上报中国足球协会裁判办公室。

第十一条　赛会制比赛裁判员的工作程序,参照第十二条主、客场比赛裁判员的工作程序执行。

第四章　赛区裁判工作纪律

第十二条　本章赛区裁判工作纪律条款,适用于赛区所有裁判人员。

第十三条　裁判员到赛区后马上向裁判长（赛会制比赛）或比赛监督（主、客场制比赛）报到,将本人移动电话等通信工具交由裁判长或比赛监督保管;督促饭店（宾馆）关闭所住房间内、外线电话。

注:裁判长房间保留内、外线电话并可接通长途电话,副裁判长房间只保留内、外线电话,仅供工作使用。

第十四条　任何裁判人员不得将赛区工作长途电话用于私人交往。

第十五条　赛前、赛中、赛后均不得与俱乐部和运动队以及同俱乐部和运动队有关的人员有任何非工作接触。

第十六条　不得接受赛区的不正常接待,包括超标食宿、外出高消费用餐、去娱乐场所等。

第十七条　不得接受赛区、有关人员、俱乐部和运动队的任何礼金、礼品、纪念品和土特产品。

第十八条　不得公费参观;不得长途外出旅游。

第十九条　不得向赛区、接待部门、俱乐部和运动队等提出不合理的个人要求和索要钱、物。

第二十条　严格遵守赛区作息和外出请假制度,严禁外出喝酒和夜不归宿,严禁打牌赌博。

第二十一条　严格遵守赛区财务制度和按照比赛规程中的交通和酬金规定,实事求是地报销和领取酬金,严禁在交通报销和酬金方面牟取私利。

第二十二条　根据任务通知,按时到达赛区报到,如不能按时报到,应事先将情况报告中国足球协会裁判办公室（或主办协会）和赛区;根据裁判长或比赛监督的安排,按时离开赛区。

第二十三条　严禁将自己或他人的裁判工作任务透露给俱乐部、运动队或有关人员。

第二十四条　未经中国足协批准,任何裁判人员不得接受记者采访。

第二十五条　严格遵守中国足球协会和赛区组织委员会的有关管理和纪律规定。

第二十六条　严格遵守所住饭店（宾馆）的有关管理规定。

第二十七条　严格遵守国家的法律、法规和社会道德规范。

第五章　违规违纪的处罚种类

第二十八条　处罚种类

（一）通报批评。

（二）警告。

（三）降级使用。

（四）停止裁判工作。

（五）取消工作资格。

（六）终身停止裁判工作。

（七）其他处罚。

第二十九条 前条各类处罚可以单独或合并使用。

第六章 受理与处罚程序

第三十条 具备下列条件之一，中国足球协会裁判委员会予以受理：

（一）比赛监督、裁判长等的书面举报或报告。

（二）裁判员的书面举报或报告。

（三）各方面有事实依据的举报或报告。

（四）涉及裁判工作方面的造成较大不良影响或后果的事件。

（五）中国足协责成裁判委员会调查的事件。

（六）发现的裁判工作中的违规违纪事件。

第三十一条 处罚依据

（一）比赛监督、裁判长等的书面举报或报告。

（二）裁判员的书面举报或报告。

（三）其他方面有事实依据的举报或报告。

（四）与问题有关的录音、录像资料。

（五）调查有关人员的笔录材料。

（六）能够证明所调查问题的其他方面的材料。

（七）本《规定》中的处罚条款。

第三十二条 处罚程序

（一）由中国足球协会裁判办公室受理立案。

（二）由中国足球协会裁判委员会组织调查。

（三）由中国足球协会裁判委员会对违规违纪事件进行核实和确认，依据本《规定》中的相关条款研究和对违规违纪人员提出处罚意见，报中国足球协会批准后执行。

第三十三条 在赛会制的比赛中，裁判长有权临时停止违规违纪裁判员的裁判工作并令其离开赛区，但应及时将情况书面报告中国足球协会裁判办公室，由中国足球协会裁判委员会研究处罚意见，报中国足球协会批准后执行。

第三十四条 对于反映很大、影响很坏但暂时还查无违规违纪实据的裁判人员，中国足球协会裁判委员会将研究提出组织处理意见，报中国足球协会批准后执行。

第七章 对裁判长违规违纪的处罚

第三十五条 经中国足球协会裁判委员会认定有下列情形之一者，根据具体情节，给

予通报批评或(和)警告的处罚:

(一)未能严格认真地履行裁判长的工作职责和严格地按照裁判长工作程序有计划、有步骤、有条理地进行工作,对赛区裁判工作的组织、管理不得力,但未给工作造成不良影响。

(二)管理不严格,致使裁判员中出现违规违纪现象。

(三)其他对工作不够尽职尽责或要求自己不严格等情况,但未造成不良影响。

(四)违反第十四条。

第三十六条 经中国足球协会裁判委员会认定有下列情形之一者,根据具体情节,给予通报批评和(或)降级使用的处罚:

(一)自身所具备的政治思想水平、业务能力和管理教育能力达不到所指派级别赛区裁判工作的要求,不能较好地完成裁判长的工作任务。

(二)填写上报的赛区裁判工作文件和撰写总结不认真、不工整或内容表达不清楚。

(三)不能按时上报赛区裁判工作文件(遇特殊情况除外)。

(四)其他不能较好完成裁判长工作任务的情况。

第三十七条 经中国足球协会裁判委员会认定有下列情形之一者,根据具体情节,给予通报批评和停止裁判长工作1~2年的处罚:

(一)违反第五条第三款,贯彻执行中国足协有关比赛、裁判工作的各项管理和纪律规定不坚决,不能树立良好的裁判工作形象,造成较大的不良影响。

(二)违反第五条第四款,不尽心对裁判员进行思想政治工作和职业道德与纪律教育,不认真对裁判员的执法工作进行指导和总结,不能较好起到培养人的作用。

(三)违反第五条第八款,不能严格按中国足球协会的要求对裁判员进行体能测试和规则、裁判理论及英语考试,拿考试原则做人情。

(四)违反第五条第十款,对赛区违规违纪的裁判员不能或不敢按规定及时、严肃处理和及时向中国足球协会裁判办公室报告。

(五)违反第五条第十一款,不能出以公心实事求是地对赛区裁判员的职业道德修养和业务水平进行评估、排序。

(六)违反第五条第十三款,"牛气"十足,不能与赛区各部门协调工作,造成较大不良影响。

(七)违反第六条第四款,在裁判员的任务安排上任人唯亲,造成不良影响或裁判员之间的不团结。

(八)违反第六条第五款。

(九)违反第六条第七款,不能严于律己、以身作则、为人师表,在赛区和裁判员中有不良反映。

(十)违反第七条,不能按照裁判长的工作程序有计划、有步骤、有条理地进行工作,赛区裁判工作组织、管理混乱,造成不良影响。

(十一)违反第十八条。

(十二)违反第二十四条。

（十三）第二次受到第三十五条或第三十六条中的处罚。

（十四）其他对赛区裁判或比赛工作造成不良影响的情况。

第三十八条 经中国足球协会裁判委员会认定有下列情形之一者,给予通报批评和取消裁判长工作资格的处罚:

（一）违反第五条和第七条,工作严重失职,造成恶劣影响。

（二）违反第五条第十四款,工作中欺上瞒下、弄虚作假,不能如实向中国足协裁判办公室报告赛区裁判和比赛工作的情况。

（三）严重违反第六条第四款,拿原则同俱乐部、运动队、裁判员等做交易或送人情。

（四）严重违反第六条第五款,造成恶劣影响。

（五）违反第十五条。

（六）违反第十六条。

（七）违反第十七条。

（八）违反第十九条。

（九）违反第二十条,外出喝酒,夜不归宿,打牌赌博。

（十）违反第二十一条。

（十一）违反第二十三条。

（十二）第二次受到第三十七条中的处罚。

（十三）其他对赛区裁判或比赛工作造成恶劣影响的情况。

8 足球比赛工作用表

8.1 赛事用表

8.1.1 比赛日程表

足球赛事的比赛日程都是大会组委会在开赛前就设定好的,除不可抗拒的原因外,不得轻易改变比赛日程;各运动队领队、教练参加联席会,通过抽签方法决定各队的落位后,就可以通过比赛日程表的对阵情况得知比赛轮次、场序、时间及场地等相关信息(见表 8.1)。

 表 8.1　2022 年中国·扬州大运河城市足球精英邀请赛比赛日程表

日期	轮次	场序	时间	比赛队	场地
11月28日	第一轮	1	下午	14:30—16:05	江苏省男子 U-15 1 队—长春亚泰足球俱乐部	内
		2		14:30—16:05	江苏省男子 U-15 2 队—苏州市吴县中学	外
		3		16:40—18:15	湖北足协星辉青训学院—上海申花足球俱乐部	内
				轮空	山东鲁能泰山足球俱乐部	
11月29日	第二轮	4	下午	14:30—16:05	苏州市吴县中学—长春亚泰足球俱乐部	内
		5		14:30—16:05	江苏省男子 U-15 1 队—江苏省男子 U-15 2 队	外
		6		16:40—18:15	上海申花足球俱乐部—山东鲁能泰山足球俱乐部	内
				轮空	湖北足协星辉青训学院	
11月30日	第三轮	7	下午	14:30—16:05	江苏省男子 U-15 2 队—上海申花足球俱乐部	外
		8		14:00—15:35	湖北足协星辉青训学院—长春亚泰足球俱乐部	内
		9		16:10—17:45	江苏省男子 U-15 1 队—山东鲁能泰山足球俱乐部	内
				轮空	苏州市吴县中学	

(续表)

日期	轮次	场序	时间	比赛队	场地
12月1日	第四轮	10	下午 14:00—15:35	上海申花足球俱乐部—苏州市吴县中学	内
		11	14:00—15:35	江苏省男子U-15 2队—湖北足协星辉青训学院	外
		12	16:10—17:45	长春亚泰足球俱乐部—山东鲁能泰山足球俱乐部	内
			轮空	江苏省男子U-15 1队	
12月2日	第五轮	13	下午 14:00—15:35	江苏省男子U-15 2队—山东鲁能泰山足球俱乐部	内
		14	14:00—15:35	苏州市吴县中学—湖北足协星辉青训学院	外
		15	16:10—17:45	江苏省男子U-15 1队—上海申花足球俱乐部	内
			轮空	长春亚泰足球俱乐部	
12月3日	第六轮	16	下午 14:00—15:35	江苏省男子U-15 1队—湖北足协星辉青训学院	内
		17	14:00—15:35	上海申花足球俱乐部—长春亚泰足球俱乐部	外
		18	16:10—17:45	苏州市吴县中学—山东鲁能泰山足球俱乐部	内
			轮空	江苏省男子U-15 2队	
12月4日	第七轮	19	下午 14:00—15:35	山东鲁能泰山足球俱乐部—湖北足协星辉青训学院	内
		20	14:00—15:35	江苏省男子U-15 2队—长春亚泰足球俱乐部	外
		21	16:10—17:45	江苏省男子U-15 1队—苏州市吴县中学	内
			轮空	上海申花足球俱乐部	
12月5日				离会	

8.1.2　上场队员及替补队员名单表

比赛开赛前30分钟由值场比赛监督收取比赛两队上场队员及替补队员名单表，并对各队提交的名单中队员资格、服装颜色，标注守门员、队长、停赛队员、教练员签名等事项进行审核，确定无误后，值场比赛监督会重新合成上场队员及替补名单表，打印后主裁判签字，开赛前15分钟交由裁判组进行开赛前检查（见表8.2）。

表8.2　2022年中国·扬州大运河城市足球精英邀请赛
上场队员及替补队员名单

		姓名	号码	备注
队长（Captain）				
队员（Players）				

(续表)

	姓名	号码	备注
队员（Players）			
替补队员（Substitutes）			

队伍： 日期：

教练员（签字）

8.1.3 替补席官员名单表

替补席官员名单需跟上场队员及替补队员名单一起上交值场比赛监督，审查内容及方式基本相同（见表8.3）。替补席官员的资格必须是联席会最后确定后的人员，不符合资格人员一律不得在技术区的替补席就座。

表8.3　2022年中国·扬州大运河城市足球精英邀请赛
替补席官员登记表

赛　　区		比赛组别	
比赛轮次		比赛场序	
比赛日期		比赛时间	
A队（主队）		B队（客队）	

主队官员	职务	客队官员	职务

主教练签字:　　　　　　　　　　　　　主教练签字:
比赛监督签字:　　　　　　　　　　　　年　　月　　日

8.1.4　比赛换人申请表

比赛规程关于换人有明确的规定,对于换人次数一般执行的是"3+1"(第四官员职责章节有具体说明)。换人申请表(简称换人单)必须由教练员签字,第四官员要对替补队员的资格(有大小年龄段问题)、装备进行检查,确定无误后方可执行替换程序(见表8.4)。

表8.4　比赛换人申请表 Substitution card

场序 Match No.：　　　　　　主队 Team A：　　　　　　客队 Team B：

下场　OUT		上场　IN	
号码 No.	姓名 Name	号码 No.	姓名 Name
换人时间 Minute	上半时 1st:　□	下半时 2nd:　□	加时赛 EXT:　□

教练员签字(Signature)：

8.1.5　单场比赛成绩报告表

单场比赛成绩报告表(见表8.5),一般由裁判组填写。当一个裁判团队完成了一场比赛任务后,快速将本场比赛的比分、进球及红黄牌情况直接报给裁判组的资料收集组。裁判资料收集组将本轮所有的比赛成绩收集后,做出本轮比赛的成绩报告表。裁判组每轮成绩公告都是根据单场比赛成绩报告表制定出来并交裁判长签字后生效,所以,任何裁判组的单场比赛成绩报告表不得有任何差错,必须完全正确,这也是裁判团队工作能力的重要体现。

表 8.5　2022 年中国·扬州大运河城市足球精英邀请赛
单场比赛成绩报告表

场序：	主队：	客队：
	比分：	获胜队：
进球		
黄牌		
红牌		

裁判组：　　　　　　　　　　　　　　　　　　　　裁判长：

8.1.6　比赛成绩积分表

不管采用哪一种比赛形式，参赛队伍及裁判组都必须了解各队的积分和排名情况。各运动队会根据积分和排名情况，有针对性地安排队员及战术打法。裁判组也会根据比赛成绩积分表情况来安排裁判员的工作。混合制比赛前半部分大多采用小组循环赛，这关系到每一支队伍能否进入后半部的淘汰赛，所以，在每轮比赛结束后，裁判组、比赛组都会快速公布每轮比赛后各队的积分情况(见表 8.6)。

8.1.7　单轮比赛成绩报告表

每轮比赛结果都会影响到各队的名次、晋级以及队员停赛情况，各队都会根据单轮比赛成绩来制定下轮比赛的人员安排、战术打法，所以，裁判组、比赛组必须认真核准、核实每一轮比赛结果、红黄牌统计以及停赛运动员等信息，不得有任何差错，交由裁判长、比赛主任签字生效，再由比赛主任下发给运动队；裁判长也会将本轮比赛成绩公告下发给裁判组，让裁判组知道下一轮比赛各队的对阵情况、队员停赛情况等信息(见表 8.7)。

表 8.6　2022 年中国·扬州大运河城市足球精英邀请赛
积分表

	江苏1队	长春亚泰	江苏2队	苏州吴中	湖北星辉	上海申花	山东鲁能	进球数	净胜球	积分	排名
江苏1队		4:0	2:0		2:0	1:0	2:0			15	1
		3	3		3	3	3				
长春亚泰	0:4			2:2 (4:5)	1:1 (3:4)	2:6	0:2			2	7
	0			1	1	0	0				
江苏2队	0:2			0:2	1:0	1:1 (3:2)				5	5
	0			0	3	2					
苏州吴中		2:2 (5:4)	2:0		4:2	1:2	0:2			8	4
		2	3		3	0	0				

(续表)

	江苏1队	长春亚泰	江苏2队	苏州吴中	湖北星辉	上海申花	山东鲁能	进球数	净胜球	积分	排名
湖北星辉	0：2	1：1 (4：3)	0：1	2：4		0：0 (3：4)				3	6
	0	2	0	0		1					
上海申花	0：1	6：2	1：1 (2：3)	2：1	0：0 (4：3)		2：1			12	2
	0	3	1	3	2		3				
山东鲁能	0：2	2：0	2：0	2：0		1：2				9	3
	0	3	3	3		0					

表8.7　2022年中国·扬州大运河城市足球精英邀请赛单轮比赛成绩报告表

日期：2022年11月28日

轮次	场序	比赛队伍	比赛结果	获胜队
一	1	江苏省男子U-15 1队 VS 长春亚泰足球俱乐部	4：0	江苏省男子U-15 1队
	2	江苏省男子U-15 2队 VS 苏州市吴县中学	0：2	苏州市吴县中学
	3	湖北足协星辉青训学院 VS 上海申花足球俱乐部	0：0(3：4)	上海申花足球俱乐部

进球统计

姓名	号码	队名	进球数
何远灿	24	江苏省男子U-15 1队	1
苗润东	7	江苏省男子U-15 1队	1
叶文杰	12	江苏省男子U-15 1队	1
唐曾琦	10	江苏省男子U-15 1队	1
张苏	18	苏州市吴县中学	1
寇程	24	苏州市吴县中学	1

红黄牌记录及停赛通知

队名	号码	姓名	黄牌	红牌	停赛轮次
江苏省男子U-15 1队	3	宋恒达	1		
长春亚泰足球俱乐部	1	宋智城		1	第二轮
苏州市吴县中学	6	宋思毅	1		
江苏省男子U-15 2队	18	毛少博	1		
江苏省男子U-15 2队	50	沈佳涛	1		
湖北足协星辉青训学院	23	刘铭宇	1		
上海申花足球俱乐部	16	高明豪	1		

裁判长：李俊

大会裁判组
2022年11月28日

8.1.8 比赛队伍服装颜色统计表

各参赛队参加联席会抽签后,均知道本队所在的轮次位置及对手。根据《足球竞赛规则》的精神要求,双方队员、守门员及裁判员的服装颜色必须区分开来。大会比赛组必须按比赛日程表中对阵各队确定比赛服装颜色。参赛队必须准备深、浅两套号码相同的比赛服装,对阵双方可协商确定比赛服装颜色,当出现分歧、意见不统一时,主队有优先选择比赛服装颜色的权力。高规格比赛对参赛各队的服装、号码、队名及广告字体的大小、印刷位置都有明确规定,在此不再叙述。服装颜色统计表见表8.8。

表 8.8 2022 年中国·扬州大运河城市足球精英邀请赛服装颜色统计表

日期	轮次	场序	比赛队	锋卫队员			守门员		
				上衣	短裤	球袜	上衣	短裤	球袜
11月28日	第一轮	1	江苏省男子 U-15 1队	蓝	蓝	蓝	黄	黄	蓝
			长春亚泰足球俱乐部	红	黑	红	橙	橙	橙
		2	江苏省男子 U-15 2队	红	黑	红	紫	紫	红
			苏州市吴县中学	蓝	白	白	黑	黑	黑
		3	湖北足协星辉青训学院	红	红	红	绿	黑	黑
			上海申花足球俱乐部	白	白	白	灰	灰	灰
		轮空	山东鲁能泰山足球俱乐部						
11月29日	第二轮	4	苏州市吴县中学	红	黑	红	紫	紫	紫
			长春亚泰足球俱乐部	白	白	白	蓝	蓝	蓝
		5	江苏省男子 U-15 1队	红	黑	红	紫	紫	红
			江苏省男子 U-15 2队	蓝	蓝	蓝	黄	黄	蓝
		6	上海申花足球俱乐部	蓝	蓝	蓝	红	红	红
			山东鲁能泰山足球俱乐部	橙	橙	橙	黑	黑	橙
		轮空	湖北足协星辉青训学院						
11月30日	第三轮	7	江苏省男子 U-15 2队	红	黑	红	紫	紫	红
			上海申花足球俱乐部	白	白	白	灰	灰	灰
		8	湖北足协星辉青训学院	黄	黑	黄	橙	黑	黑
			长春亚泰足球俱乐部	红	黑	红	蓝	蓝	蓝
		9	江苏省男子 U-15 1队	蓝	蓝	蓝	黄	黄	蓝
			山东鲁能泰山足球俱乐部	白	橙	橙	绿	绿	蓝
		轮空	苏州市吴县中学						

表 8.9 2022年中国·扬州大运河城市足球精英邀请赛比赛裁判员任务安排总表

日期	轮次	场序		时间	比赛队	场地	R	AR1	AR2	FO (AFO)	CR
11月28日	第一轮	1	下午	14:30—16:05	江苏省男子U-15 1队—长春亚泰足球俱乐部	内	焦梓	张兆国	堵敏超	徐康箫	李俊
		2		14:30—16:05	江苏省男子U-15 2队—苏州市吴县中学	外	孙瑞	吴限	沈宗青	张宸恺	刘红兵
		3		16:40—18:15	湖北足协星辉青训学院—上海申花足球俱乐部	内	顾伟	邱飞	陆文翔	徐志成	梁建萍
11月29日	第二轮	4		轮空	山东鲁能泰山足球俱乐部						
		5	下午	14:30—16:05	苏州市吴县中学—长春亚泰足球俱乐部	内	堵敏超	沈宗青	徐康箫	刘正文(徐志成)	李俊
		6		14:30—16:05	江苏省男子U-15 1队—江苏省男子U-15 2队	外	代沅钰玺	陆文翔	张琼	焦梓(张宸恺)	梁建萍
				16:40—18:15	上海申花足球俱乐部—山东鲁能泰山足球俱乐部	内	张兆国	陆磊	邱飞	吴限	李俊
11月30日	第三轮	7		轮空	湖北足协星辉青训学院						
		8	下午	14:30—16:05	江苏省男子U-15 2队—上海申花足球俱乐部	外	吴限	邱飞	徐志成	(堵敏超)	梁建萍
		9		14:00—15:35	湖北足协星辉青训学院—长春亚泰足球俱乐部	内	陆磊	沈宗青	陆文翔	徐康箫	刘红兵
				16:10—17:45	江苏省男子U-15 1队—山东鲁能泰山足球俱乐部	内	张琼	孙瑞	张宸恺	顾伟(焦梓)	李俊
12月1日	第四轮	10		轮空	苏州市吴县中学		▶ 发车时间：华美达→体育场东北门 12:40				
		11	下午	14:00—15:35	上海申花足球俱乐部—苏州市吴县中学	内	焦梓	堵敏超	陆磊	代沅钰玺(张琼)	梁建萍
				14:00—15:35	江苏省男子U-15 2队—湖北足协星辉青训学院	外	张兆国	徐志成	徐康箫	刘正文(沈宗青)	刘红兵
		12		16:10—17:45	长春亚泰足球俱乐部—山东鲁能泰山足球俱乐部	内	伯宁	吴限	张宸恺	张琼	李俊

8.1.9　裁判员任务安排总表

裁判长会按照比赛日程表中，各场序比赛对阵队伍的实力、战术打法和风格等因素，确定该场比赛裁判员的选派，在保证完成比赛任务的同时，也需要锻炼和培养年轻裁判员。裁判任务的选派既要考虑裁判业务水平和能力，也要考虑裁判与球队的社会关系以及区域关系。裁判长也能通过该表了解各裁判员的实际工作量，尽可能均衡工作量的同时，也要增加重点培养年轻裁判员的锻炼机会。裁判员任务安排总表见表 8.9。

8.1.10　单轮裁判员任务安排表

单轮裁判员任务安排表是来自裁判任务安排总表（见表 8.10）。裁判长会根据比赛性质以及赛事的重要程度，择时向裁判组宣布比赛的人员选派，目的是为了保证赛事的公正性，消除裁判组以外人员不必要的干扰，确保赛事的正常进行。

表 8.10　2022 年中国·扬州大运河城市足球精英邀请赛
单轮比赛裁判员任务安排表

日期	轮次	场序	时间	比赛队	场地	R	AR1	AR2	FO（AFO）	CR
11月28日	第一轮	1	14:30—16:05	江苏省男子 U-15 1 队—长春亚泰足球俱乐部	内	焦梓	张兆国	堵敏超	徐康箫	李俊
		2	下午 14:30—16:05	江苏省男子 U-15 2 队—苏州市吴县中学	外	孙瑞	吴限	沈宗青	张宸恺	刘红兵
		3	16:40—18:15	湖北足协星辉青训学院—上海申花足球俱乐部	内	顾伟	邱飞	陆文翔	徐志成	梁建萍
			轮空	山东鲁能泰山足球俱乐部						

8.1.11　《裁判员报告》

《裁判员报告》是必须收存的原始性文件。目前，赛区要求执场裁判员报告表采用双备份（电子版、手写各一份），它是反映比赛过程和结果真实文件，也是运动员评定运动等级的主要依据，所以裁判员在填写该文件时，必须确保准确无误。《裁判员报告》见第 5 章表 5.2。

8.1.12　《比赛事件报告》

《比赛事件报告》（见表 5.3）填写必须规范、客观、准确。组委会、纪律委员会要根据报告的内容，作出相应的处罚决定，直接影响到报告中所涉及的相关队伍、球员以及相关官员的处罚以及追加处罚。

表 8.11　2022 年中国·扬州大运河城市足球精英邀请赛红黄牌统计表

队名	第一轮	第二轮	第三轮	第四轮	第五轮	第六轮	第七轮	停赛轮次
江苏1队	3号 宋恒达(Y)				8号 陈力行(Y) 52号 张康杰(Y)			
江苏2队	18号 毛少博(Y) 50号 沈佳祷(Y)		32号 龚志豪(Y)	17号 陈希言(Y)				
湖北星辉	23号 刘铭宇(Y)		1号 孟德端(Y) 24号 刘镓豪(Y)	25号 胡锦毅(Y)		10号 刘楚天(Y) 25号 胡锦毅(Y)		25号 胡锦毅(七)
长春亚泰	1号 安智城(R)	4号 张福星(Y) 6号 张泽文(Y) 7号 武博洋(Y)	30号 马浩然(Y)			7号 武博洋(Y) 30号 马浩然(Y)		1号 安智城(二) 7号 武博洋(七) 30号 马浩然(七)
苏州吴中	6号 宋思毅(Y)	6号 宋思毅(Y) 24号 寇程(Y)			3号 张耀(Y) 8号 黄荣杰(Y)	3号 张耀(Y)		6号 宋思毅(四) 3号 张耀(七)
上海申花	16号 高明豪(Y)	6号 杨阳(Y)		18号 由树杰(Y)	3号 蔺博轩(Y) 队医 刘毅(Y)			
山东鲁能		16号 郭鑫(Y)			6号 赵永泽(Y)	6号 赵永泽(Y)		6号 赵永泽(七)

8.1.13 比赛红黄牌统计表

足球比赛的比赛规程对运动员红黄牌、停赛都有各自的规定和要求。裁判员执裁时，一定要准确记录处罚红黄牌的队员、队名以及出牌的规则依据。对于犯有严重犯规、暴力行为的队员，大会纪律委员会要根据比赛规程给予追加处罚。统计运动员红黄牌时，必须准确无误，不得漏填和错填，张冠李戴的事情常有发生，这不仅影响到运动员轮次停赛，还会影响到精神文明队伍评选（见表 8.11）。

8.2 赛区考核评价用表

8.2.1 赛区裁判考核评估参考表

赛会制比赛结束后须对所选派的裁判员的业务能力水平、赛区表现做一个客观评价。内容包括裁判员体能、跑动与形态、规则认知及运用能力、年龄等方面，评估裁判员的发展潜力，是否建议列为梯队跟踪培养。赛会制比赛，裁判长必须根据表 8.12 或表 8.13 以及表 8.14～表 8.16 的内容对赛区裁判员做一个客观评价，并报相关职能部门。

表 8.12　A 类普通赛会制赛区评分标准（总分 50 分）

裁判能力（15 分）	助理能力（7 分）	体能、跑动与形态（5 分）	规则认知及运用能力（13 分）	年龄评估及发展潜力（10 分）	总分	评估	评语
14～15	6～7	4～5	12～13	9～10	45～50	优秀	素质优秀，建议列为梯队跟踪培养
12～13	4～5	3～4	10～11	7～8	36～41	良好	素质良好，建议列为重点加大培养
10～11	2～3	2	8～9	5～6	27～31	一般	素质一般，建议不列重点继续锻炼
0～9	0～1	1	0～7	3～4	4～22	差	素质差，建议下一级别或回地方锻炼

注：A 类赛区应安排进行裁判员和助理裁判员的全面考核，赛区裁判员应全面接受裁判员或助理裁判员的任务考核。

表 8.13　B 类考核赛会制赛区评分标准（总分 50 分）

裁判能力（10 分）	助理能力（10 分）	体能、跑动与形态（10 分）	规则认知及运用能力（10 分）	年龄评估及发展潜力（10 分）N＝既定裁判群组限定年龄 X＝现有年龄	总分	评估	评语
9～10	9～10	9～10	9～10	9～10（N－X≥10 岁）	45～50	优秀	素质优秀，建议升为中__裁判或助理
7～8	7～8	7～8	7～8	7～8（N－X≥8 岁）	35～40	良好	素质良好，建议候补升级

（续表）

裁判能力（10分）	助理能力（10分）	体能、跑动与形态（10分）	规则认知及运用能力（10分）	年龄评估及发展潜力（10分）N＝既定裁判群组限定年龄 X＝现有年龄	总分	评估	评语
5～6	5～6	5～6	5～6	5～6（N－X≥5岁）	25～30	一般	素质一般,建议继续中__比赛锻炼
3～4	3～4	3～4	3～4	3～4（N－X≥2岁）	15～20	差	素质差,建议降级

注：B类赛区应根据既定裁判员和助理裁判员安排（中乙裁判可自己申请）进行裁判员和助理裁判员的分类考核。

表8.14　赛会制赛区观察、评估、考核项目

裁判能力	助理能力	体能、跑动与形态	规则认知及运用能力	年龄评估及发展潜力
★ 判罚能力及控制 ★ 技术判罚的准确性 ★ 纪律处罚的准确性及必要性 ★ 性格、心理 ★ 团队、信号	★ 越位的观察、判断及信号 ★ 对犯规的认识及协助 ★ 性格、心理 ★ 团队、信号	★ 充沛的体能和跑动能力 ★ 必要的速度和冲刺能力 ★ 合理的跑动和选位 ★ 形态、姿势及场上形象	★ 规则及其精神的熟练掌握 ★ 阅读比赛及规则运用程度 ★ 规则执行原则及变化能力（从比赛执法中进行考察）	★ 中甲晋升中超裁判不限定年龄 ★ 中乙裁判晋升中甲级别年龄限定为不超过40周岁 ★ 后备力量裁判晋升中乙级别年龄限定为不超过35周岁 ★ 一级裁判进入预备国家级培训班年龄限定为不超过30周岁

表8.15　单场难度评分参考

难度	需要提高	表现一般（及格）	良好	优秀
高	7.5～7.9	8.0～8.4	8.5～8.9	9.0～10
中	7.0～7.4	7.5～7.9	8.0～8.4	8.5～8.9
一般	6.0～6.9	7.0～7.4	7.5～7.9	8.0～8.4

表8.16　其他要素

项目	内容
裁判级别分类	中超、中甲、中乙、预备国家级（简称预备）、精英一级（简称精英）、一级、二级、三级
赛会制赛区评估裁判最终分值评估指导	优秀（45～50分）、良好（35～40分）、一般（25～30分）、差（23分以下）

8.2.2　裁判员综合评估排名表

裁判长确定赛区裁判员的综合评分排名后,一般不对裁判组公布,直接上报主办协会

主管部门。裁判员综合评估排名表见表 8.17,可根据裁判员人数设置表格行数。

表 8.17 裁判员综合评估排名表

排名	姓名	评估得分	备注
1			
2			
3			
4			

8.2.3 裁判员体能测试成绩登记表

赛会制比赛前,一般裁判员需要进行体能测试,测试结果可以反映裁判员的体能状况,便于赛区裁判长有选择性安排赛事任务,同时也是跟踪裁判员平时的体能训练状况。体能测试成绩记录表见表 8.18。

表 8.18 裁判员体能测试成绩登记表

时间:2022 年 1 月 3 日   9:30   地点:常州武进(常奥)

| 序号 | 性别 | 姓名 | 40 米冲刺跑 | | | | | | | |
			1	2	3	4	5	6	7 补	8 补
1	男	李彦强								
2	男	吉 文								
3	男	王晨铮								
4	男	侯宇辉								

| 序号 | 性别 | 姓名 | 间歇跑 | | | | | | | | | |
			1	2	3	4	5	6	7	8	9	10
1	男	李彦强										
2	男	吉 文										
3	男	王晨铮										
4	男	侯宇辉										

8.2.4 裁判监督记录表

在临场比赛过程中,裁判长或裁判监督需要对全场比赛过程进行记录,客观反映比赛过程的实际情况,尤其对裁判员在执法过程中判罚的准确性,跑动、选位的合理性,红黄牌判罚的准确性以及体能状况等,赛后可以帮助裁判员进行总结和提高(见表 8.19)。

表 8.19 裁判监督记录表

比赛名称			场序			主队			客队			日期：	
R：		AR1：		AR2：		FO：		AAR1：		AAR2：		RAR1：	RAR2：

裁判员临场判罚次数	纪律处罚					罚球区事件					有利掌握				全场比分：		补时	
主队次数	主队	时间				主队					正确				半场：		上	
		号码															下	
客队次数	客队	时间				客队					错误				罚球点球：		上	
		号码															下	

越位			第一助理					第二助理			
越位判罚次数	主队			客队			主队			客队	
主队进球	时间			客队进球			时间				
	号码						号码				

序号	时间	内容		序号	时间	内容
1				21		
2				22		
3				23		
4				24		
5				25		
6				26		
7				27		
8				28		
9				29		
10				30		
11				31		
12				32		
13				33		
14				34		
15				35		
16				36		
17				37		
18				38		
19				39		
20				40		

(续表)

评价量表	
分数	描述
9.0~10	非常好的执法表现,在一场比赛中正确做出许多困难的比赛事件决定。(5次或5次以上)
8.5~8.9	非常好的执法表现,在一场比赛中正确做出几次困难的比赛事件的决定。(4次或4次以下)
8.3~8.4	好的执法表现,在一场比赛中正确做出许多预期的比赛事件决定。(5次或5次以上)
8.2	好的执法表现,在一场比赛中正确做出几次预期的比赛事件决定,需要改进小的方面。(4次或4次以下)
8.0~8.1	好的执法表现,在一场比赛中正确做出几次预期的比赛事件决定,需要改进重要方面。(4次或4次以下)
7.9	不符合预期的执法表现,在一场比赛中有一次关键比赛事件做出错误的判罚
7.8	不符合预期的执法表现,在一场比赛中有一次关键比赛事件做出错误的判罚,需要改进小的方面
7.5~7.6	不符合预期的执法表现,在一场比赛中有两次关键比赛事件做出错误的判罚,需要改进小的方面
7.4	一个关键比赛事件错误判罚,影响比赛的胜负关系。一个预期的关键比赛事件决定,在场回看仍然错误或拒绝在场回看
7.0~7.4	非常差的执法表现,三个或更多的关键比赛事件决定错误,许多方面需要改进
定义	
A 优秀	高于作为这个裁判级别的预期表现。高标准地做出许多困难的决定
B 良好	达到了作为这个裁判级别的预期表现。稳定和完全胜任这个裁判级别的执法表现
C 不符合预期	低于这个裁判级别的预期执法表现。改进和提高是必要的
D 执法表现很差	低于作为这个裁判级别的最低期望。执法表现是不可接受的,重要的比赛事件没有做出正确的决定,需要立即改善和提高
预期的	裁判员应该能正确做出简单或正常(普通)的决定
困难的或决定性	有难度,不容易做出判罚,能够挑战或考验到裁判员。关键比赛事件,裁判员无论判罚正确与否都将影响比赛胜负关系
关键比赛事件	这些事件可以导致一个进球(罚球区事件,越位,进球或未进球,罚令出场事件)

(续表)

评价量表			
	内容	优点	不足
裁判员	比赛控制		
	体适能		
	团队配合		
一助	越位、犯规、球出界；旗示技巧；选位移动		
二助			
四官	合作、协作、管理		
补充说明			

裁判长：　　　　　　　　　　　　　　　　　　　　　　　比赛监督：

8.3　赛区管理信息用表

足球赛事参与裁判工作的人数较多，而且住宿一般相对分散，所以，裁判组会按裁判长的要求，制定出较为全面、规范的信息表格，让所有参与工作的人员一目了然，避免意外事件的发生，确保比赛顺利进行。

8.3.1　住地赛场间发车时间表

足球赛事一般都需要乘坐大会提供的车辆往返比赛场地与住地。通常裁判、官员、专家及学员会分时间段发车。所以，裁判组会制定准确的发车时刻表，保证值场裁判组准时到达赛场，同时让上一场工作的裁判组能及时返回住地休息，确保比赛的顺利进行（见表8.20）。

 表8.20　2022年中国·扬州大运河城市足球精英邀请赛裁判发车时间表

序号	事由	日期	发车时间		车牌	司机	电话
1		11月28日（开幕式）	华美达→体育场东门	13:00		周师傅	
			体育场东门→华美达	16:30			
			华美达→体育场东门	15:10			
			体育场东门→华美达	18:30			
2		11月29日（比赛日）	华美达→体育场东门	13:10		周师傅	
			体育场东门→华美达	16:30			
			华美达→体育场东门	13:10			
			体育场东门→华美达	18:30			

8.3.2 裁判组个人信息登记表

参与赛会制足球比赛的工作人员来自不同地区,需登记参与工作人员的电话号码、身份证号码、衣服尺寸、银行卡等信息(见表 8.21)。为了裁判组工作需要,裁判长会建内部微信群,除裁判组人员外,一般不建议有非裁判组人员在内。

表 8.21 裁判组个人信息登记表

序号	姓名	职务	地区	衣服号	鞋号	身份证号	卡号	开户行	电话号码	备注

9 足球裁判员的培训、考核与晋升

9.1 中国足球协会一级裁判培训大纲(试行)

9.1.1 说明

(1) 本大纲参照《体育竞赛裁判员管理办法》(国家体育总局第 21 号令)、中国足协 2016 年发布的《中国足球协会裁判管理办法实施细则》的有关规定,结合《国际足联会员协会裁判组织规程》的相关要求和《足球改革发展整体方案》的有关精神而制定。

(2) 本大纲适用对象为已认证的中国足协二级裁判员。

(3) 本大纲总学时为 40 学时。

9.1.2 培训任务

(1) 端正从事裁判工作动机,贯彻裁判工作指导方针,培养良好的职业道德规范。

(2) 通过学习,熟练掌握规则中比赛官员及违反规则相关章节内容,基本掌握运用规则中基本条件和基本规定相关章节内容。

(3) 通过学习,基本掌握比赛官员之间的团队配合方法;熟练掌握裁判员与助理裁判员的跑动与选位方法;熟练运用比赛官员的信号。

(4) 通过学习,基本掌握裁判员体能训练方法;体能测试达到相应等级标准。

(5) 通过学习,学员基本掌握比赛规则的简单英文术语。

(6) 使学员具有承担省级各类及全国性业余足球比赛裁判工作的能力。

9.1.3 教学内容与时数分配

(1) 理论部分及教学时数见表 9.1。

表 9.1 理论部分教学内容与学时分配

序号	教学内容	学时	学习水平
1	裁判员的职业道德教育	2 学时	基本掌握

(续表)

序号	教学内容	学时	学习水平
2	足球竞赛规则最新动态	2学时	基本掌握
3	专题一：犯规程度	2学时	熟练掌握
4	专题二：故意手球	2学时	熟练掌握
5	专题三：战术犯规	2学时	基本掌握
6	专题四：团队合作（特殊情况）	2学时	熟练掌握
7	专题五：跑动与选位	2学时	熟练掌握
8	专题六：有利的掌握	2学时	基本掌握
9	专题七：越位	2学时	基本掌握
10	专题八：身体训练方法与计划	2学时	熟练掌握
合计		20学时	

（2）实践部分及教学时数见表9.2。

表9.2 实践部分教学内容及学时分配

序号	教学内容	学时	学习水平
1	裁判员跑动与选位的单元训练	4学时	熟练掌握
2	助理裁判员跑动与选位的单元训练	4学时	熟练掌握
3	团队合作（特殊情况）的单元训练	2学时	熟练掌握
4	识别战术犯规的单元训练	2学时	熟练掌握
5	识别越位犯规的单元训练	2学时	熟练掌握
6	体能训练	2学时	熟练掌握
合计		16学时	

（3）考核部分及教学时数见表9.3。

表9.3 考核部分教学内容及学时分配

序号	教学内容	学时	备注
1	规则理论测试、视频测试	2学时	
2	体能测试	2学时	
合计		4学时	

9.1.4 教学内容纲要

1）理论部分

（1）裁判员的职业道德教育

① 国际足联提出的裁判员行为规范。

② 优秀裁判员的基本条件。

(2) 足球竞赛规则最新动态。

(3) 犯规程度分析

① 犯规程度的定义。

② 涉及犯规程度的黄牌警告及红牌罚令出场。

③ 犯规的性质。

④ 判例分析。

(4) 故意手球

① 规则中的有关条款(犯规及纪律处罚)。

② 判罚时的考虑因素。

③ 判例分析。

(5) 战术犯规

① 何谓战术犯规。

② 破坏有希望进攻机会时考虑因素。

③ 破坏明显得分机会时考虑因素。

④ 判例分析。

(6) 团队合作(特殊情况)

① 团队合作的意义。

② 团队合作的原则。

③ 特殊情况下的团队合作方法。

④ 判例分析。

(7) 跑动与选位

① 跑动与选位的意义。

② 跑动与选位应考虑的因素。

③ 跑动与选位的要求。

④ 跑动与选位的方法。

(8) 有利的掌握

① 有利条款的含义。

② 掌握有利条款的意义。

③ 运用有利条款时的考虑因素。

④ 运用有利条款的方法。

⑤ 判例分析。

(9) 越位

① 规则要素。

② 判罚时的考虑因素。

③ 判例分析。

④ 提高判罚准确性。

（10）身体训练的方法与计划

① 裁判员身体训练的重要性。

② 身体训练的方法。

③ 身体训练计划的制定。

2）实践部分

（1）裁判员跑动与选位的单元训练（一）

① 选择观察角度的单元训练。

② 罚球区内控制的单元训练。

（2）裁判员跑动与选位的单元训练（二）

① 不同情形下移动的单元训练。

② 全场对角线跑动的单元训练。

（3）助理裁判员跑动与选位的单元训练（一）

① 不同信号下反应移动的单元训练。

② 跟随"平行线"的反复移动单元训练。

（4）助理裁判员跑动与选位的单元训练（二）

① 移动与注意力的单元训练。

② 反击情况下冲刺的单元训练。

（5）团队合作（特殊情况）的单元训练

① 快速反击下的团队合作。

② 罚球点球的管理。

③ 任意球的组织管理。

④ 群体事件。

（6）识别战术犯规的单元训练

① 破坏有希望进攻机会的单元训练。

② 破坏明显得分机会的单元训练。

（7）识别越位犯规的单元训练

① 不同区域重叠越位犯规的单元训练。

② 采用"等和看"技巧的单元训练。

（8）体能训练

① 11＋的训练方法介绍。

② 其他训练方法体验。

9.1.5 课程安排（示例）

课程安排示例见表 9.4。

表 9.4 课程安排表

日期/时间	08:00—08:30	08:30—10:00	10:15—11:45	12:00	14:00—15:30	15:45—17:15
第1天	开班仪式	职业道德教育	新规则介绍	午餐	裁判员跑动与选位的单元训练(一)	助理裁判员跑动与选位的单元训练(一)
日期/时间		08:30—10:00	10:15—11:45		14:00—15:30	15:45—17:15
第2天		犯规程度	战术犯规		裁判员跑动与选位的单元训练(二)	助理裁判员跑动与选位的单元训练(二)
日期/时间		08:30—10:00	10:15—11:45		14:00—15:30	15:45—17:15
第3天		故意手球	越位		识别战术犯规的单元训练	体能训练
日期/时间		08:30—10:00	10:15—11:45		14:00—15:30	15:45—17:15
第4天		有利的掌握	团队合作		识别越位犯规的单元训练	团队合作(特殊情况)的单元训练
日期/时间		08:30—10:00	10:15—11:45		14:00—15:30	15:45—17:15 17:15—17:45
第5天		跑动与选位	身体训练方法与计划		理论、视频测试	体能测试 结业仪式

9.1.6 场地器材

（1）助理裁判用旗 30 面。

（2）4 种不同颜色标志盘若干;4 种不同颜色背心,每种颜色 10 件(前后号码 1~10)。

（3）移动音箱 1 个(话筒)。

（4）多媒体教室 1 间,11 人制场地 1 片。

9.1.7 考核

1）考核内容

规则与裁判法理论测试、视频测试、体能测试。

2）考核方式说明

（1）规则与裁判法理论测试 笔试,总分 100 分,70 分为及格标准。

（2）犯规与不正当行为视频测试 观看视频答题 20 题,每题 1 分,12 分为及格标准。

（3）越位视频测试 观看视频答题 20 题,每题 1 分,12 分为及格标准。

（4）体能测试

① 形式:反复冲刺跑测试 6×40 米,间歇跑测试(75 米、25 米)。

② 标准:男子 40 米及格标准为 6.1 秒,女子 40 米及格标准为 6.5 秒。男子间歇跑标准为"15 秒、20 秒";女子间歇跑标准为"17 秒、22 秒";10 圈为合格,12 圈为优秀。

9.1.8　培训措施

（1）严格管理，严格考勤，严格考核。如实报告、反馈培训情况、考核成绩，并提出改进培训的建议。保证教学时数，凡缺课达 4 学时者（含）不得参加考试；学员人数不超过 30 人。

（2）负责培训的教师，必须由获得当年度任职资格的各会员协会（或经授权有相应资质的单位）裁判教师或中国足协裁判教师担任；体能教学及培训中的体能考核，必须由相应级别的裁判体能教师主要负责组织和实施。如需选派其他地区中国足协裁判教师，需提前与中国足协裁判管理部申请。会员协会裁判培训班的教师选派情况，应按年度向中国足协裁判管理部报备。

（3）教师要认真备课，努力改进教学方法，严格执行培训大纲，积极采用现代化教学手段，与国际足联、亚足联、中国足协要求和倡导的教学方式保持一致。

（4）规则与裁判法理论测试、视频测试、体能测试作为达标考核，达标考核中的任意一项未达到及格标准的学员，视为未通过本次培训，在本次培训中不能获得相应的课程结业证书。

（5）持有一级裁判员培训课程结业证书是申报国家一级裁判员的必备条件之一。

9.1.9　参考资料

（1）国际足球协会理事会颁布的最新《足球竞赛规则》。
（2）《足球竞赛规则分析与裁判法》，人民体育出版社，2013 年出版。
（3）《现代足球》，人民体育出版社，2000 年出版。
（4）国际足联"2016 Practical Exercises for Ref and AR"实践训练材料。

9.2　中国足球协会二级裁判培训大纲（试行）

9.2.1　说明

（1）本大纲参照《体育竞赛裁判员管理办法》（国家体育总局第 21 号令）、中国足协 2016 年发布的《中国足球协会裁判管理办法实施细则》的有关规定，结合《国际足联会员协会裁判组织规程》的相关要求和《足球改革发展整体方案》的有关精神而制定。

（2）本大纲适用对象为已认证的中国足协三级裁判员。

（3）本大纲总学时为 32 学时。

9.2.2　培训任务

（1）强化公正、尊重意识，提高裁判工作兴趣，理解裁判工作指导方针。

（2）通过学习，理解足球竞赛规则的基本精神，基本掌握规则中比赛官员及违反规则相关章节内容,熟练掌握规则中基本条件和基本规定相关章节内容。

(3) 通过学习,了解比赛官员之间的团队配合方法;基本掌握裁判员与助理裁判员的跑动选位原则;熟练掌握比赛官员的信号。

(4) 通过学习,基本掌握体能训练基础知识;体能测试达到相应等级标准。

(5) 通过教学,促进学员加强英语自学,了解比赛规则的简单英文术语。

(6) 使学员具有承担地市级各类足球比赛裁判工作的基本能力。

9.2.3 教学内容与时数分配

(1) 理论部分及教学时数见表9.5。

表 9.5 理论部分教学内容及学时分配

序号	教学内容	学时	学习水平
1	足球裁判员的行为规范	2学时	基本掌握
2	规则中基本条件和基本规定相关章节解析	2学时	熟练掌握
3	比赛规则中比赛官员相关章节解析	2学时	基本掌握
4	比赛规则中越位章节解析	2学时	基本掌握
5	比赛规则中犯规及不正当行为章节解析	2学时	基本掌握
6	犯规程度简析	2学时	基本掌握
7	裁判员与助理裁判员的跑动选位	2学时	基本掌握
8	裁判员的身体训练	2学时	基本掌握
合计		16学时	

(2) 实践部分及教学时数见表9.6。

表 9.6 实践部分教学内容及学时分配

序号	教学内容	学时	学习水平
1	比赛官员信号的技能训练	2学时	熟练掌握
2	裁判员与助理裁判员的跑动选位	4学时	基本掌握
3	团队合作(一般配合方法)	2学时	基本掌握
4	识别犯规的单元训练	2学时	基本掌握
5	识别越位犯规的单元训练	2学时	基本掌握
合计		12学时	

(3) 考核部分及教学时数见表9.7。

表 9.7　考核部分教学内容及学时分配

序号	教学内容	学时	备注
1	规则理论测试、视频测试	2 学时	
2	体能测试	2 学时	
合计		4 学时	

9.2.4　教学内容纲要

1）理论部分

（1）足球裁判员的行为规范

① 国际足联公平比赛十项准则简介。

② 参与足球运动的其他各类人员行为规范。

③ 足球裁判员的行为规范。

（2）比赛规则中基本条件及基本规定相关章节解析

① 比赛规则第 1～4 章解析。

② 比赛规则第 7～10 章解析。

③ 比赛规则第 13～17 章解析。

（3）比赛规则中比赛官员相关章节解析

① 比赛规则第 5 章解析。

② 比赛规则第 6 章解析。

（4）比赛规则中越位章节解析

① 越位位置。

② 干扰比赛。

③ 干扰对方。

④ 获得利益。

（5）比赛规则中犯规及不正当行为章节解析

① 判罚直接任意球的犯规种类。

② 判罚间接任意球的犯规种类。

③ 黄牌警告与红牌罚令出场的犯规分类。

（6）犯规程度简析

① 草率的。

② 鲁莽的。

③ 使用过分力量的。

④ 严重犯规与暴力行为的区别。

（7）裁判员与助理裁判员的跑动与选位

① 裁判员与助理裁判员定位球时的选位。

② 裁判员与助理裁判员的跑动方法与原则。

(8) 裁判员的身体训练

① 身体训练实践的内容及要求。

② 身体训练实践的注意事项。

③ 身体训练的心率控制。

④ 体能测试的方法。

2) 实践部分

(1) 比赛官员信号的技能训练

① 助理裁判员旗示的技能训练。

② 裁判员手势、哨音的技能训练。

(2) 裁判员的跑动与选位技能训练

① 裁判员对角线跑动的训练。

② 裁判员选位的训练。

(3) 助理裁判员的跑动与选位技能训练

① 助理裁判员跑动的训练。

② 助理裁判员选位的训练。

(4) 团队合作的一般配合方法

① 球出界。② 越位。③ 犯规。④ 罚球点球。

(5) 识别犯规的单元训练

① 1×1 情景下的识别犯规单元训练一。

② 1×1 情景下的识别犯规单元训练二。

(6) 识别越位犯规的单元训练(国际足联实践训练资料)

① 经典越位犯规的单元训练。

② 重叠越位犯规的单元训练。

9.2.5 课程安排(示例)

课程安排示例见表 9.8。

表 9.8 课程安排表

日期/时间	08:00—08:30	08:30—10:00	10:15—11:45	12:00	14:00—15:30	15:45—17:15
第 1 天	开班仪式	足球裁判员的行为规范	基本条件和基本规定相关章节解析	午餐	比赛官员信号的技能训练	一般团队合作配合方法技能训练
日期/时间		08:30—10:00	10:15—11:45		14:00—15:30	15:45—17:15
第 2 天		比赛官员相关章节解析	越位章节解析		裁判员的跑动与选位技能训练	识别犯规的单元训练

(续表)

日期/时间	08:30—10:00	10:15—11:45		14:00—15:30	15:45—17:15
第3天	犯规及不正当行为章节分析	犯规程度简析	午餐	助理裁判员的跑动与选位技能训练	识别越位犯规的单元训练
日期/时间	08:30—10:00	10:15—11:45		14:00—15:30	15:45—17:15	17:15—17:45
第4天	裁判员与助理裁判员的跑动与选位	裁判员的身体训练		理论、视频测试	体能测试	结业仪式

9.2.6 场地器材

（1）助理裁判用旗 30 面。

（2）4 种不同颜色标志盘若干；4 种不同颜色背心，每种颜色 10 件（前后号码 1～10）。

（3）移动音箱 1 个（话筒）。

（4）多媒体教室 1 间，11 人制场地 1 片。

9.2.7 考核

1）考核内容

规则与裁判法理论测试、视频测试、体能测试。

2）考核方式说明

（1）规则与裁判法理论测试　笔试，总分 100 分，70 分为及格标准。

（2）犯规与不正当行为视频测试　观看视频答题 10 题，每题 1 分，6 分为及格标准。

（3）越位视频测试　观看视频答题 10 题，每题 1 分，6 分为及格标准。

（4）体能测试

① 形式：反复冲刺跑测试 6×40 米，间歇跑测试（75 米、25 米）。

② 标准：男子 40 米及格标准为"6.2 秒"，女子 40 米及格标准为"6.6 秒"。男子间歇跑标准为"15 秒、22 秒"；女子间歇跑标准为"17 秒、24 秒"；10 圈为合格，12 圈为优秀。

9.2.8 培训措施

（1）严格管理，严格考勤，严格考核。如实报告、反馈培训情况、考核成绩，并提出改进培训的建议。保证教学时数，凡缺课达 4 学时者（含）不得参加考试；学员人数不超过 30 人。

（2）负责培训的教师，必须由获得当年度任职资格的各会员协会（或经授权有相应资质的单位）裁判教师或中国足协教师担任；体能教学及培训中的体能考核，必须由相应级别的裁判体能教师主要负责组织和实施。如需选派其他地区中国足协裁判教师，需提前与中国足协裁判管理部申请。会员协会裁判培训班的教师选派情况，应按年度向中国足协裁判管理部报备。

（3）教师要认真备课，努力改进教学方法，严格执行培训大纲，积极采用现代化教学手段，与国际足联、亚足联、中国足协要求和倡导的教学方式保持一致。

（4）规则与裁判法理论测试、视频测试、体能测试作为达标考核，达标考核中的任意一项未达到及格标准的学员，视为未通过本次培训，在本次培训中不能获得相应的课程结业证书。

（5）持有二级裁判员培训课程结业证书是申报国家二级裁判员的必备条件之一。

9.2.9 参考资料（教材）

（1）国际足球协会理事会颁布的最新《足球竞赛规则》。

（2）《足球竞赛规则分析与裁判法》，人民体育出版社，2013年出版。

（3）《现代足球》，人民体育出版社，2000年出版。

（4）国际足联"2016 Practical Exercises for Ref and AR"实践训练材料。

9.3 中国足球协会三级裁判培训大纲（试行）

9.3.1 说明

（1）本大纲参照《体育竞赛裁判员管理办法》（国家体育总局第21号令）、中国足协2016年发布的《中国足球协会裁判管理办法实施细则》的有关规定，结合《国际足联会员协会裁判组织规程》的相关要求和《足球改革发展整体方案》的有关精神而制定。

（2）本大纲适用对象为年满16周岁的足球裁判初学者。

（3）本大纲总学时为24学时。

9.3.2 培训任务

（1）培养公正、尊重意识，养成良好学习习惯，激发热爱裁判工作的情感。

（2）通过学习，了解足球竞赛规则的基本精神，了解比赛规则中比赛官员及违犯反则相关章节内容，基本掌握规则中基本条件和基本规定相关章节内容。

（3）通过学习，了解裁判员与助理裁判员的跑动；基本掌握比赛官员的信号；基本掌握比赛官员的工作程序。

（4）通过学习，了解体能测试方法及体能训练基础知识。

（5）通过教学，学员认识到学习规则及英语的重要性。

（6）使学员具有承担草根足球或县（区）级青少年足球比赛裁判工作的基本能力。

9.3.3 教学内容与时数分配

（1）理论部分及教学时数见表9.9。

表9.9 理论部分教学内容及学时分配

序号	教学内容	学时	学习水平
1	裁判员等级体系简介及比赛规则的基本精神	2学时	了解
2	比赛规则中基本条件及基本规定相关章节简析	2学时	基本掌握
3	比赛规则中比赛官员相关章节简析	2学时	了解
4	比赛规则中越位章节简析	2学时	了解
5	比赛规则中犯规及不正当行为章节简析	2学时	了解
6	比赛官员的基本工作程序	2学时	基本掌握
合计		12学时	

（2）实践部分及教学时数见表9.10。

表9.10 实践部分教学内容及学时分配

序号	教学内容	学时	学习水平
1	相关章节示范演练	2学时	熟练掌握
2	比赛官员的信号	2学时	基本掌握
3	裁判员跑动与定位球时的选位	2学时	了解
4	助理裁判员跑动与定位球时的选位	2学时	基本掌握
5	体能训练测试方法介绍	2学时	了解
合计		10学时	

（3）考核部分及时数分配见表9.11。

表9.11 考核部分教学内容及学时分配

序号	教学内容	学时	备注
1	规则理论、视频测试	2学时	
合计		2学时	

9.3.4 教学内容纲要

1）理论部分

（1）中国足协裁判员等级体系简介及比赛规则的基本精神

① 裁判员角色的诞生与发展。

② 中国足协裁判员等级体系简介。

③ 比赛规则的基本精神。

(2) 比赛规则中基本条件及基本规定相关章节简析

① 比赛规则第1~4章简析。

② 比赛规则第7~10章简析。

③ 比赛规则第13~17章简析。

(3) 比赛规则中比赛官员相关章节简析

① 比赛规则第5章简析。

② 比赛规则第6章简析。

(4) 比赛规则中越位章节简析

① 越位位置。

② 干扰比赛。

③ 干扰对方。

④ 获得利益。

(5) 比赛规则中犯规及不正当行为章节简析

① 判罚直接任意球的犯规种类。

② 判罚间接任意球的犯规种类。

③ 黄牌警告与红牌罚令出场的犯规分类。

(6) 比赛官员的基本工作程序

① 准备会的方法和要求。

② 中场休息时的注意事项。

③ 总结会的方法和要求。

④ 填写比赛报告表的方法和要求。

2) 实践部分

(1) 相关章节示范演练

① 场地检查。② 检查球气压。③ 挑边坠球演练。④ 球的整体是否越过球门线。

⑤ 球出界的判断与恢复比赛方式演练。

(2) 比赛官员的信号介绍及技能训练

① 裁判员的信号介绍及技能训练。

② 助理裁判员的信号介绍及技能训练。

(3) 裁判员跑动与定位球时的选位

① 裁判员跑动的训练（各种姿势）。

② 定位球裁判员选位的训练。

③ 裁判员对角线跑动的训练。

(4) 助理裁判员跑动与定位球时的选位

① 助理裁判员跑动的训练（各种姿势）。

② 定位球助理裁判员选位的训练。

③ 助理裁判员反应移动的训练。

（5）裁判体能测试方法

① 裁判员体能测试方法介绍。

② 助理裁判员体能测试方法介绍。

9.3.5 课程安排（示例）

课程安排示例见表 9.12。

表 9.12 课程安排表

日期/时间	08:00—08:30	08:30—10:00	10:15—11:45	12:00	14:00—15:30	15:45—17:15
第 1 天	开班仪式	裁判员等级体系简介及比赛规则的基本精神	基本条件及基本规定相关章节分析		基本条件及基本规定相关章节分析	助理裁判员的旗示与跑动方法
日期/时间		08:30—10:00	10:15—11:45		14:00—15:30	15:45—17:15
第 2 天		越位章节内容简介	犯规及不正当行为章节内容简介	午餐	助理裁判员旗示的技能训练	裁判员的信号及跑动方法
日期/时间		08:30—10:00	10:15—11:45		14:00—15:30	15:45—17:15 / 17:15—17:45
第 3 天		比赛官员的基本工作程序	理论、视频测试		裁判员跑动的技能训练	助理裁判员跑动的技能训练 / 结业仪式

9.3.6 场地器材

（1）助理裁判用旗 30 面。

（2）4 种不同颜色标志盘若干。

（3）移动音箱 1 个（话筒）。

（4）多媒体教室 1 间，11 人制场地 1 片。

9.3.7 考核

1）考核内容

规则与裁判法理论测试、视频测试。

2）考核方式说明

（1）规则与裁判法理论测试　笔试，总分 100 分，70 分为及格标准。

（2）犯规与不正当行为视频测试　观看视频答题 10 题，每题 1 分，三级裁判员培训作为参考成绩。

（3）越位视频测试　观看视频答题 10 题，每题 1 分，三级裁判员培训作为参考成绩。

9.3.8 培训措施

（1）严格管理，严格考勤，严格考核。如实报告、反馈培训情况、考核成绩，并提出改进培训的建议。保证教学时数，凡缺课达 4 学时者（含）不得参加考试；学员人数不超过 30 人。

（2）负责培训的教师，必须由获得当年度任职资格的各会员协会（或经授权有相应资质的单位）裁判教师或中国足协裁判教师担任；体能教学及培训中的体能考核，必须由相应级别的裁判体能教师主要负责组织和实施。如需选派其他地区中国足协裁判教师，需提前与中国足协裁判管理部申请。会员协会裁判培训班的教师选派情况，应按年度向中国足协裁判管理部报备。

（3）教师要认真备课，努力改进教学方法，严格执行培训大纲，积极采用现代化教学手段，与国际足联、亚足联、中国足协要求和倡导的教学方式保持一致。

（4）规则与裁判法理论测试作为达标考核，未达到及格标准的学员，视为未通过本次培训，在本次培训中不能获得相应的课程结业证书。

（5）持有三级裁判员培训课程结业证书是申报国家三级裁判员的必备条件之一。

9.3.9 参考资料（教材）

（1）国际足球协会理事会颁布的最新《足球竞赛规则》。
（2）《足球竞赛规则分析与裁判法》，人民体育出版社，2013 年出版。
（3）《现代足球》，人民体育出版社，2000 年出版。

9.4 我国裁判员技术等级的申报与审批办法

9.4.1 裁判员等级划分和晋升条件

足球裁判员的技术等级分为国际级、国家级、一级、二级和三级；国际级裁判分为国际级裁判员与国际级助理裁判员（见图 9.1）。

9.4.2 江苏省足球裁判员技术等级的申报与晋升要求

江苏省足球协会（以下简称江苏足协）通过多年努力，培养的裁判人数以及裁判员的业务水平都有了大幅度的提升。目前，有多名江苏籍裁判活跃在全国乃至世界足坛的舞台；省内众多各级各类足球赛事，为年轻的裁判员提供了大量实践机会。江苏足协大力发挥地级市、各院校的积极性，高质量地组织培养了一批新生代年轻裁判员。希望有更多的足球裁判爱好者加入裁判队伍中来，为我们共同的爱好、为中国足球出一份力。江苏省足球裁判员技术等级的培训、申报及审批公正、规范，其程序与条件见图 9.2。

三级裁判员
- 年满16周岁中华人民共和国公民；
- 掌握并能正确运用足球竞赛规则，能够胜任裁判工作。

二级裁判员
- 熟悉足球竞赛规则和裁判法，能够比较准确运用，具有一定的裁判工作经验；
- 获得三级裁判员资格至少满1年，在中国足协会员协会下一级协会组织的比赛中担任裁判员工作不少于15场。

一级裁判员
- 熟练掌握、运用足球竞赛规则和裁判法，具有一定的临场执法经验和组织足球比赛裁判工作的能力；
- 获得二级裁判员资格至少满1年；
- 在中国足协会员协会组织的男子或女子U16以上级别（含）比赛中担任裁判员不少于15场；
- 有至少2名中国足协会员协会裁判监督或裁判教师对其裁判水平的评估和推荐，参加培训，考核合格，且培训时长不少于24小时。

国家级裁判员
- 精通足球竞赛规则和裁判法，并能准确、熟练运用；
- 具有较高的裁判理论水平和较丰富执裁全国性比赛的经验，能够独立组织和执裁足球比赛的裁判工作；
- 获得一级裁判员资格至少满1年；
- 经中国足协会员协会推荐参加中国足协组织的预备国家级裁判员培训班，考核合格；
- 通过考核后至少满1年，并且在中国足协组织的各级全国U系列比赛中担任裁判员不少于15场或担任助理裁判员不少于20场。

国际级裁判员
- 精通足球竞赛规则和裁判法，并能准确、熟练运用；
- 具有较高的裁判理论水平和丰富的实践经验，具有较强组织足球比赛裁判工作的能力，掌握足球比赛编排方法；
- 原则上执法中国足协全国男子或女子足球顶级联赛至少满2年。

图9.1 足球裁判员等级及晋升条件

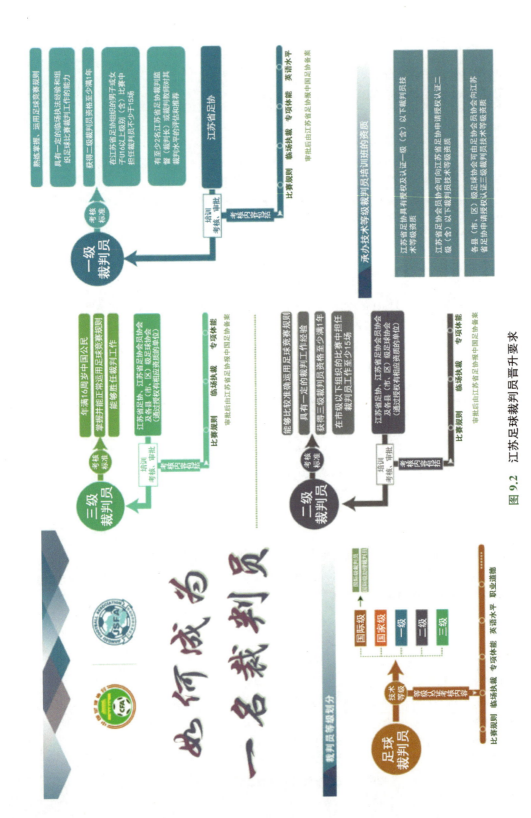

图 9.2 江苏足球裁判员晋升要求

9.5 足球裁判员体能测试办法

9.5.1 FIFA 裁判员体能测试方法

1）体能测试方法

FIFA 官方的足球裁判员体能测试包括两项测试内容：

第一项：RSA 测试——反复冲刺跑能力测试，通过 40 米冲刺跑的方法测试裁判员的冲刺跑能力。

第二项：间歇跑测试，通过 75 米跑，结合 25 米走的间歇跑方法来评价裁判员高速耐力的能力。

2）注意事项

（1）第一项测试结束到第二项测试开始，间隔时间应为 6~8 分钟。

（2）体能测试必须在田径跑道上进行（如果没有田径跑道，可以在自然或人工草坪的足球场地上进行）。不允许穿钉鞋进行测试。

（3）国际级裁判员必须通过国际足联每年至少一次的体能测试。

（4）建议所有的体能测试由合格的体能教师带领进行。另外，在测试过程中，必须配备一辆急救设备齐全的救护车及急救人员。

3）体能测试一：RSA 测试——反复冲刺跑能力测试

（1）测试程序

① 使用电子计时门记录冲刺的时间。计时门应固定在地面上且不高于 100 厘米。如果没有电子计时门，应该由一个有经验的体能教师通过手动计时的方法来记录每次冲刺跑的时间。

② 电子计时门的"起始"和"结束"的感应门分别放在 0 米和 40 米处。"起跑线"应标在"开始"门前 1.5 米（见图 9.3）。

图 9.3 RSA 测试电子计时门放置

③ 测试开始时，裁判员一只脚应在"起跑线"上，一旦给出电子计时门的测试信号，裁判员可自行决定起跑时间。

④ 裁判员在每个 6×40 米冲刺之间最多有 60 秒的恢复时间。在恢复时间内，裁判员必须走回到"起跑线"。

⑤ 如果裁判员在测试时跌倒或滑倒，应给予一次额外的测试机会（一次 = 1×40 米）。

⑥ 如果一名裁判员在 6 次测试中有一次失败，应在 6 次测试后立即给予第 7 次的额外测试机会。如果在 6 次测试过程中，有两次测试失败，或者在第 7 次额外的测试中也失败，则该裁判员体能测试不通过。

（2）体能测试一　男子裁判员测试通过参考时间

① 国际级和国家级裁判员：不超过 6 秒/40 米。

② 一级裁判员：不超过 6.10 秒/40 米。

③ 二级裁判员：不超过 6.20 秒/40 米。

（3）体能测试一　女子裁判员测试通过参考时间

① 国际级和国家级裁判员：不超过 6.40 秒/40 米。

② 一级裁判员：不超过 6.50 秒/40 米。

③ 二级裁判员：不超过 6.60 秒/40 米。

4）体能测试二：间歇跑测试

（1）测试程序

① 裁判员必须完成 40 次的 75 米跑和 25 米走的间歇跑。相当于 400 米田径跑道 10 圈，总共 4 000 米的距离（见图 9.4）。测试速度由测试相对应的音频文件的时间和裁判员的级别设定。如果音频文件不能使用，应由有经验的体能教师使用秒表计时配合哨音提示进行测试。

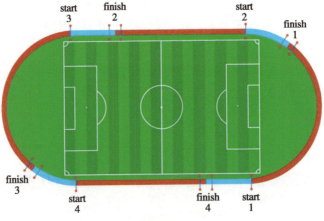

start — 开始；finish — 结束。

图 9.4　间歇跑测试场地设置

② 测试时，裁判员必须从起点的位置开始，不得在哨音响起前起跑。为避免抢跑发生，在每个起跑线的位置应有一名工作人员协助管理。可以使用手旗来阻止抢跑，在哨音响起

时将手旗落下,裁判员开始进行测试。

③ 每个冲刺跑阶段结束时,每个裁判员必须在哨音响起前进入"步行区"。步行区是75米标志线前后的1.5米区域。

④ 如果一名裁判员未能按时进入步行区,他将得到一个明确的警告。如果一名裁判员两次未能按时进入步行区,他的测试即为失败。

⑤ 可以有4组裁判员同时进行测试,建议每组不超过6人。这意味着总共可以有24名裁判员同时进行测试。每个小组应配有一名工作人员,在整个测试过程中密切监测。

(2) 体能测试二　男子裁判员测试通过参考时间

① 国际级和国家级裁判员:75米跑15秒内完成,25米走18秒内完成。

② 一级裁判员:75米跑15秒内完成,25米走20秒内完成。

③ 二级裁判员:75米跑15秒内完成,25米走22秒内完成。

(3) 体能测试二　女子裁判员测试通过参考时间

① 国际级和国家级裁判员:75米跑17秒内完成,25米走20秒内完成。

② 一级裁判员:75米跑17秒内完成,25米走22秒内完成。

③ 二级裁判员:75米跑17秒内完成,25米走24秒内完成。

9.5.2　FIFA认可的可选择裁判员体能测试方法

1) DYY动态Yo-Yo测试

(1) 测试程序

① 必须在如图9.5所示位置放置标志物。颜色(红色和黄色)必须是准确的。每个红色和黄色的标志物距离为20米。裁判员可以从红色或黄色标志物为起点开始测试。建议分组进行测试,且每个起点不多于2名裁判员。

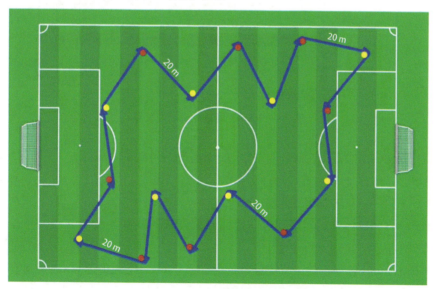

图9.5　DYY动态Yo-Yo测试设置

② 如果裁判员从一个黄色标志物开始,接下来应该跑到一个红色标志物,然后继续到下一个黄色标志物,循环往复。

③ 如果裁判员从一个红色标志物开始,接下来应该跑到一个黄色标志物,然后继续到下一个红色标志物,循环往复。

④ 裁判员测试的速度和间歇时间遵从测试音频。测试时裁判员行动必须与音频文件保持同步,直至他们达到所需的推荐水平为止。

⑤ 如果一名裁判员未能按时到达终点(至少一只脚在终点上),他将得到一个明确的警告。如果裁判员在测试过程中第二次没有按时到达,他的测试将被终止,成绩将被记录。

(2) DYY 动态 Yo-Yo 测试男子裁判员测试通过参考时间

① 国际级和国家级裁判员:18 级第 8 次(2 040 米)。

② 一级裁判员:18 级第 5 次(1 920 米)。

③ 二级裁判员:18 级第 1 次(1 760 米)。

(3) DYY 动态 Yo-Yo 测试女子裁判员测试通过参考时间

① 国际级和国家级裁判员:17 级第 8 次(1 720 米)。

② 一级裁判员:17 级第 5 次(1 600 米)。

③ 二级裁判员:16 级第 8 次(1 400 米)。

2)Yo-Yo 间歇测试

(1) 测试程序

① 测试场地设置见图 9.6。A 和 B 之间的距离为 5 米,B 和 C 之间的距离为 20 米。

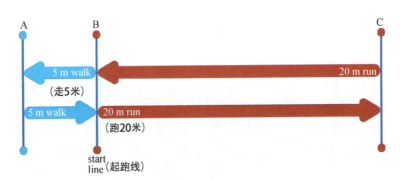

图 9.6 Yo-Yo 间歇测试场地设置

② 裁判员必须按照测试音频文件提示的速度按下列顺序完成:

a. 跑 20 米(B—C),转身跑 20 米(C—B)。

b. 走 5 米(B—A),转身走 5 米(A—B)。

③ Yo-Yo 间歇测试的速度和时间遵循测试音频的节奏。裁判员必须与音频文件保持同步,直到他达到推荐的水平为止。

④ 测试开始时,裁判员的一只脚站在起始位置上(B),跑到折返点 C(必须有一只脚放在折返线 C 上)。如果裁判员第一次不能按时把脚放在折返线上或不能按时返回,他将得

到一次明确的警告。如果裁判员第二次没有将脚放在折返线上或不能按时返回,他的测试将被终止,成绩将被记录。

（2）Yo-Yo 间歇测试男子裁判员测试通过参考时间

① 国际级和国家级裁判员:18 级第 2 次(1 800 米)。

② 一级裁判员:17 级第 7 次(1 680 米)。

③ 二级裁判员:17 级第 4 次(1 560 米)。

（3）Yo-Yo 间歇测试女子裁判员测试通过参考时间

① 国际级和国家级裁判员:16 级第 4 次(1 240 米)。

② 一级裁判员:15 级第 7 次(1 040 米)。

③ 二级裁判员:15 级第 3 次(1 880 米)。

9.5.3　FIFA 助理裁判员体能测试方法

1）体能测试方法

FIFA 认可的助理裁判员体能测试方法由三项内容组成:

第一项:CODA 测试——变向能力测试,评价助理裁判员变向的能力。

第二项:RSA 测试——反复冲刺跑能力测试,通过 30 米冲刺跑的方法来测试助理裁判员的冲刺跑能力。

第三项:间歇跑测试,通过 75 米跑结合 25 米走的间歇跑方法来评价助理裁判员的高速耐力的能力。

2）注意事项

（1）第一项测试结束到第二项测试开始,间隔时间应为 2～4 分钟。第二项测试结束到第三项测试开始,间隔时间应为 6～8 分钟。

（2）测试必须在田径跑道或足球场地进行。不允许穿钉鞋进行测试。

（3）裁判员必须通过国际足联每年至少一次的体能测试。

（4）建议所有的体能测试由合格的体能教师带领进行。另外,在整个测试过程中,须配备一辆急救设备齐全的救护车及急救人员。

3）助理裁判员体能测试一:CODA 测试——变向能力测试

（1）测试程序

① 使用电子计时门作为 CODA 测试的计时工具。计时门应固定在地上且不高于 100 厘米。如果没有电子计时门,应该由一名有经验的体能教师通过手动计时的方法来记录每次测试的时间。

② 标志物的放置位置见图 9.7,A 和 B 点之间的距离为 2 米,B 和 C 点之间的距离为 8 米。

③ CODA 测试中只需一个电子计时门,放置在 A 点。起跑线标注在计时门(A 点)前 0.5 米。

④ 测试开始时,助理裁判员的一只脚应放在起跑线上,一旦电子计时门给出测试开始

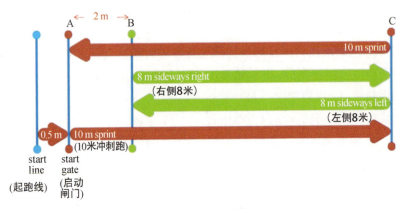

图 9.7 CODA 测试设置

的信号,助理裁判员可自行决定起跑时间。

⑤ 助理裁判员向前冲刺跑 10 米(A—C),然后向左侧滑步 8 米(C—B),再向右侧滑步 8 米(B—C),最后冲刺跑 10 米(C—A)。

⑥ 如果助理裁判员在测试时跌倒或滑倒,应给予一次额外的测试机会。

⑦ 如果助理裁判员在测试中没有达标,应被给予一次额外测试机会。如果他两次测试都未达标,那么意味着他测试不通过。

(2) 助理裁判员体能测试一 男子助理裁判员测试通过参考时间

① 国际级和国家级助理裁判员:测试时间不超过 10 秒/次。

② 一级助理裁判员:测试时间不超过 10.10 秒/次。

③ 二级助理裁判员:测试时间不超过 10.20 秒/次。

(3) 助理裁判员体能测试一 女子助理裁判员测试通过参考时间

① 国际级和国家级助理裁判员:测试时间不超过 11 秒/次。

② 一级助理裁判员:测试时间不超过 11.10 秒/次。

③ 二级助理裁判员:测试时间不超过 11.20 秒/次。

4) 助理裁判员体能测试二:RSA 测试——反复冲刺跑能力测试

(1) 测试程序

① 使用电子计时门作为冲刺跑计时工具。电子计时门应该固定在地上且不高于 100 厘米。如果没有电子计时门,应该由一名有经验的体能教师通过手动计时的方法来记录每次冲刺跑的时间。

② 电子计时门中"起始"和"结束"的感应门分别放在 0 米和 30 米处。"起跑线"应标于"开始"门前 1.5 米(见图 9.8)。

③ 测试开始时,助理裁判员一只脚应放在起跑线上准备,等待电子计时门给出测试开始信号后,助理裁判员可自行决定起跑时间。

④ 助理裁判员在 5×30 米冲刺跑之间有最多 30 秒的恢复时间。在恢复时间内,必须走回到起跑线。

图 9.8　助理裁判员 RSA 测试设置

⑤ 如果助理裁判员在测试时跌倒或滑倒,应给予一次额外测试机会(一次＝1×30 米)。

⑥ 如果一名助理裁判员在 5 次测试中有一次失败,应在 5 次测试后立即给予第 6 次额外测试机会。如果在 5 次测试过程中,有 2 次测试失败,或者第 6 次额外测试也失败了,那么意味着该助理裁判员测试不通过。

(2) 助理裁判员体能测试二　男子助理裁判员测试通过参考时间

① 国际级和国家级助理裁判员:不超过 4.70 秒/30 米。

② 一级助理裁判员:不超过 4.80 秒/30 米。

③ 二级助理裁判员:不超过 4.90 秒/30 米。

(3) 助理裁判员体能测试二　女子助理裁判员测试通过参考时间

① 国际级和国家级助理裁判员:不超过 5.10 秒/30 米。

② 一级助理裁判员:不超过 5.20 秒/30 米。

③ 二级助理裁判员:不超过 5.30 秒/30 米。

3) 助理裁判员体能测试三:间歇跑测试

(1) 测试程序

① 助理裁判员必须完成 40 次 75 米跑和 25 米走的间歇跑。相当于 400 米田径跑道跑 10 圈,总共 4 000 米的距离。测试速度由测试相对应的音频文件的时间和助理裁判员对应的级别设定。如果测试音频文件不能使用,应由有经验的体能教师使用秒表计时配合哨音提示进行测试。

② 助理裁判员开始测试时,必须位于起点位置,不得在哨音响起前起跑。为避免抢跑发生,在每个起跑线位置应有一名工作人员协助管理。可以使用手旗来阻止抢跑,直至哨音响起,将手旗落下,助理裁判员开始进行测试。测试场地设置见图 9.9。

③ 每个冲刺跑阶段结束时,每一个参加测试的助理裁判员必须在哨音响起前进入"步行区"。步行区位于 75 米冲刺跑结束标志线的前后 1.5 米区域。

④ 如果一名助理裁判员未能按时进入步行区,他将得到一个明确的警告。如果一名助理裁判员两次未能按时进入步行区,他的测试即为失败。

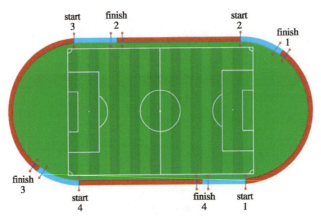

start — 开始；finish — 结束。

图 9.9 助理裁判员间歇跑测试场地设置

⑤ 可以有 4 组助理裁判员同时进行测试，建议每组不超过 6 人。这意味着总共可以有 24 名助理裁判员同时进行测试。每个小组至少配备一名工作人员，在整个测试过程中密切监督。

（2）助理裁判员体能测试三 男子助理裁判员测试通过参考时间：

① 国际级和国家级助理裁判员：75 米跑 15 秒内完成，25 米走 20 秒内完成。

② 一级助理裁判员：75 米跑 15 秒内完成，25 米走 22 秒内完成。

③ 二级助理裁判员：75 米跑 15 秒内完成，25 米走 24 秒内完成。

（3）助理裁判员体能测试三 女子助理裁判员测试通过参考时间：

① 国际级和国家级助理裁判员：75 米跑 17 秒内完成，22 米走 22 秒内完成。

② 一级助理裁判员：75 米跑 17 秒内完成，25 米走 24 秒内完成。

③ 二级助理裁判员：75 米跑 17 秒内完成，25 米走 26 秒内完成。

9.5.4 FIFA 认可的可选择的助理裁判员体能测试方法——ARIET 测试

（1）测试程序

① 测试场地设置见图 9.10。A 和 B 之间的距离为 2.5 米，B 和 C 之间的距离为 12.5 米，B 和 D 点之间的距离为 20 米。

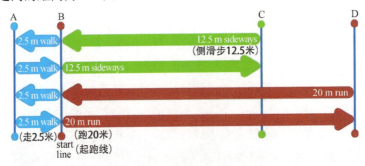

图 9.10 ARIET 测试场地设置

② 助理裁判员必须从起跑线（B点）开始，并按照测试音频的提示速度完成下列顺序：

a. 向前跑 20 米（B—D），再转身折返跑 20 米（D—B）。

b. 走 2.5 米（B—A），再转身走 2.5 米（A—B）。

c. 侧滑步 12.5 米（B—C），然后面向相同方向侧滑步折返 12.5 米（C—B）。

d. 走 2.5 米（B—A），再转身走 2.5 米（A—B）。

③ ARIET 测试的速度和时间遵循测试音频的节奏。裁判员必须与音频文件保持同步，直到他达到推荐的水平为止。

④ 测试开始时要求助理裁判员的一只脚站在起跑线上（B）。助理裁判员跑到折返线（C 和 D）时，必须有一只脚放在折返线上。如果助理裁判员第一次未能按时把脚放在折返线 B，C 或 D 上，他将得到一次明确的警告。如果助理裁判员第二次未能按时将脚放在折返线上或未能按时返回，他的测试将被终止。

(2) ARIET 测试男子助理裁判员测试通过参考时间

① 国际级和国家级助理裁判员：16 级第 3 次（1 470 米）。

② 一级助理裁判员：15.5 级第 3 次（1 275 米）。

③ 二级助理裁判员：14.5 级第 3 次（1 080 米）。

(3) ARIET 测试女子助理裁判员测试通过参考时间

① 国际级和国家级助理裁判员：14.5 级第 3 次（1 080 米）。

② 一级助理裁判员：14 级第 3 次（820 米）。

③ 二级助理裁判员：13.8 级第 8 次（715 米）。

参考文献

[1] 中国足球协会.现代足球裁判[M].北京：人民体育出版社,2022.

[2] 中国足球协会.足球竞赛规则 2021/2022[M].北京：人民体育出版社,2022.

[3] 陶然成.足球竞赛规则分析与裁判法[M].北京：人民体育出版社,2013.

[4] 全国体育院校教材委员会.现代足球[M].北京：人民体育出版社,2000.

[5] 徐然.我国足球运动发展现状分析及发展方向的研究[J].当代教研论丛,2014(11):109.

[6] 程一军,杨新生.也论足球竞赛规则修改的必要性和思路：兼与《现代足球竞赛规则演变及尽快修改的必要性和思路》作者商榷[J].体育学刊,2013,20(3):93-96.

[7] 王巍,刘志宇.影响足球竞赛规则演变的因素[J].高师理科学刊,2011,31(6):73-75.

[8] 俞国俊,张忠.现代足球规则的演变[J].山东体育科技,1986,8(2):69-70.

[9] 中国足协会裁判委员会.足球裁判长工作指南[M].北京：人民体育出版社,2001.

附录1　英汉足球基本术语

（含少数其他外文术语）

A

abandon	中止
absorbent cotton	脱脂棉
absorbent gauze	脱脂纱布
academy	青训营
accidentally	意外地，偶然地
accreditation	鉴定合格
active defense	积极防守
additional assistant referee	附加助理裁判员
additional time	补时
add a second goal(score twice)	梅开二度，再下一城
add on time	补足因受伤等所耽误的时间
adhesive plaster	橡皮膏
administer the caution	（裁判）执行警告
advantage	有利
advantage rule	有利规则，有利原则
Affiliated National Associations	各会员国协会
All-China Sports Federation(ACSF)	中华全国体育总会
allow a goal	进球有效
allowance	补助，津贴
alternately	交替地，轮流地
aluminum	铝
amateur football player	业余足球运动员
ankle	踝，踝关节
anodyne	止痛剂，止痛药

Appeal Committee	诉讼委员会
apologize for one's misconduct	对自己的不正当行为表示歉意
appearance	出场
appurtenance	(通常用复数)附属物,设备
argument	争论
arm	臂
arrange	安排
Asian Football Confederation(AFC)	亚洲足球联合会
assessment of injured players	对受伤队员伤情的评估
assistant referee	助理裁判员
assistant coach	助理教练员
association football	[英]足球
association football club	[英]足球俱乐部
atmosphere	大气压力
at the charge of	(费用)由……承担
attacking player	进攻队员
attacking side	攻方,进攻队
attacking team	进攻队
award	v. 判给　n. 奖品、奖金
award an indirect free-kick	判给间接任意球

B

back	后卫
back four	(现代足球阵形的)四后卫制
back up	支援,接应
back-heel the ball	用脚后跟向后踢球
backfield	守卫队员(包括前卫、后卫和守门员)
ball boy	球童
ball girl	女球童
ball handing	运球
ball in the mid-air	平空球,半高球
banana shot	弧线射门
bandage	绷带
bar	鞋底横条,横梁
barrier	(看台上的)栏杆,训练障碍物

beat	击败
beat the offside trap	反越位成功
brutality	野蛮行为
be cautioned	被警告
be decided by the toss of a coin	掷钱币决定……（进攻方向，先发球）
be declared offside	被判罚越位
be entitled to(the free-kick)	由……踢（任意球等）
be guilty of	犯有……行为
be ordered off	被罚出场
be sent off	被罚出场
be seriously injured	严重受伤
be slightly injured	轻微受伤
beat an opponent	突破对方
bicycle kick	倒钩球
bicycle-tights	紧身内裤
big toe	大脚趾
black shorts	黑色短裤
bladder	球胆
blazer	（颜色鲜艳的）运动夹克，运动上衣
block tackle	正面抢截
block off an opponent	挡住对方队员
blouse	短外套，短上衣
Board of Appeal	诉讼委员会
Board of Referees	裁判委员会
body contact	身体接触
body check	阻挡
book	（裁判）记名警告
boot(= kick the ball)	踢球
booter	足球运动员
boots	球鞋
bounce the ball	拍球
boundary lines	边界线（含边线和球门线）
bounding board	（练习用的）射门墙
bread and butter pass	稳妥的传球
Brazilian formation	巴西阵式
breach of the law	犯规
breadth	宽度

breakaway attack	快速反击
break the law	犯规
break through	突破,切入
break with long pass	长传突破
bribery	行贿,受贿
bronze medal	铜牌
bruise	瘀伤,挫伤
bully	（通常指球门前的）混战
burst	破裂

C

calf	小腿
cancel a goal	进球无效
cap	入选国家队,国家队队员
captain	队长
category	组别,种类（足球比赛可分为：International A、International B、Under 23、Youth、Amateurs、Others）
catch the ball	（守门员）接球
catenaccio system	4-3-3/密集防守阵形
caution	警告
caution sb. guilty of	警告某人犯有……行为
centre forward	中锋
centre back	中（后）卫
centre circle	中圈
centre defender	中（后）卫
centre flag	中线旗
centre half	中前卫
centre midfielder	中前卫
centre spot mark	中圈开球点
cross	传中
challenge	挑战,质疑
championship	锦标赛,冠军地位,冠军称号
championship competition	冠军赛
change ends	交换场地
charge an opponent	冲撞对方队员
charge fairly	合理冲撞

charge from behind	从后面冲撞
charity match	慈善比赛
cheering section	[美]啦啦队
cheerleader	[美]啦啦队队长
chest	胸
chest-high ball	平胸球,半高球
chest trap	胸部停球
chief delegate	代表团团长
chief of delegation	代表团团长
chief referee	裁判长
chin	下巴
Chinese Football Association(CFA)	中国足球协会
chipping	切下、削下(球)
choice of ends and the kick-off	选定场地和开球
chronological age	实足年龄
circumference	圆周
circumference of the ball	球的圆周
classic	有代表性的,典型的
clear	(通常指守门员的)解围球
clear pass	精准传球
clearance	(通常指守门员的)解围球
clinch the victory	稳操胜券
close marking	紧逼盯人
close pass	短传,近传
closing ceremony	闭幕式
clothing	衣服
club competition	俱乐部杯锦标赛
coach	教练
coaches course	教练员讲座
coaching course for coaches	教练员讲座
coin toss	掷钱币,投币
colours	运动衣颜色
combination	战术配合
commentator	(比赛实况)解说员
commemorative medal	纪念章
commissioner	职业运动、体育联盟或联合会的行政管理人员
commit a foul	犯规一次

commit an infringement	犯规一次
commit an offence	犯规一次
Committee for Legal Matters	法律事务委员会
competent football authority	足球主管机构
competing teams	参赛队
competition	比赛,竞赛
"Composition of Teams" sheet	上场队员登记表
concussion(of brain)	脑震荡
conference room	会议室
containment	遏制
contesting team	参赛队
control the ball	控制球
convert	罚中
concede	失球
Copa America	美洲杯
Copa Libertadores	解放者杯
corner	角球,角球区
corner area,corner-area	角球区
corner flag,corner-flag	角旗
corner-flag post	角旗杆
corner kick,corner-kick	角球
costume	服装
counterattack	反攻,反击
coverage	补位
cover	盯防
cover up the ball	用身体掩护球
create space	制造空当
cross-bar	（球门）横梁
cross the ball	横传,传中
curtain-raisers	（赛前增加的）表演赛
check	查看
challenge	争抢
charge(an opponent)	冲撞（对方队员）
"cooling" break	"降温"暂停

D

danger zone	危险区

dangerous play	危险动作
dead ball	死球
debut	首秀
declare the winner	宣布优胜者
decoy play	引诱动作
deceive	欺骗
defence	防守
the goal kick	球门球
defender	后卫
defender line	后卫线
defending player	防守队员
defending side	守方,防守队
defending team	防守队
deflate	漏气
deflect the ball	拨球变向
delegation head	代表团团长
deliberate	故意的
deliberately	故意地
depth	深度,厚度;后备力量
deputy-chairman	副主任,副主席
deputy director	副主任
designee	被指定者
diet	饮食
dimension	场地面积
direct free-kick	直接任意球
disallow a goal	进球无效
Disciplinary Committee	纪律委员会
discretion	酌情考虑
disqualify	取消比赛资格
dissent	异议
dissent from the decision given by the referee	对裁判员的判决表示异议
distract	分散(注意),使分心
doctor	医生
doping control	兴奋剂检查
double-footed	左右均衡的
draw	平局
draw lots	抽签

drawing of lots	抽签
drawn match	平局,比赛不分胜负
Denying Obvious Goal-Scoring Opportunity(DOGSO)	破坏明显进球得分机会
dressing room	(运动员)更衣室,休息室
dribble the ball	运球前进,带球过人
drive down the goal line and centre the ball	下底传中
drive the ball	大力射门,准确的长传
drop the ball	(裁判员）坠球
drop kicking	踢落地球
duration of the game	比赛时间
deceptive movement	假动作
distract	干扰
"Drinks" break	"补水"暂停

E

ejection	裁判员将运动员逐出比赛
elbow	肘
eligible player	有参加比赛资格的队员
ellipse	椭圆形
eliminating contest	淘汰赛
elimination tournament	淘汰赛
Emergency Committee	紧急委员会
encroach into	进入,(踢任意球时)侵入
end line	球门线
equalizer	追平比分的得分
equidistant	等距离的,同比例的
equipment	装备
European Cup	欧洲杯
European Cup Winner's Cup	欧洲优胜者杯
European Football Championship	欧洲足球锦标赛
European Player of the Year	欧洲足球先生
exaggeration	夸张,小题大做
Executive Committee	执行委员会
exhibition match	表演赛
expulsion	罚出场
extend	延长时间
extension	延长时间

extra time	加时赛
excessive force	过分力量

F

FA Cup	足球协会优胜杯
fair charge	合理冲撞
fair play	公平的比赛，合法的动作
Fair Play Trophy	公平比赛奖，体育道德奖
fake	假动作，佯攻
fall back	退回
far post	后门柱，远门柱
fast break	快速突破
fast counterattack	快速反击
Fédération Internationale de Football Association (International Football Federation, FIFA)	国际足球联合会
feed the ball	传球给能射门的队友
feint	假动作，佯攻
fibre	纤维
fibrous tissue	纤维组织
FIFA Coordinator	国际足球联合会协调人
FIFA Executive Committee	国际足球联合会执行委员会
FIFA News	国际足球联合会新闻
FIFA World Cup	国际足联世界杯赛
fifty-fifty ball	双方都有机会控制的球
Finance Committee	财务委员会
finger-tip save	（守门员）托救球
finish	$v.$射门　$n.$结束
first aid equipment	急救设备
first aid kit	急救药箱
first aid station	急救站
first class	头等舱，一等舱
first round	第一轮
first-time kick	直接踢出
fisting	拳击球
Five-a-Side Championship	室内五人制足球锦标赛
flagrant foul	恶意犯规
flank pass	边线传中

flick kick	拨球,击球
flick the ball	拨球,敲球
floodlight match	泛光灯照明的比赛
fluorescent flag	荧光旗
food	食物
football	足球
football aficionado	足球迷
football association(FA)	足球协会
football buff	[美口]足球迷
football classic	精彩的足球赛
footballer	足球运动员
football enthusiast	足球爱好者,足球迷
football fan	足球迷
football field	足球场
football fiend	足球迷
football filbert	足球迷
football game	足球运动,足球赛
football match	足球赛
football player	足球运动员
professional football player	职业足球运动员
football team	足球队
football tournament	足球比赛
foot-fault	脚部犯规动作
footwear(boots or shoes)	球鞋
forehead	前额
formation	阵形,阵式(现代足球队员阵形通常分为前锋、中场队员、后卫和守门员)
forward	前锋
forward line	前锋线
foul	犯规
foul play	犯规
foul throw	掷球犯规
fouling	犯规
four backs system	四后卫制
final decision	最终决定
fracture	骨折
free back	自由人,拖后中卫

free-kick	任意球
friendly match	友谊赛
front foot	支撑脚
full time, full-time	全场结束,终场
further shot	补射
fourth official	第四官员

G

game	运动
game experience	比赛经验
games	运动会(多种运动项目用于冠有名称的运动会)
garrison finish	绝杀
gesticulate	做手势
gesture	(裁判员的)手势
give and go, give-and-go	撞墙式二过一
glance off one's foot	(球)擦离某人的脚
glance off sb.	(球)擦离某人
grandstand	正面看台(通常有顶棚),全体观众
glove	手套
go-for-goal shot	临门一脚
go for the goal	临门一脚
goal	球门,得分
goal area, goal-area	球门区
goal average	胜负分数率
goal difference	净胜球
goal kick, goal-kick	球门球
goal line, goal-line (shorter boundary lines)	球门线(端线)
goal mouth, goalmouth	球门
goal net	球网
goalkeeper	守门员
goalkeeping	守门
goalpost	球门柱
goaltender	守门员
goal tending	守门
gold medal	金牌
Golden Ball	金球奖
Golden Shoe	金靴奖

goose egg	零分
ground ball	地滚球
ground pass	传地滚球
group	组
goal line technology(GLT)	球门线技术

H

halfback, half-back	前卫
halfback line	前卫线
half-round	半圆形
half time, half-time	半时，上半场
half-time interval	中场休息
half-time score	上半场比分
half volley	踢低空球，踢半凌空球
halfway-line, half-way line	中线
hand signal	（裁判员的）手势
handball	手球（犯规）
hand-fault	手部犯规动作
handle the ball	用手或臂携带、推击球
handling	故意用手（臂或肩）接球或传球
hands	手球（犯规）
hat-trick	帽子戏法：（在一场比赛中）一人射中三球
header	头球
heading	顶球
head of delegation	代表团团长
"heads"	（掷钱币挑边或挑球时用语）"要正面"
heel	脚跟
back-heel	脚后跟
hold an opponent	拉扯对方队员
hold up a yellow card	亮黄牌警告
hold up the game	延误比赛，拖延时间
holding	用手或臂拉扯阻拦对方
home association	主队协会
home team	主队
host nation	东道主，主办国
hook tackle	（一脚跪地）钩式抢截
horizontal	地平的，水平的

hotel expenses and board	旅馆费及伙食费
Hungarian formation	匈牙利阵式
hip	臀部
hybrid system	混合系统

I

impede	阻碍(对方行进)
improper conduct	不正当行为
in an offside position	处于越位位置
in breach of	破坏,违反
in extended time	在延长时间内
in flush with the surface	与地面齐平
in position for clearance	处于等待解围的位置
in transit	(球)在运行中
inadvertently	非故意地,疏忽地
indemnity	补偿
indirect free-kick	间接任意球
indirect pass	间接传球
individual skill	个人技术
indoor football	室内足球
infraction	违犯,犯规
infringement	侵犯,违犯,犯规
injure	使受伤
injury	受伤
injury time	伤停补时
inside forward	内锋
inside left	左内锋
inside of the foot	脚内侧
inside-of-the-foot kick	脚内侧踢球
inside right	右内锋
instep	脚背
instep kick	脚背踢球
instruction	指令
insurance	保险
inswinger	内弧线球
intentional	故意的
intentionally	故意地

intercepting with abdomen	腹部接球
intercepting with chest	胸部接球
intercepting with thigh	大腿接球
interception	截球,断球
intercept the ball	截球,断球
Intercontinental Cup	洲际杯(即世界俱乐部杯)
interfere	干扰
international competition	国际比赛,国际比赛
International Football Association Board	国际足球协会理事会
international match	国际比赛
international referee	国际裁判
itinerary cup	巡回杯
intercept	阻截

J

jab kick	拨球,敲球
jersey	(长袖、短袖或无袖)运动衫,运动上衣
jersey numbers	运动衣号码
journey	旅行
judge	判断
jump at an opponent	跳向对方队员
jump kick	跳起踢球
journalist	记者

K

keeper	守门员(goalkeeper 的简称)
keep goal	守球门
keep possession	控球
keep a clean sheet	力保球门不失,保持零失球数
key player	核心队员
kick an opponent	踢对方队员
kicker	开球队员
kick in	死球后踢球继续比赛,掷界外任意球
kick off, kick-off, kickoff	(在中圈开球点的)开球,足球比赛开始时间
kickoff circle	中圈
kill the clock	(比赛快结束时为保持领先地位)拖时间

knee	膝
knockout competition	淘汰赛

L

lateral movement	横传,横向传球
lawnmower	割草机
Laws of the Game	足球比赛规则,足球竞赛规则
lead pass	传空当,传空位
leather	皮革
lecture room	讲堂
left back	左后卫
left full back	左后卫
left half	左前卫
left half-back	左前卫
left wing	左边锋
left winger	左边锋
length	长度
libero	自由人,自由后卫
ligament	韧带
lineman	[美]前锋
linesman	助理裁判员
line-up	阵形,阵式
line up a wall	筑人墙
lobbed pass	高吊传球
loft	高吊球
loft lob	高吊球
long ball	长传,长传球
long drive	远射
long pass	长传,长传球
long shot	远射
look for	注意观察
loose ball	双方都未控制的球
love all	零比零
low ball	低球
low pass	低平传
lunge	冲刺
luxation	脱臼,脱位

M

magnetic board	（教练用的）磁力板
make a high shot at goal	吊高球射门
make a passing run	传球前进
make body-contact	身体接触（如用身体冲撞）
make bodily contact	身体接触（如用身体冲撞）
manage	执教
manager	领队、经理
man-for-man marking	盯人防守
mark	盯住（对方队员）
marker	记分员
marking	盯人，画线
mass media	新闻界，大众媒体
masseur	（男）按摩师
masseuse	（女）按摩师
match	比赛，比赛
match commissioner	比赛监督（地位高于裁判长）
match official	比赛官员（如裁判员、巡边员等）
match report	比赛报告
medical care	医疗
medical personnel	医务人员（如医生、护士、按摩师等）
medical room	医务室
medical test	医疗检查
medical treatment	治疗
medium-high ball	平空球
meeting room	会议室
Memorandum of Disciplinary Measures	处罚标准备忘录
method of scoring	计胜方法
M-formation	M阵式
midfield	中场
midfielder	中场队员
minor infraction	轻微的犯规
minor violation	轻微的犯规
misconduct	不正当行为
mobility	机动性、灵活性
moving	移动

mower	割草机
multiple offense	综合进攻
muscular	有肌肉的、强壮的
muscular fatigue	肌肉疲劳
muscular strain	肌肉拉伤

N

nail	鞋钉
National Olympic Committee(NOC)	国家奥林匹克委员会
national referee	国家级裁判员
near post	前门柱,近门柱
press conference	记者招待会,新闻发布会
next round	下轮比赛
onside	非越位的
not playing(NP)	非上场队员
notepad	记分本
nullify a goal	进球无效
number(usually worn on the back of the jersey)	运动员号码(通常标在运动服后背上)
nylon	尼龙

O

obstruct an opponent	阻挡对方队员
obstruction	阻挡(犯规)
Oceania Football Confederation(OFC)	大洋洲足球联合会
offence	进攻,犯规
offender	犯规队员
offending player	犯规队员
offending team	犯规队
offensive pattern	进攻阵式
offensive player	进攻队员
offensive team	进攻队
official	官员
officiate	行使职权,执行公务
offside	越位的
Olympic Football Tournament	奥林匹克运动会足球赛
Olympic Games	奥林匹克运动会

Olympics	奥林匹克运动会
offside offence	越位犯规
offside position	越位位置
no offence	不存在越位
open area	空当
opening ceremony	开幕式
operate the system of diagonal control	采用对角线裁判制
opponent	对手,对方队员
opposing side	对方
opposing team	对方队
opposite team	对方队
optional flag	中线旗
optional flagstaff	中线旗杆
order off	罚出场
Organizing Committee	组织委员会
ounce	盎司,英两
out of bounds	出界,界外
out of play	死球
outside half	边卫
outside left	左边锋
outside of the foot	脚外侧
outside right	右边锋
outstep	脚背外侧
outswinger	外弧球
overhead kick	倒钩球
overhead volley	倒钩球
overlap	后卫沿边线越过己方边锋的进攻
overrule	推翻,改判
own goal	乌龙球
outside agent	场外因素

P

parallel	平行的
parry the ball	把球挡开
participate in	参加
pass	传球
pass-back	回传球

pass on the ground	传地滚球
pass the ball	传球
passive resistance	消极防守
penalise	判罚
penalty	点球
penalty area，penalty-area	罚球区
penalty box	罚球区
penalty goal	罚球得分
penalty kick，penalty-kick	点球
penalty kick mark	罚球点
penalty mark，penalty-mark	罚球点
penalty spot	罚球点
penalty taker	罚球点球队员
penetrating ability	突破能力
penetration	插入,突破
pennant	队旗
photographers' line	摄影人员限制线
physical attribute	身体素质
physical condition	身体素质
physical fitness	身体素质
physical quality	身体素质
pick up a pass	接传球
pincers movement	两翼包抄
pitch	［英］球场
pivot instep kick	转身脚背（横）踢球
place kick，place-kick	定位球,踢定位球
plastic	塑料的
play the ball with the hand	手球犯规
play them offside	制造越位
player	运动员,队员
player at fault	犯规队员
position	场上位置
player's identity	队员号码
player's equipment	队员装备
Players' Status Committee	运动员资格委员会
playing	上场队员
playing pitch	球场,比赛场地

point	分,分数,得分
point of the foul	犯规地点
point of the infraction	犯规地点
polyurethane	聚氨酯
positioning	队员场上位置站位
preliminary contest	预选赛
preliminary heat	预选赛,热身赛
preliminary match	预选赛
preliminary tournament	预选赛
President of FIFA	国际足球联合会主席
press box, press-box	记者席
press conference	记者招待会,新闻发布会
press interviews	记者采访
prize-awarding ceremony	授奖仪式
profession	职业
professional football	职业足球运动
prohibit	禁止
pull propel	(在比分落后时)撤换守门员
pulled muscle	肌肉拉伤
pulled tendon	韧带拉伤
punch the ball clear	将球击出
punish	处罚
punt	踢(手中抛出)悬空球
push an opponent	推对方队员
procedure	程序

Q

qualify for	取得……资格
qualifier	取得参加比赛资格的运动员、合格的运动员
qualify for the next round	出线
qualify round	外围赛,预选赛
quarter final stage	四分之一决赛阶段
quick attack	快攻

R

radius	半径

rain off	(比赛)因雨取消
raise one's flag	(助理裁判员)举旗
rebound from	从……弹回
rebound off	从……弹落
receive a red card	受红牌警告
receive the ball	接球
recommence the game	恢复比赛
restart	比赛恢复
rectangular	长方形
red card	(表示判罚出场的)红牌
referee	裁判员
referee inspector	裁判长(地位次于比赛监督)
Referees' Committee	裁判委员会
referees' course	裁判员讲座
refund	偿还
registered referee	注册的裁判员
reimburse	补偿
reimbursement	补偿
remove from the field	令其离场
replacement of players card	替补队员卡片
replay	重赛
representative	代表
representative team	代表队
reserve	替补队员
reserve bench	替补席
reserve referee	替补裁判员,值场裁判员
result	比赛结果,比赛成绩
restart the game	重新开始比赛(如半场结束后)
result 3-1 in favour of China	比赛结果3∶1,中国队获胜
results bulletin	成绩公报
resume the game	恢复比赛
re-take the penalty-kick	重新罚球点球
retire to the proper distance	后退至规定的距离
right-angle	直角,90度角
right back	右后卫
right full back	右后卫
right half	右前卫

right halfback	右前卫
right wing	右边锋
right winger	右边锋
rough play	粗野动作
round	圆形
round robin tournament	循环赛
rubber	橡胶
run back for the ball	跑回接球
run in	跑进
reckless	鲁莽的
runner-up	亚军
running commentary	实况解说
running cup	流动奖杯
running off the ball	跑位
run out the clock	（比赛快结束时为保持领先地位）拖时间
run the ball up	控制球
reserve assistant referee	候补助理裁判员
referee signal	裁判员信号
review	回看分析

S

save	（守门员）扑救
save a goal	救出险球
scissor-kick	踢剪式倒钩球
scissors kick	双飞，剪式倒钩球
score	得分
score a goal	射门得分
scoreboard	记分牌
scorekeeper	记分员
scoring chance	射门机会
scout	球探
screen	掩护球
screw	（球）旋转
second half	下半场
second last defender	倒数第二个防守队员
second round	第二轮
second round of the competition	第二轮比赛

secure the ball	得球
seminar	讲习班
sending off	罚令出场
serious foul play	严重犯规
serious injury	严重受伤
serious offence	严重犯规
set a wall	排人墙
set up	高传球至球门附近
shepherd	迫使对方后撤
shin	胫
shin guard	护腿板
shin pad	护腿板
shirt	运动衫,运动上衣
shoes	矮鞋帮运动鞋
shoot	射门
shoot a goal	射门
shoot at goal	射门
shoot for goal	射门
shoo-tout	点球大战
shorts	短裤
shot	射门
shoulder	肩
shove an opponent	猛推对方队员
show good combination	配合默契
side foot	脚侧射门或传球
side line	边线
side line-to-side line movement	横传,横向传球
silver medal	银牌
sliding tackle	铲球
slight injury	轻微受伤
slip the ball	蹭球
soccer	足球
Soccer International	《国际足球》
Soccer Journal	《足球杂志》(美国)
socks	运动短袜
sole	鞋底,脚掌
solo drive	个人突破

sole kick	脚底后传球
sole of the foot kick	脚底后传球
sole-of-the-foot kick	脚底后传球
sole trap	脚底后传球
South American Player of the Year	南美洲足球先生
space	空当
spectator	观众
spectators' stand	正面看台
spherical	球形的(即圆形)
spit at an opponent	向对方队员吐唾沫
split tackle	劈叉式抢球
Sport-Billy Trophy	风格奖
sportsmanlike	有体育道德的
sportsmanship	体育道德
Sports Medical Committee	医务委员会
spot kick	定位球,点球
sprain	扭伤
square	正方形
square ball	横传球
square pass	横向转移传球
standby referee	替补裁判员,值场裁判员
Standing Committee	常务委员会
start a counter-attack	发动反攻
stationary	静止的,固定的
stockings	运动长袜
stoop	屈体绊摔
stoppage	死球
stoppage time	加时赛
stopper	盯人中卫
stopwatch	秒表,码表
stretch out	用担架抬出
strike an opponent	打对方队员
striker	前锋
strong foot	惯用脚
stud	鞋底钉柱
substitute	替补队员
substitute player	替补队员

substitution	替补,换人
sudden-death(overtime)	罚球点球决胜负(每队轮流踢5次罚球点球)
supporters	啦啦队员
suspend the game	暂停比赛,推迟比赛
suspended ball	(作训练用的)悬吊球
sweeper	清道夫,拖后中卫
sweeper back	清道夫,拖后中卫
swerve kick	弧线球
Swiss formation	瑞士阵形
switch	(队友)交换位置
sanction	纪律处罚
simulation	假摔(佯装)
spirit of the game	足球运动精神
suspend	中断
stop promise attack(SPA)	阻止有希望的进攻机会

T

tackle	抢球,截球
tackling	抢球,截球
tactical awareness	战术意识
"tails"	(掷钱币挑边或挑球时用语)"要反面"
take a direct shot	直接射门
take a free-kick	踢出任意球
take a penalty-kick	罚球点球
take part in	参加
team captain	队长
team leader	领队
team losing the goal	负方队
team manager	领队
team-mate,teammate	同队队员,队友
team official	随队官员
team winning the toss	(以掷钱币方式决定出的)先挑的一方
technical adviser	技术顾问
Technical Committee	技术委员会
technical delegate	技术代表
technical official	技术官员(如领队、医生、翻译等)
technical personnel	技术人员(如官员、教练员、营养师等)

technical area	技术区域
technical study group	技术调研组
terminate the game	终止比赛
ternary	季军
terrace	露天阶梯看台
the ball goes out of play	比赛成死球
the ball has ceased to be in play	比赛成死球
the ball is in play	比赛在进行
the ball is out of play	比赛成死球
the ball shall be dropped by the referee	应由裁判员坠球
the card system	红、黄牌警告
the diagonal system of control	对角线裁判法
the free-kick is awarded to	由……发任意球
the match is drawn	比赛成平局
the parallel system of control	平行线裁判法
the referee shall drop the ball	应由裁判员坠球
the striker is free	前锋无人盯防
the system of diagonal control	对角线裁判法
the system of parallel control	平行线裁判法
The two captains toss a coin for choice of ends or for the night to kick off	投币，两队队长选择挑边或开球
the use of foul or abusive language	使用粗言秽语或辱骂性语言
thigh	大腿
third place	季军
through pass	穿越两名对方队员的传球
throw	掷球
thrower	掷球队员
throw-in	界外球，边线球
throw-in	掷界外球
tight marking	紧逼盯人
timekeeper	计时员
time-out	暂停
time wasting tactic	拖时间战术
toe	脚趾
toenail	脚趾甲
toss (up) a coin	掷钱币，投币
toss of a coin	掷钱币，投币

total football	全攻全守战术
touch	触球
touch-line (longer boundary-line)	边线
touch-line kick	边线任意球
economy class	经济舱
tournament	锦标赛,联赛,(若干赛次的)比赛
Toyota Cup	丰田杯
track suit	田径运动服,长袖运动衣
trainer	教练
transverse	横向的
trap	用(脚胸、大腿或头)把球接住
trapping	接球
trap the ball with the sole of the foot	把球接在脚底下
travel expenses	旅费
travelling expense	旅费
trifling breach	草率的犯规
trip	绊倒,摔倒
trip an opponent	绊摔对方队员
tripping	绊人
two beat one by crossing and covering	交叉掩护二过一
two beat one by returning pass and counter-cutting	回传反切二过一

U

U-17 World Championship for the FIFA/JVC Cup	国际足联 JVC 杯世界少年足球锦标赛
U-20 World Cup	世界青年足球锦标赛
UEFA Cup	欧洲联盟杯足球赛
UEFA Champions League	欧洲冠军杯
unfurl	打开,展开
ungentlemanly behaviour	不正当行为,暴力行为
ungentlemanly conduct	不正当行为,暴力行为
uniform jersey	统一的运动衣
Union of European Football Associations (UEFA)	欧洲足球协会联盟
the universally adopted system of diagonal control	普遍采用的对角线裁判制
unsporting incident	违反体育道德的事件
unsportsmanlike behaviour	非体育行为
until the law is complied with	直至符合规则为止
undue interference	不当干涉

V

venue	赛场,比赛地点
victory ceremony	授奖仪式
violation of the rules	犯规
violent conduct	暴力行为
visiting association	客队协会
visiting player	客队队员
volley	凌空球,踢凌空球
volley kick	凌空球,踢凌空球
video match official	视频比赛官员

W

walkover	弃权
wall	人墙
wall of players	人墙
wall pass	撞墙式二过一
wall players	人墙队员
warming-up	准备活动
watch	表
watch for	注意观察
water-logged	水涝的,积水的
weak foot	脚法不熟练,脚法差劲
wear different colours	穿不同颜色的运动衣
weight	重量
W-formation	W 阵式
whistle	笛,哨子
whistling	鸣笛,鸣哨
width	宽度
win the toss	在掷钱币中获胜
wing halfback	边卫
WM-formation	WM 阵式
WM-system	WM 阵式
Women's World Championship	世界女子足球锦标赛
world class	世界级的,世界水平的,世界一流的
World Cup	世界杯

World Cup Competition	世界杯比赛
World Cup Qualifier	取得参加世界杯赛的资格
World Soccer	《世界足球》(英国)
World Youth Championship for the FIFA/Coca-Cola Cup	国际足联可口可乐杯世界青年足球锦标赛
warning	劝诫

Y

yellow card	(表示警告)黄牌

Z

zone defence	区域防守

附录2 汉英足球分类基本术语

（一）组织机构

国际足球联合会	Fédération Internationale de Football Association（International Football Federation, FIFA）
国际足球联合会主席	President of FIFA, FIFA President
国际足球协会理事会	International Football Association Board
亚洲足球联合会	Asian Football Confederation(AFC)
欧洲足球协会联盟	Union of European Football Associations (UEFA)
南美洲足球联合会	South American Football Confederation
非洲足球联合会	Confederation Africaine de Football(CAF)
大洋洲足球联合会	Oceania Football Confederation(OFC)
中国足球协会	Chinese Football Association（CFA）
各会员国协会	Affiliated National Associations
足球协会	Football Association
主队协会	The Home Association
客队协会	The Visiting Association
常务委员会	Standing Committee
执行委员会	Executive Committee
紧急委员会	Emergency Committee
组织委员会	Organising Committee
裁判委员会	Referees' Committee
技术委员会	Technical Committee
纪律委员会	Disciplinary Committee
诉讼委员会	Appeal Committee
法律事务委员会	Committee for Legal Matters
运动员资格委员会	Players' Status Committee
财务委员会	Finance Committee
医务委员会	Sports Medical Committee

主席	president
主席、主任	chairman
副主席	vice-president
副主席、副主任	deputy-chairman
秘书长	general secretary

（二）比赛种类

运动会	games
国际比赛	international tournament
国际比赛	international match
国际比赛,国际比赛	international competition
锦标赛	tournament
友谊赛	friendly match
邀请赛	invitational tournament
表演赛	exhibition match
（赛前增加的）表演赛	curtain-raiser
义赛	charity match
循环赛	round robin tournament
单循环制	single round robin system
淘汰赛	elimination tournament
淘汰赛	eliminating contest
淘汰赛	knockout competition
淘汰制	knockout system
预选赛	preliminary tournament
预选赛	preliminary contest
预选赛	preliminary match
预选赛,热身赛	preliminary heat
预选赛,外围赛	qualifying round
联赛制	league system
半决赛	semifinal
半决赛	semifinal match
四分之一决赛,复赛	quarterfinal
决赛	final
决赛	final match
决赛	final contest
取得……资格	qualify for
下轮比赛	the next round of the competition

第二轮比赛	the second round of the competition
泛光灯照明的比赛	floodlight match
职业	profession
足球赛	football match
足球运动,足球赛	football game
职业足球运动	professional football
室内足球	indoor football
国际足联世界杯赛	FIFA World Cup
国际足联可口可乐杯世界青年足球锦标赛	World Youth Championship for the FIFA/Coca-Cola Cup
世界青年足球锦标赛	U-20 World Cup
国际足联JVC杯世界少年足球锦标赛	U-17 World Championship for the FIFA/JVC Cup
世界青少年足球锦标赛	U-17 World Cup
世界女子足球锦标赛	Women's World Championship
室内五人制足球锦标赛	Five-a-Side Championship
奥林匹克运动会足球赛	Olympic Football Tournament
欧洲足球锦标赛	European Football Championship
欧洲足球锦标赛	Continental Competition European Championship
欧洲冠军杯	UEFA Champions League
欧洲杯	European Cup
欧洲优胜者杯	European Cup Winner's Cup
欧洲联盟杯	UEFA Cup
美洲杯	Copa America
南美洲足球锦标赛	South American Championship
解放者杯	Copa Liberatodores
俱乐部杯锦标赛	Club Competition
洲际杯（即世界俱乐部杯）	Intercontinental Cup
丰田杯	Toyota Cup

（三）荣誉与奖杯

冠军	champion
亚军	runner-up
季军	third place
最有价值球员	most valuable player
国际足联金质勋章	FIFA Order of Merit in Gold
国际足联银质勋章	FIFA Order of Merit in Silver

金球奖	Golden Ball
金靴奖	Golden Shoe
风格奖	Sport-Billy Trophy
体育道德奖,公平比赛奖,风格奖	Fair Play Trophy
欧洲足球先生	European Player of the Year
南美洲足球先生	South American Player of the Year
金牌	gold medal
银牌	silver medal
铜牌	bronze medal
纪念章	commemorative medal
巡回杯	itinerary cup
授奖仪式	prize-awarding ceremony
授奖仪式	victory ceremony

（四）比赛器材及场地、设施

[英式]足球	association football
[英式]足球	soccer
足球,足球运动	football
球形的(即圆形)	spherical
(球的)外壳	outer casing
球胆	bladder
圆周,圆周长	circumference
破裂	burst
漏气	deflate
气筒	pump
球针	bodkin
笛,哨	whistle
表	watch
秒表	stopwatch
硬币	coin
铅笔	pencil
记分本	notepad
黄牌	yellow card
红牌	red card
足球场	football field
[英国]球场	pitch
球场,比赛场地	playing pitch

球场,比赛场地	field of play
人造草皮球场	artificial pitch
天然草皮球场	grass pitch
球门,得分	goal
球门柱	goal-post
球门横梁	cross-bar
球网	goal net
尼龙	nylon
(通常用复数)附属物设备	appurtenance
(练习用的)射门墙	bounding board
场地面积	dimensions
长方形	rectangular
正方形	square
圆形	round
半圆形	half-round
椭圆形	elliptical
长度	length
宽度	breadth
宽度	width
深度,厚度	depth
画线	marking
边线	touch-line (longer boundary line)
边线	side line
球门线	goal line, goal-line (shorter boundary line)
边界线(含边线和球门线)	boundary line
中场	midfield
中线	halfway-line, half-way line
中线	centre line
中圈	ten yards' circle
中圈	centre circle
中圈开球点	centre spot
半径	radius
球门区	goal area, goal-area
罚球区	penalty area, penalty-area
罚球区	penalty box
罚球点	penalty spot
罚球点	penalty mark, penalty-mark

罚球点	penalty-kick mark
罚球弧	ten yards' arc
角球区	comer-area, comer area
球门口	goal mouth
等距离的,同比例的	equidistant
直角,90度角	right-angle
角旗	comer-flag
角旗杆	corner post
角旗杆	corner-flag post
中线旗	centre flag
荧光旗	fluorescent flag
地平的,水平的	horizontal
平行的	parallel
横向的	transverse
与地面齐平的	in flush with the surface
摄影人员限制线	photographers' line
运动员席	team bench
替补席	reserve bench
替补席	substitutes' bench
运动员休息室,更衣室	dressing room
浴室	bathroom
淋浴	shower
正面看台(通常有顶棚),观众	grandstand
露天阶梯看台	terrace
(看台上的)栏杆	barrier

（五）赛事工作人员

比赛监督	match commissioner
裁判长	referee inspector
裁判长	chief referee
官员	official
代表	representative
技术代表	technical delegate
技术官员	technical official
技术人员	technical personnel
技术顾问	technical adviser
裁判员	referee

（六）球队与队员

足球队	football team
足球队	the eleven
客队	visiting team
主队	home team
参加比赛的队	contesting teams
对方队	opposing team
对方队	opposite team
对方	opposing side
对手，对方队员	opponent, opponents
攻方，进攻队	attacking side
进攻队	attacking team
进攻队	offensive team
守方，防守队	defending side
防守队	defending team
运动员，队员	player
足球运动员	booter
足球运动员	football player
足球运动员	footballer
业余足球运动员	amateur footballer
业余运动员	amateur player
职业足球运动员	professional footballer
职业运动员	professional player
替补队员	substitute
替补队员	reserve
同队队员，队友	team-mate, teammate
同队队员，队友	colleague
有参加比赛资格的队员，合法队员	eligible player
入选国家队，国家队队员	cap
国际比赛的队员领队	manager
队长	captain
运动员位置	player position
前锋	forward
前锋	striker
中锋	centre forward
中锋	centre［美语］

附录2 汉英足球分类基本术语

前锋	lineman
边锋	wing forward
左边锋	left flank
左边锋	outside left
左边锋	left wing
左边锋	left winger
内锋	inside forward
拖后内锋	withdrawn striker
左内锋	inside left
右内锋	inside right
右边锋	right lank
右边锋	outside right
右边锋	right wing
右边锋	right winger
中场队员	midfielder
中场队员	mid-field player
中场队员	midfield link man
前卫	halfback
边前卫	outside half
边前卫	wing half
边前卫	wing halfback
左前卫	left half
左前卫	left halfback
中前卫	centre half
中前卫	centre halfback
右前卫	right half
右前卫	right halfback
后卫	defender
后卫	back
后卫	full back
后卫	defence
左后卫	left back
左后卫	left full back
中(后)卫	centre defender
中(后)卫	centre back
盯人中卫	stopper
右后卫	right back

右后卫	right full back
边后卫	wing back
边后卫	wing full back
清道夫,拖后中卫	sweeper
清道夫,拖后中卫	sweeper back
自由人,拖后中卫	free back
自由人,推后中卫	libero
拖后中卫	policeman
(现代足球阵式的)四后卫	back four
守卫队员(包括前卫、后卫和守门员)	backfield
守门员	goalkeeper
[非正式用语]守门员	goalie
进攻队员	attacking player
进攻队员	offensive player
防守队员	defending player
核心队员	key player

（七）队员装备

队员装备	players' equipment
服装	dress
服装	costume
服装颜色	colour
服装号码	jersey number
队员号码	players' identity
运动员号码(通常标在运动服后背上)	number (usually worn on the back of the jersey)
(长袖)运动衫,运动上衣	jersey
田径运动服,长袖运动衣	track suit
运动衫,运动上衣	shirt
(颜色鲜艳的)运动夹克,运动上衣	blazer
短外套,短上衣	blouse
短裤	shorts
紧身内裤	bicycle-tights
深蓝色上衣	dark blue jacket
黑色短裤	black shorts
护腿板	shin guards
护腿板	shin pads
运动长袜	stockings

运动短袜	socks
球鞋	footwear
高帮运动鞋	boots
矮帮运动鞋	shoes
鞋底横条	bar
鞋底	sole
钉柱	stud
鞋钉	nail
鞋带	laces
铝	aluminium
塑料	plastic
手套	glove

（八）比赛用语

抽签	draw lots
抽签	the drawing of lots
选定场地和开球	choice of ends and the kick-off
掷钱币，投币	toss (up) a coin
掷钱币方式，投币方式	the toss of a coin
先挑的一方	the toss
掷钱币定胜负	be decided by the toss of a coin
在掷钱币中获胜	win the toss
两队队长掷硬币挑边选择进攻方向或开球	the two captains toss attack in the first half or to take the kick-off
（掷钱币挑边或挑球时）"要反面"	"tails"
（掷钱币挑边或挑球时）"要正面"	"heads"
鸣哨	whistling
（裁判员的）手势	gesture
（裁判员的）手势	hand signal
助理裁判员的手旗	linesman's flag
（助理裁判员）下旗	lower one's flag
（助理裁判员）举旗	raise one's flag
应由裁判员坠球	the referee shall drop the ball
比赛时间	duration of the game
中场休息	half-time interval
补足因受伤等所耽误的时间	add on time

加时赛	extra time
加时赛	stoppage time
延长时间	extend
延长时间	extension
在延长时间内	in extended time
零比零	love all
平局	draw
平局，比赛不分胜负	drawn match
比赛成平局	the match is drawn
延误比赛	hold up the game
暂停比赛，推迟比赛	suspend the game
终止比赛	terminate the game
恢复比赛	resume the game
恢复比赛	recommence the game
比赛在进行	the ball is in play
重赛	replay
重新开始比赛（如半场结束后）	restart the game
半时，上半场	half time, first half
下半场	second half
交换场地	change ends
全场结束，终场	full time, full-time
足球比赛规则，足球竞赛规则	Laws of the Game
比赛办法	mode of competition
成绩公报	results bulletin
比赛报告	match report
宣布优胜者	declare the winner
开球	kick-off
开球队员	kicker
掷球队员	thrower
定位踢，踢定位球	place kick, place-kick
定位球，点球	spot kick
任意球	free-kick
直接任意球	direct free-kick
间接任意球	indirect free-kick
球门球	goal kick, goal-kick
角球	corner-kick
角球，角球区	comer

点球	penalty kick, penalty-kick
界外球,边线球	throw-in
倒钩踢球	over head kick
头球	header
踢球	boot(= kick the ball)
由……踢任意球	the free-kick is awarded to
由……踢(任意球等)	be entitled to(the free-kick)
死球	out of play
死球	dead ball
死球	stoppage
比赛成死球	the ball goes out of play
比赛成死球	the ball is out of play
比赛成死球	the ball has ceased to be in play
进球无效	cancel the goal
射门得分	score a goal
计胜方法	method of scoring
进球有效	allow the goal
进球无效	disallow a goal
进球无效	nullify a goal
人墙	wall of players
负方队	the team losing the goal
从……弹回	rebound from
从……弹落	rebound off
有利规则	advantage rule
直至符合规则为止	until the law is complied with
静止的,固定的	stationary
后退至规定的距离	retire to the proper distance
打开,展开	unfurl
交替地,轮流地	alternately
采用对角线裁判制	operate the system of diagonal control
普遍采用的对角线裁判制	the universally adopted system of diagonal control
注意观察	watch for
注意观察	look for
危险区	danger zone
争论	argument
异议	dissent
对自己的不正当行为表示歉意	apologise for one's misconduct

夸张，小题大做	exaggeration
战术阵形，阵式（现代足球队员阵式通常分为前锋、中场队员、后卫和守门员）	formatio
阵形，阵式	line-up
WM 阵式	WM-system（WM-formation）
瑞士阵式	Swiss formation
巴西阵式	Brazilian formation
意大利阵式，混凝土阵式（2名前锋、3名中场队员、4名后卫、1名守门员，另1名清道夫）	Catenaccio system
匈牙利阵式	Hungarian formation
4-2-4 阵形	4-2-4 formation
4-3-3 阵形	4-3-3 formation
4-4-2 阵形	4-4-2 formation
3-5-2 阵形	3-5-2 formation
前锋线	forward line
前卫线	halfback line
后卫线	defender line
全攻全守型战术	total football
防守型战术	defensive football
进攻型战术	offensive football
密集防守	close defence
密集防守	strict defence
密集防守	massed defence
密集防守	blanket defence
战术与技术掷球	throw
推球	propel
蹭球	slip the ball
截球、断球	interception
截球、断球	intercept the ball
抢截（铲球）	tackle
抢球，截球	tackling
拨球	deflect the ball
拨球，敲球	jab kick
拨球	flick kick
拨球	flick the ball
拍球	bounce the ball
传中	cross

传球	pass the ball
回传球	back pass
倒钩球	bicycle kick
倒钩球	overhead kick
倒钩球	overhead volley
长传	long ball
长传	long pass
直接传球	clear pass
腹部接球	intercepting with abdomen
胸部接球	intercepting with chest
胸部接球	chest trap
大腿接球	intercepting with thigh
运球前进,带球过人	dribble the ball
用手或臂携带、推击球	handle the ball
控制球	run the ball up
控制球	control the ball
传球前进	make a passing run
跑回接球	run back for the ball
突破对方	beat an opponent
突破,切入	break through
中路突破	down the middle thrust
边线传中	flank pass
把球停在脚底下	trap the ball with the sole of the foot
把球挡开	parry the ball
空当	space
跑位	running for the ball
掩护球	screen
(球)旋转	screw
漏球	miskick
远射	long drive
远射	long shot
大力射门,准确地长传	drive the ball
用脚后跟向后踢球	back-heel the ball
脚底后传球	sole kick
脚底后传球	sole of the foot kick
脚底后传球	sole-of-the-foot kick
脚底后传球	sole trap

285

支援，接应	back up
退回	fall back
得球	secure the ball
低平球	low pass
平空球	medium-high hall
高吊球	loft
高吊球	loft lob
高吊球	lobbed pass
射门	shot
弧线射门	banana shot
吊高球射门	make a high shot at goal
直接射门	take a direct shot
射门	shoot at goal
射门	shoot for goal
射门	shoot a goal
（通常指守门员的）解围球	clear
（通常指守门员的）解围球	clearance
踢出任意球	take a free-kick
合理冲撞	charge fairly
身体接触（如用身体冲撞）	make body-contact
身体接触（如用身体冲撞）	make bodily contact
用身体掩护球	cover up the ball
假动作，伴攻	feint
假动作，伴攻	fake
反攻	counter-attack
处于等待解围的位置	in position for clearance
倒数第二个防守队员	second last defender
救出险球	save a goal
发动反攻	start a counter-attack
（通常指球门区的）混战	bully
做手势	gesticulate
分散（注意），使分心	distract
阻碍（对方行进）	impede
（球）擦离某人的脚	glance off one's foot
（球）擦离某人	glance off sb.
干扰	interfere with
（球）在运行中	in transit

跑进	run in
界外球掷入	throw-in from the touch-line
拖时间战术	time wasting tactics
个人技术	individual skill
个人突破	solo drive
战术意识	tactical awareness
惯用脚	strong foot
非惯用脚	weak foot
犯规与处罚犯规队员	the player at fault
犯规队员	offender
犯规队员	offending player
犯规队	offending team
进攻,犯规	offence
犯规	foul
犯规	foul play
犯规	violation of the rules
犯规	break the law
犯规	infringe the law
侵犯,违犯,犯规	infringement
破坏,违反	in breach of
严重犯规	serious foul play
严重犯规	serious offence
严重犯规	major foul
情节轻微的犯规	trifling breaches
脚部犯规动作	foot-fault
手部犯规动作	hand-fault
犯规一次	commit an infringement
犯规一次	commit an offence
犯有……行为	be guilty of
不正当行为	misconduct
不正当行为	improper conduct
不正当行为	misdemeanour
不正当行为,粗暴行为	ungentlemanly behaviour
不正当行为,粗暴行为	ungentlemanly conduct
违反体育道德的行为	unsportsmanlike behaviour
违反体育道德的事件	unsporting incident
粗暴行为	violent conduct

粗野动作	rough play
危险动作	dangerous play
使用粗言秽语或辱骂性语言	the use of foul or abusive language
手球（犯规）	handball，hands
手球（犯规）	play the ball with the hand
带球；守门员持球行走犯规	carry（ing）
冲撞对方队员	charge an opponent
跳向对方队员	jump at an opponent
踢对方队员	kick an opponent
绊摔对方队员	trip an opponent
屈体绊摔	stoop
阻挡对方队员	obstruct an opponent
打对方队员	strike an opponent
拉扯对方队员	hold an opponent
推对方队员	push an opponent
挡住对方队员	block off an opponent
向对方队员吐唾沫	spit at an opponent
猛推对方队员	shove an opponent
乱跳乱舞	dance about
行走四步以上	take more than 4 steps
对裁判员的判决表示异议	dissent from the decision given by the referee
进入，侵入	encroach into
越位的	off-side
不越位的	onside
被判罚越位	be declared off-side
处于越位位置	in an off-side position
故意的	intentional
故意地	intentionally
故意的	deliberate
故意地	deliberately
非故意地，疏忽地	inadvertently
意外地，偶然地	accidentally
行使职权，执行公务	officiate
警告	caution
被警告	be cautioned
警告某人犯有……行为	caution sb. guilty of
亮黄牌警告	hold up a yellow card

红、黄牌警告	the card system
（裁判）执行警告	administer the caution
（裁判）记名警告	book
罚球点球	take a penalty-kick
重新罚球点球	re-take the penalty-kick
处罚	penalize
处罚	penalty
判给	award
判罚	punish
推翻，改判	overrule
罚出场	order off
罚出场	send off
罚出场	expulsion
被罚出场	be ordered off
被罚出场	be sent off
令其离场	remove from the field

（九）观众与球迷

观众	spectator
啦啦队	rooting section
［美］啦啦队	cheering section
啦啦队长	rooter king
［美］啦啦队长	cheerleader
啦啦队员	supporters
［美］啦啦队员	rooters
足球迷	football fan
足球迷	football aficionado
足球迷	football filbert
足球迷	football fiend
［美］足球迷	football buff
足球爱好者	football enthusiast

（十）医疗、救护、出行等

医生	doctor
医务人员	medical personnel
医疗检查	medical test

按摩师（男）	masseur
按摩师（女）	masseuse
兴奋剂检查	doping control
治疗	medical treatment
急救设备	first aid equipment
医疗救护医疗	medical care
急救药箱	first aid kit
急救站	first aid station
脱脂棉	absorbent cotton
脱脂纱布	absorbent gauze
橡皮膏	adhesive plaster
止痛药	anodyne
伤害	injure
受伤	injury
绷带	bandage
挫伤,瘀伤	bruise
脱臼	luxation
骨折	fracture
肌肉拉伤	muscular strain
肌肉拉伤	pulled muscle
肌肉疲劳	muscular fatigue
脑震荡	concussion（of brain）
扭伤	sprain
韧带	ligaments
韧带拉伤	pulled tendon
头	head
脚	foot
脚跟	heel
脚弓	arc of foot
脚内侧	inside of the foot
脚外侧	outside of the foot
踝	ankle
脚掌	sole
脚趾	toe
脚趾甲	toenail
大脚趾	big toe
小腿	calf

膝	knee
胫	shin
肘	elbow
臂	arm
手	hand
前额	forehead
下巴	chin
大腿	thigh
胸	chest
臀部	buttock
纤维	fibre
纤维组织	fibrous tissue
比目鱼肌	musculus soleus
二头肌	containment
股二头肌	biceps femoris
腓肠肌	musculus gastrocnemius
三角肌	musculus deltoideus
三头肌	triceps
裁判员讲座	referees' course
教练员讲座	coaching course
教员	instructor
讲课人	lecturer
新闻界,大众媒体	mass media
记者采访	press interview
记者招待会,新闻发布会	press conference
记者席	press box, press-box
衣服	clothing
食物	food
饮食	diet
旅行	journey
旅费	travel expense
旅费	travelling expense
补助费	allowance
旅馆费及伙食费	hotel expenses and board
(费用)由……支付	at the charge of
保险	insurance
偿还	refund

补偿	indemnity
补偿	reimburse
补偿	reimbursement
一等舱,头舱	first class
经济舱	economy class